自疗 V 治疗

SELF-TREATMENT > TREATMENT

叙事从我开始

Narration Begins with Me

钟耀林 / 主编

中国经济出版社
CHINA ECONOMIC PUBLISHING HOUSE
北京

图书在版编目（CIP）数据

自疗 > 治疗：叙事从我开始/钟耀林主编.
—北京：中国经济出版社，2019.4
ISBN 978-7-5136-5570-5
Ⅰ.①自… Ⅱ.①钟… Ⅲ.①社会工作—研究 Ⅳ.①C916

中国版本图书馆 CIP 数据核字（2019）第 040025 号

责任编辑　叶亲忠
责任印制　马小宾
封面设计　华子设计

出版发行　中国经济出版社
印 刷 者　北京富泰印刷有限责任公司
经 销 者　各地新华书店
开　　本　710mm×1000mm　1/16
印　　张　17.25
字　　数　270 千字
版　　次　2019 年 4 月第 1 版
印　　次　2019 年 4 月第 1 次
定　　价　48.00 元
广告经营许可证　京西工商广字第 8179 号

中国经济出版社 **网址** www.economyph.com **社址** 北京市西城区百万庄北街 3 号 **邮编** 100037
本版图书如存在印装质量问题，请与本社发行中心联系调换（联系电话：010-68330607）

编委会

主　编： 钟耀林

副主编： 廖秋梅　李宗莲　张海敏

成　员： 钟耀林　李宗莲　张海敏　廖秋梅
何晓欣　何燕珊　梁　良　刘银章
彭国源　王宝欣　许秋杏　张彩艳
陈淑梅

PREFACE 序言

序一：在被否定中长大的孩子

回看社会工作专业的历史和助人理念演变过程，从最开始带着施舍怜悯的态度助人，到追求科学慈善，借鉴弗洛伊德精神分析方法进行专家式诊治，再到人本主义式关怀和当事人中心理念的提出，以及后来发展出来的尊重多元主体的后现代理念，作为一个助人的专业，社会工作一直在不断地打破自身的局限往前走。

以人本主义作为分水岭，之前专家式的社会工作服务（如心理社会模式、行为治疗模式等），案主大多是被动的，将自己交给社工，跟着社工的引导往前走，期待社工可以像医生一样治愈自己。在这个过程中，对个人问题的归因，主要放在案主自身身上，如案主心理行为功能缺失、自主性不强等，案主的主体意识和解决问题的自信心在这个过程中受到影响，同时也加重了内心的负罪感。人本主义打破了这种传统专家问题诊治模式，卡尔·罗杰斯（Carl Rogers）开创了"当事人中心"的疗法。社会工作发展到后现代，更是打破了专家和传统权威所构建的对科学的认知，也让助人者开始反思自我，反思传统科学理性所建构的专业知识体系，看到所谓的知识其实是属于某个特定时代脉络下被建构的产物，个人所遭遇的问题和困境，是和案主所处的国家、制度、社会、文化环境、知识，以及权力联系在一起的。

到20世纪80年代，澳洲的 Michael White 和新西兰的 David Epston，在实践中，意识到叙事似乎能够给我们提供一个很好的出口，在解读福柯思想的过程中，反思案主问题的根源，如何将人和问题分开，如何回归案主主体，如何重写生命故事；更反省了咨询师的角色，开始抛弃专家主义的作风，跟着案主走，而不是牵着案主走。当理念转变，咨询师和案主之间的关系也随之转变。

这些都是来自西方心理咨询的经验，而社会工作在专业化过程中，很大程度上借鉴了这些经验，包括这一特殊的转变过程。回到社会工作专业本身和华人社会的情境脉络中，汉学家余英时老先生在其书《论天人之际》中，将中国文化概括成讲求“内在而超越”的儒家文化传统。① 隐忍内倾、追求内在超越的民族性格在很多中国人身上表现得淋漓尽致，尤其是中国的男性。从小就被教育成“男儿有泪不轻弹”“再苦再累自己扛”的我们，很少向别人谈论个人的悲伤，因为那是你脆弱的一面。“凡夫转境不转心，圣人转心不转境”的佛家禅说被奉为国人修身立世之精髓。很多时候，我们只能依靠时间和自己强大的内心世界去消化这些伤痛，文化当中也把这当作一种个人的修炼和成熟的表现。因此，在本书和另外两本叙事疗愈著作中，作者一直希望提出一种观点：倾向于隐忍和内在超越的民族性格或许更适合使用这样一套叙事式的“自我疗愈”方法来处理伤痛。

再从本书第一部分解读社会工作专业化史和去专业化史，以及“助人目标”当中，我们不难发现，无论是走传统心理分析式老路还是去专业化的呼吁，都是社会工作在发展过程中的两个极端。如果我们把社会工作专业化的历史看作一个必要的且惨痛的“专业化”史，同时也把“去专业化”史看作一个必然的且需审慎对待的“专业化”史，这样会不会更好些？另外，助人自助的目标直接影响了社会工作对案主关系的处遇。社工不是医生，我们的服务情境也不在医学诊治模式所设定的特定的情境当中。这样一来，治疗专家的角色还适用于社工吗？尤其是临床社会工作者，马上要面临的问题，我究竟是要帮助案主解决问题，还是要协助案主让他学会解决自己的问题（也就是 work for 还是 work with 的问题）？正因为这一点在社会工作界早已经有定论，因此，我们大胆地提出“自疗”的概念，通过自我生命叙事的方法来促使案主获得自我的平衡这样一套方

① 余英时. 论天人之际——中国古代思想起源试探［M］. 北京：中华书局，2014（7）.

法、理念和技巧。在作者自我的生命实践以及应用于学生身上的生命实践中，我们很高兴地看到，过程中的参与者能够对这种方法越来越认同，第二部分所分享的每一个故事，都是有力的见证。

我们相信咨询师是外在于案主的，个人才是解决自己所遭遇的问题的专家，而且人都是有内在的愈合能力，可以通过自我疗愈走出伤痛。而如何去实践对自己的疗愈呢？这里离不开自我书写。自我书写，也可以理解为生命叙事的一种，通过一种更为系统的语言形式来自我梳理，这是一个痛苦的自我对话与剖析的过程，但更是一个愈合的过程。这样的生命叙事，其实就是运用叙事的方法进行的以“我”为对象的行动研究。因为个人问题和所处情境脉络的复杂性，没有人比我们更了解自我的生命历程，有哪些是重要的生命事件，我们该如何去看待这些事件，如何能够更好地处理这些过往的伤痛。在疗愈过程中，我们会越来越清晰自己问题的症结在哪里？解药是什么？通过不断地书写，反复地辩证，生产属于自己的知识。

现代化机器不停地转动，经济、文化及社会飞速的发展带给我们个人以红利的同时，也带给我们个人和家庭的种种阵痛。因此在本书中，你可以看到，参与叙事自我疗愈的社工科班同学，他们是如何运用叙事进行自我疗愈来获得对社会、文化、制度、权力、语言和事物的理解的。当研究者和被研究者同为一体，在高度一致的语言共同体下，深入地解读自己的同时，更从制度、文化、习俗、政策、权力和语言角度反思我们是如何被规训的。我们不希望用宏大的理论去解释这些个人身上发生的事件。我们希望用生命叙事的方式去带领个人看到自己内心的纠结，看到内在独特的经验、独特的感受，对我们的伤痛，不断地来回辩证反思，去看到问题的根源，然后重新认识问题，同时也尝试去解构他人不得已的做法；我们希望可以得到转化，从混沌到意识觉醒，从意识觉醒到行动的转化；我们也更希望可以减少痛苦，当然，不是去掩藏或者是忽视问题的存在，而是去拥抱那个痛苦的自己，拥抱内心那个受伤的孩子，他在那个角落里瑟瑟发抖，但凡有一点点的阳光能够照进来，可以温暖到他。

在读第二部分、第三部分各个分享者他们故事的时候，你能感受到当事人心中的痛苦和挣扎，那种直面内心以及挑战主流文化的勇气是不简单的，解构自我沉沦的故事，再去建构新的自我和认识，这样的过程也是极不容易的。书中的每一个故事都很珍贵，每一个人的生命历程都值得被看见。当故事被珍惜，故事就会变得不一样！

作为社会工作行业的从业者，我们不去审视知识、权力、文化乃至政治对个人的影响，去脉络化看待案主的问题，这样的思维模式，恐怕难以引导我们的实务达到助人自助的目标。本书的主题，“自疗＞治疗：叙事从我开始”，作为社会工作者，如果你的第一个服务对象是自己，运用这样的方式去疗愈自己，你将会像书中的分享者一样，感受到叙事自我疗愈的魅力。

这几年的社工教学，让我有一种深刻的体会。刚回到学校做老师的时候，总觉得很难理解自己所带的这些“90后”的孩子。后来，给他们上叙事治疗的课程，从他们的生命故事中，我逐渐更能理解，这群从小在压抑和被否定中长大的孩子，他们是如何思考问题的。我逐渐发现，当我们细听他们的故事，所有主流文化对这个世代污名化的描述，在这些生命故事面前都是苍白无力的。从那个时候开始，课程的学生也开始迸发了对叙事的兴趣和对自己、对原生家庭、对人生、对社会关系、对社会工作专业不同的思考。那时候的我，因为希望给这些“90后”的孩子们予空间，所以鼓励他们从我开始进行叙事式写作并从中获得支持和能量。

作为毕业论文的指导老师，我带着一个很大的挑战来带选择写叙事式的同学们完成他们的毕业论文。就像当年自己经历研究生毕业论文阶段的不堪一样，背负着过往巨大的负担，面对稚嫩的实务经验和难以抽离于现实困境进行凭空理论书写的矛盾，于是决心脚踏实地地从面对自己开始书写生命故事。如今面对我的学生，他们就像当年的自己。如何能够让“助人者”学习一套自我疗愈的技术，轻装上阵？试想一下，一个伤痕累累的社工，如何能够做好助人服务呢？当社工都成了案主的时候，我们很担心，我们会不会把自己曾经没有修复的，甚至是连自己都未能觉察的经验和情绪带入我们的服务当中。而很多时候，我们又不希望假手于人。尤其是太习惯了作为助人者的前线工作者，我们往往会忘记，很多时候我们也是“有需要”的人。当想到这一点，也就更坚定了我之前完成“叙事三部曲”的想法。

完成本书写作的过程，需要特别感谢无私地分享故事的学生们。他们都是来自岭南师范学院社会工作专业的同学，尽管有些同学已经毕业多年，或是已经工作，或是在攻读研究生，但他们对叙事疗愈的热情不减。

当听到需要分享故事的时候，他们义不容辞地支持了这次的行动，并在生活和工作忙碌之余，积极地配合编修工作。在此对张海敏、何晓欣、何燕珊、李宗莲、梁良、廖秋梅、刘银章、彭国源、王宝欣、许秋杏、张彩艳和陈淑梅等同学表示衷心的感谢！特别是要感谢廖秋梅、李宗莲和张海敏三位，她们目前分别是华南理工大学、华南农业大学以及中华女子学院社会工作专业的研究生，她们除了分享自己的故事，更参与了本书设计、编撰和校对等整个过程。在本书中，特别邀请三位来撰写序言，我再也想不出有谁比她们更适合为本书撰写序言了。

尽管我们已经努力地进行多次文章和文献的修整和校对，但由于本书的书写团队普遍年资较浅，各部分文本质量也会参差不齐，还请各位社工同人多多包涵书中可能存在这样或那样的书写问题。比起提出一套思想和方法，如果把本书理解成我们研究叙事自我疗愈的素材，或许会更为恰当。书中如有不足之处，还请各位前辈同人多多指出和批评指正，此谢！

钟耀林

2019 年 4 月于台湾东海大学大度山

序二：让叙说成为力量

当你看到此书的时候，请相信我，这是一本关于“我们”的书，也是一本关于你的书。

我们是谁？

我们是一群社工专业的学生，我们是这样一群有故事的“90后”。我们的故事曾经把我们困顿在无奈、失落和悲痛中。但同样的主角，在学会用叙事治疗的方法去看待自己的生命故事的时候，我们发现，旧故事被解构，新故事在重写，而故事里的我们也变得自信坚强而充满力量。

我们还是一群敢于尝试去面对自己的伤痛，敢于和不堪过去说再见的人，而我们现在也努力把我们的故事告诉更多的读者，把感受到的改变告诉更多和我们类似的人，期待发挥我们每个个体的力量，帮助有需要的人去理解悲痛的生命故事，也希望带给他们不一样的改变。

在这本书里面，我们做了两件很了不起的事情——说出我们的故事和改变我们的故事。这两件事不容易：说故事很难，把悲痛故事说出来更难。愿意把伤口的真相暴露在公众面前，大声说出自己的悲痛故事，我们这群人做到了。反复穿梭在伤痛故事理解和挖掘力量，努力去解构自己的伤痛和尝试改写自己的故事，我们这群人也做到了！

我们的故事是什么？

每个人成长至此，总有属于自己的故事，或开心幸福，或悲痛难言，面对我们难以启齿的悲痛生命故事，我们不曾告知父母，更未曾与好友分享，唯独是自己倔强地去承受。可年轻的我们也会有疲惫的时候，如果有一天我们的心灵再也无法承受这种悲痛，内心在浮躁的社会无处安放，我们的人生开始真正地迷失，此时最可怕的是自己的内心不够坚定，被主流社会的权势所击败。

但我们这群人是幸运的，作为学习社工的学生，我们的课程因为钟老师第一次接触到叙事治疗理论。从把它作为学习的知识，到把它真实地应用到自己的身上、自己的实务工作中，我想我们这群人做到了，而且也迫不及待地期待在这本书里面与每个读者分享，我们这群人如何得以慢慢改写的人生故事，我们的故事到最后变得如何了？如果你想知道，请你认真去读我们的每一个故事，我们的故事带给你的不仅是故事，更重要的是一种正面的力量——一种激发你想去尝试理解自己的生命故事，渴望掌控自己人生的力量和自由。

我也是这群人里的一员。曾经的我自卑而内向，甚至是一个很厌恶自己，想要走向自杀极端的人，但是今天的我能够坦然面对自己的不完美，接纳与喜欢自己，并且用自己的力量去一点点改变自己的人生，我感觉到前所未有的快乐和幸福。

在这本书里，我坦诚地讲述自己的故事，每每到伤心之处，也是含泪写完自己的故事；每每读起自己的故事，也是哽咽得无法哭诉。我执着地写下自己的伤痛故事，边痛边写着，直到完稿，我就是要给自己前半生不堪回首的过去一个完整的交代，我始终相信：人生可以不完美，但是不可以不完整。追求着完整的意义，给我一个理解和接纳自己的机会，我想在这本书里面的自己已经做到！

当然我也渴望自己的故事能够被更多人看见，期待自己的故事能够带给和自己命运相似的女孩更多启发，甚至是一点点改变的动力，那这对于我来说，所有的伤痛故事在这里变得有价值，所有的分享也变得充满意义。我想无论是好的故事还是坏的故事，它们终究在我们的生命里交织着。既然无法摆脱故事，那不如大胆在此诉说，只有你愿意开口去说，故事才会拥有力量，生命轨迹才会有改变的可能。

李宗莲

2018 年 12 月

序三：勇敢地成为自己

这是一本关于“故事疗愈”的书，书中鲜活地展现了同学们的人生故事，这些生命承受的痛苦着实让人感到难过。但庆幸的是，随着自由书写自己的生命故事，我看到了一个个生命在黑暗挣扎中努力前行，摆脱主流文化制度的桎梏，最终遇见完整、美好的自己。这里的自由书写不同于一般的书写，它没有好坏之分，目的是让你写到自己心底里去，让你成为自己的中心。

当我仔细整理资料时，我感受到叙事治疗的力量是多么的强大和神奇，其神奇之处在于人们的问题并没有消失，也没有改变，但叙事能够为正在受苦的人们提供一种动力，让人们勇于揭开伤疤，在自由书写中勇于面对自己生命中的伤痛，并且倾听自己最心底的声音，发现伤痛的意义及其背后的美丽之处，改变就从这里开始了。就如凤凰涅槃、化蛹成蝶一般，在挣扎、伤痛中改变和成长。

通过叙事治疗，使每一个伤痛故事都能够被看见，每一个生命都得到了尊重、珍惜和重视，感悟生命的本质，真正活出了生命的意义来。

有同学说：“勇于面对自己的伤痛故事时，其实疗愈就开始了。”是啊，但是要直面自己的伤痛需要多大的勇气？又有多少人能够真正做到勇敢面对？书中的每一位作者都是花了很大的勇气才能与自己对话，边流泪边完成写作，这是多么的不容易！于他们而言，叙事治疗无疑是一把“金钥匙”，为他们打开了通往自信、快乐的大门。

书中的每一个故事的产生都离不开社会的主流文化，主流文化规训着人们的日常行为。当我们行为表现与其背道而驰时，问题就会产生，我们就成了主流文化下的“奴隶”，痛苦随之而来。幸运的是，他们意识到人不等于问题，并能够找到问题背后的根源，将其解构，重拾生命原来应有的模样。

有人说，死亡不过是肉体脱离灵魂的存在，比死亡更可怕的是痛苦地存在。本书呈现出不同的人生故事，旨在为同样遭受苦难、经历伤痛的你提供勇气和借鉴，让更多的人能够摆脱问题故事带来的伤害，勇敢做自己，而不是将痛苦压抑，因为所有的痛苦和伤害并不会因为压抑和逃避就会得到解决，相反，随着时间的推移，只会增加你的痛苦。

看着书中的故事，时而热泪盈眶，为勇敢站起来的他们感到高兴；时而心疼万分，对社会文化的桎梏深恶痛绝；也不乏产生同感，感叹叙事的魅力无穷，能够通过诉说故事使人找回自己。衷心希望每一个正在经受伤痛的你都能够从书中找到启发，勇敢地成为你自己！

廖秋梅

2018 年 12 月

序四：做更好的自己

“个人的即政治的”是女权主义的一面旗帜，我想本书所想要表达的也是这么一种理念。书中收录了多位作者以叙事研究方法而书写的生命故事。这些故事中有因考学带来的自卑；有因身为女性，而被文化、生育制度建构为“多余的”孩子；有被习俗和地方社群所建构的不祥的家庭；也有因为生理差异被主流文化所排斥的个人……他们因叙事“自疗”而不断地与被建构的主流文化作抗争，让我们看到生命的本质，那就是做更好的自己！

如果没有叙事治疗作为论文的契机，我在想，像我们这些平凡孩子们的故事不会有机会出现在文学故事中或者媒体报道里，他们的故事将会石沉大海，因为个人的命运实在太渺小，个人的故事似乎不值得一提。可是叙事告诉我们，这样属于个人的故事应该公之于众，并且他们有权利发出自己的声音，是合法的，是正当的，是值得被听见的。历史应该记住个人身上的烙印，它不仅仅与个人相关，也与家庭相关，与社会相关，与制度和文化相关。我们公开讲述自己的故事，亦是在还原生命的权力。虽然属于个人，但是它与社会相关，它与政治相关，因为有千千万万，不计其数的人也曾遇到过与我们一样的问题。

于是，书中的作者开始带着以往的伤痛和质疑，开始了他们的叙事之旅。故事从回顾过往伤痛的经历，到不断地去探寻那个让自己深陷其中的黑洞，再到去看问题的根源，踏上与主流对话和抗争的旅程，过程中充满了悲伤、喜悦与自我的肯定。在书中，我们可以看到，每个人都是自己问题的专家，每个人都是自己的英雄，敢于直面自我内心最深处的伤和痛，敢于对主流论述提出批判和质疑，敢于重构属于自我的生命故事。虽然经历了伤痛，可是他们的故事被珍视，心中那个伤痕累累的孩子被拥抱，人生经验知识被书写，于是自我世界开始觉醒。这样的觉醒，让我们看到作为个体的权利，它代表着思想的自由、行动的自由和自我的独立。自此，人生的道路也开始发生了变化，踏上“关照”自我的美丽旅程，做更好的自己。

张海敏

2018 年 12 月

Contents

目录

第一部分

“自疗 > 治疗”——概念、理论与方法

“助人自助”是社工专业助人的目标。在这一目标的指引下，社工在服务过程中侧重于尊重案主①的意愿、激发案主的动机、发展案主的能力、促进案主实现自我改变、问题解决和能力成长。经过上百年的发展，到今天我们越来越认同这么一个共识：社工服务是一个“work with”案主的过程。

但是这样的思考并不是在社会工作诞生时就有的，从最早芮奇蒙（Mary Richmond）所著《社会诊断》和《什么是社会个案工作》两本专业著作中，我们都可以看到“诊断—治疗”心理咨询式的服务模型对起初的社会工作产生了深刻的影响。社工作为专家，为案主解决问题的身影时常出现。当卡尔·罗杰斯提出“当事人中心模式”，社会工作者欣然接纳这种有别于传统专家取向的治疗模式，尊重案主作为独特的个体和案主的主体性。之后，随着后现代社会工作的出现，社会工作者开始对专家取向的社会工作提出了强烈的批判，甚至一度出现“去专业化”的极端思想。

无论是专家主义，还是去专业化，对于发展中的社会工作而言都是两个极端。在本书中，我们希望通过强调“自疗”的概念回顾社会工作的专业化史，剖析“work for”和“work with”服务的区别，回看助人自助的专业目标及其延伸的专业处遇抉择。从后现代主义角度重新认识社会工作服务对象、介绍自我疗愈和自我疗愈的行动程式，并提出以“我”为对象的行动研究方法，来探析“自疗 > 治疗”的理论基础，以此引导社会工作者重视案主的主体性和自身不同的脉络，拒绝专家主义，摒除传统专家取向的中心技术操控等，希望能够让实务工作者增加对社会工作“助人自助”专业目标的认知与反思，给予案主更多选择的空间。

① 由于当前对社会工作服务对象的称呼不一，基于本书主要从个案工作方法角度讨论，因此在本书中统一使用“案主”这一称呼。

第一节

关于自我疗愈[①]

自我疗愈是一种内生的力量，且不易被发现。这就要求社工或者治疗师要善于观察，协助案主激发其内在的力量，从而达到自我疗愈的目标。自疗与治疗最大的不同在于，“自疗”强调案主自身内在的潜能和力量，而“治疗”则关注的是技术、方法，并侧重于以治疗和矫正的方法处理疾病和缺陷。在社会工作实务中，我们的视角越来越超脱了传统的问题视角，在此我们希望通过一系列的方法培养、提升案主的自我疗愈力，而不只是通过治疗的方法为案主解决问题。

一、自我疗愈（Self Healing）

自我疗愈是一个当事人通过自我调节来实现心理平衡的过程，人本治疗模式的创始人卡尔·罗杰斯较早提出和强调在辅导关系中需要注重案主自我疗愈（Self Healing）。卡尔·罗杰斯在《当事人中心疗法》和《成为一个人》这两本重要的人本主义著作当中，都涉猎了关于当事人中心和关注当事人自我疗愈力相关观点。

“案主来求助治疗之前其实已经进行了很长一段时间的‘自疗’”“治疗来自于外部，但是，痊愈来自于内部——生命体的本质中”（Andrew Well，2003）。很多时候，人们试图通过与别人建立亲密关系来缓解自己的孤独和恐惧感，我们试图从别人那里获取能量和填补自己的空虚，于是我们渴望获得他人的认可、关注和喜爱，以此抚平自己的伤痛。但自我疗愈治疗师认为，把自己交给他人来填补空虚的做法是危险的。而自我疗愈鼓励我们转向自我的、内在的，寻找内心那个迷路的小孩，鼓励我们去拥抱自己不良的情绪，不是逃避，而是要正视内心的痛苦，哪怕是孤独、恐惧、被遗弃感等。

---

① 钟耀林．重写生命故事之美：叙事自我疗愈的行动程序分析［J］．社会工作与管理，2015（15）：42－49.

自我疗愈又可以分为内在和外在两种自我调适。内在调适主要是指通过内心调节来获得心灵平衡，外在调适则是指通过活动、社交、环境改变等来辅助个人实现情绪、心理的平衡。自我疗愈以内在调适为主，但同时也并不排斥外在的活动调适，很多时候需要依靠外在的活动调适来刺激获得新的能量达成感悟，如适当的社会接触、良性的人际互动等都有利于自我疗愈。

在社会工作助人活动中，很多治疗取向的同工急于寻求某种技术来帮助案主渡过难关，反而淡忘了案主自我疗愈的能力，我们的思维局限于医生看病必须是打针吃药的惯性中。退一步来说，即使真能够用医生看病的例子作为比喻，但作为治疗师应该看到案主在这一过程中的主体性，而不是把案主当作一个被动的、有待接受修复的对象，若忽视了这一最基本的量度，我们就会陷入过度治疗的陷阱，让案主更容易形成"治疗依赖""技术依赖"，不利于案主主体性、独立性的发展。

二、自愈力（Self－healing Capabilities）

基于"自我疗愈"概念的提出，有学者同时提出"自我疗愈力"（以下简称自愈力）的概念。所谓"自然痊愈力量"（自愈力）除了包含某些原始的痊愈疗法——如祈祷、冥想、静坐、气功、草药等之外，还有来自身体内在的免疫机制的力量。这个免疫机制的力量无时不在运作，人能够持续地健康存活就是自我疗愈力存在并保持运作的最强佐证（向鸿全，2005）。

自愈力的概念来自于医学。通过中国知网输入"自愈力"的概念来搜索学术文献会发现，目前该概念更多地被中医和预防医学所运用。在心理学方面，也开始有一些治疗方法越来越注重发挥案主自我康复的能力的做法，例如复原力的概念、人本治疗模式等。目前在辅导方面也有学者将自我疗愈与游戏结合来开展儿童辅导，看孩子在玩沙盘或是其他游戏的过程中是如何平复心情的（林美珠，2002）。

在心理学界，和自愈力相近的概念是复原力（Resilience①）。心理复原是个体在经历对生命具有威胁的事件或严重的创伤后仍然能回复到良好适应状况的现象（雷鸣、张庆林，2009）。心理复原的研究源于20世纪70年代，由Garmezy及其同事在进行儿童精神分裂病理学研究中提出的（Luthar，2006）。复原力的概念，在台湾心理咨商界和社工界都较为流行。复原力是指个人与生俱有或后天学习到的某种特质与能力，可以帮助个人与环境互动时不受生活压力的影响，使个人不落入忧郁的困扰中。复原力包含社会支持、正向自我与自我控制三个向度（王昭琪、萧文，2007）。从21世纪初开始，该概念被引入中国大陆，较多应用于心理学领域，尤其是学校心理咨商领域。

从复原力的角度看，人们特别重视对案主个体自身保护因子的挖掘。从发展结果角度考察心理复原力的学者，倾向于将心理复原力的生理机制归结为保护因子的积极影响。近年来，学者们从认知神经的角度探讨基因、气质、情绪调节、认知、早期经验等保护因子对个体心理复原力的影响（雷鸣、张庆林，2009）。因此，在精神学科中，尤其强调如何通过来自精神科学、心理调适等治疗手段让案主复原。

由于社会工作助人目标和心理学助人目标的不同，② 这样就决定了两者在介入案主问题的时候，所处遇的角色和采取的方法都不一样。所以在本书中，作者更倾向于使用自愈力的概念，希望从社工专业助人使命的角度，强调辅导过程应该看到来自案主身上的自我疗愈力，而不仅是从心理咨商角度透过外在技术帮助促使案主复原。这就会涉及社会工作所常用的优势视角、社会支持网络理论、家庭生态系统理论、增权理论乃至基进社会工作理论、女性主义社会工作理论等心理学范围以外的理论视角来帮助案主获得自我的平衡。

治愈意味着整合调动身体和心灵的机制，去面对障碍、身体疾病或精神断裂。治愈也需要个人与更强大的社会和物理环境之间的良性关系。对人类而言，事物的自然状态经历了无数时间的演变，且从细胞到自我形象

---

① Wei - he Guo, Ming - sum Tsui. From resilience to resistance: A reconstruction of the strengths perspective in social work practice [J]. International Social Work, 2010, 53 (2): 233 - 245.

② 社会工作的目标是“助人自助”（详见第三节：助人目标与关系处遇），而主流心理学则模仿医学的做法，以帮助案主解决问题为目标。

的每一个组织层次，所有的过程都是对个人心灵与身体的修复。治愈的效果出现在治疗师或个人与机体之间建立联系或注入力量以实现自我恢复的时候（Cousins，1989；pelletier，2000；Weil，1995）。

而谈到自愈力，我们还可能会联想到优势视角下的抗逆力（Resistance）。抗逆力是一个过程，源于迎接自己被世界需要和挑战关于能力、知识、洞察力和美德的持续成长和阐明，尽管这是矫正性的（Saleebey 著，杜立婕等译，2013）。作为实践者，我们必须尊重事实，伤害已经发生了，情感和身体的伤疤已经见证了这一切。对于许多人来说，尽管伤口还在，但这样的经历是具有意义的，能增进我们面对挫折的能力。就如同我们相信案主具有无限的潜能一样，我们相信案主同样具有强大的自愈力，而自愈力本身就是案主自我察觉、自我改变和自我增能的过程。

三、叙事自我疗愈

社会工作在开展个案工作时，应当鼓励案主讲述自己的故事，以在社会工作者的帮助下重新审视其日常生活经验。为达成此目的，首先，社工应当提供宽松的会谈氛围，运用“完人”的角度去看待案主，鼓励其谈论个人经验和自身赋予经验基础上的意义，而后引导案主关注宏大叙事和主流话语在自我叙述中所发挥的作用。其次，社工应当围绕问题展开，帮助服务对象探寻自身久远且隐秘的记忆，借助于质询的技巧，帮助案主围绕问题运用自我知识重新审视自身与经验（问题）之间的关系，以此超越主流的、外在的和标准的话语框架，发现自我的、个体的和多元的话语框架，在此过程中案主能够学会关照自我并建构主体性的知识，以此收获在助人过程中的主动性（徐永祥、杨威威、徐选国，2018）。

叙事治疗为改写生命故事提供了可能。我们在反思越来越走向治疗取向的西方社会工作时，对“诊断—治疗—评估”这一医疗服务模式所带来的药物、技术和专业依赖有了更多的警醒。自我疗愈似乎更适合于隐忍内倾、追求内在超越的传统文化性格。那么，在我们移植叙事治疗到中国文化过程中，有没有可能将两者结合起来？

正如前面提到的，对于隐忍内倾性格的人来说，其内在的心灵对话是很丰富的。这种自我对话其实就是自我叙事，更是自我合理化生命历程过程。只要掌握一套恰当的叙事方法（叙事治疗师助人自助的使命最终也就是要教会当事人这样一套方法，而不是用这样一套方法“医好”了我们的服务对象），就有可能改写有问题的生命故事，也就是说叙事自我疗愈也就有了可能。因此，我们可以这样认为，叙事自我疗愈就是一套鼓励案主以自我生命对话的方式来获得内心平衡的疗愈方法。

叙事自我疗愈是充满主体性的，并鼓励案主用自己的话语体系进行叙说。或许有人会担心这样会不会陷入过度诠释的陷阱里？其实，这仍是实证主义思维范式在作祟。在叙事自我疗愈中，笔者认为，只要是内心真实的感受，就不存在过度诠释——存在即合理。尽管新故事与所谓的标准和真理偏离，也不需要担心，因为我们要做的不是去推翻这些“真理”，而是借此反思是谁在利用所谓的“标准”与“真理”来操纵和压迫，以此使案主获得解放，自我增权。

叙事自我疗愈的形式是自由的。自由书写，乃至疯狂书写都是叙事治疗师们所鼓励的。网络日记、口头阐述、录音……只要使用者（案主）喜欢，它们就是叙事自我疗愈最好的方式。在自由的空间里，任由使用者天马行空，最真实的自己跃然于纸上，无比淋漓酣畅。

叙事自我疗愈的形式丰富多样，其中运用较多的是叙事信和自我故事。正如我们第二部分的内容，同学们几乎都是使用书写自我故事的形式进行自我疗愈。另外，在叙事自我疗愈过程中也会使用一些自证式文件，包括证书、宣言和授予自我证书。在叙事自我疗愈的见证部分，人们常会用到以上自证式文件，以见证自我的成长。

正如前面在解释“自我疗愈”概念时所述，叙事自我疗愈并不排斥外力（包括与亲友的分享、生活体验、辅导治疗等）的推动。相反，在故事发展陷入困境时，更需要某些外在的力量来刺激开启故事演绎的空间。所以，需要说明的是笔者在本研究中探索“叙事自我疗愈”时并非是要把自己关起来，也绝对不是倡导与治疗师的“治疗”以及外界互动割裂，而是把“自我疗愈”和“治疗”看作案主实现复康过程中两个重要的部分。“自疗”是实现“助人自助”终极目标最根本的方法，而“治疗”则是协助个体实现“自疗”的重要支撑。因此在本书的第三部分，我们专门地把研习叙事疗愈的学生的实践论文列入其中，以供大家从如何激发案主“自愈力”（自疗）角度去学习治疗。

由于人在自己的空间不能和其他人直接接触，所以也无法互相比较彼此的经验，产生不同的知识，建立同盟，反抗这种压制。这个严格划分阶层的观察体制，这个“个体化的金字塔”当中，不可能发生“多元化”常有的挣扎与反抗，反权力就这样有效地中和掉了（White 和 Epston 著，廖世德译，1990）。

那么叙事自我疗愈的过程是怎样的？从解读福柯后现代精神当中，我们似乎从解剖语言和关注对话中找到了出路。所以，人们提出福柯式方案，希望从挑战人学真言体系出发，解构各种有关正常人的学科标准和专业技术权力，开辟出当事人积极参与的另类的生活故事，建构不同的人的主体性和能动性，以此作为一种抵抗策略（郭伟和、郭丽强，2013）。

第二节

从专业化史看“治疗”与“自疗”的关系

一、专业化史

从社会工作的历史角度来看，社会工作有两大起源，一是慈善会社传统；二是睦邻会社传统。因为追求科学助人，慈善会社传统逐渐走向了个案式的救助和治疗；而睦邻会社传统则在后来成了社区工作的重要的起源（Allison，2009）。

芮奇蒙领导的“慈善组织会社”想要借助于科学方法实现慈善工作的科学化，以帮助具体的案主解决自身的问题，从社会工作的历史角度来看问题，这支流脉也是社会工作“个案工作”的发端；亚当斯引发的“睦邻组织运动”通过在社区里建设睦邻点，整合志愿者和慈善资源，帮助整体社会更加负责任地照顾社会中的弱势群体（徐永祥、杨威威、徐选国，2018）。

从1920年芮奇蒙写的第一本社会工作专业有关著作《社会诊断》（Social Diagnosis）以来，基于发展专业基础的需要，成为一个被认可的“专业”，社会工作首先借鉴了当时风靡全球的弗洛伊德的精神分析方法，以一种可以被验证的、检视的和自然科学的方式去做个案服务。即使到现在，如社会工作界常用的画个人生命路线图、探询案主的早期经验、人格分析、心理动力分析、梦的解释等这些方法、技术和技巧，大多源自于此。

这样一来，社会工作服务就开始被贴上了“治疗”取向的标签，例如我们采用的心理社会模式，这个最早被公认的社会工作专业服务模式，也包括后来的危机干预模式、结构式家庭治疗模式等诸多的方法和技巧，都是努力向医学看齐，采用医学中典型的“诊断—治疗”流程，把辅导过程看作一个治疗过程，希望通过专业技术来帮助案主解决问题。

在社会工作临床实务中，治疗师（个案工作者）与病人（受助者）之间的沟通过程充分展现了现代性或现代主义的内涵，即人们相信这样的真理：专家对病人拥有绝对的权威，二者是一种基于权力依附关系，病人（受助者）通过叙述可以准确地表达自身的经验，而治疗师（个案工作者）也能准确地理解病人（受助者）的经验并制定出治疗或干预方案。同时，在这种治疗或咨询实务过程当中，现代主义的本体论还认为，病人（受助者）的心理特征或人格是稳定的（熊跃根，2016）。

在20世纪60年代之前，精神分析的治疗学派是社会工作治疗方法的主流（宋丽玉、曾华源等，2012）。但社会工作在追寻这样的一个专业发展的时候，问题来了，那就是发现社会工作所使用的精神分析的方法更多是去服务那些“中产”人士（Goldstein，1990）。这样一套专业咨商的方法，对于基层的民众来说，难以代入这种专业的套路，例如没有那么多的时间，还有需要较强的文化理解力和反思力，另外高昂的收费等都是社会工作无法回避的问题。所以学者批判社会工作迷失于使用如精神分析这样所谓科学的方法，在追求发展自己的专业知识框架的时候，丢失了它原有的基础（Goldstein，1990）。而这个基础，就是社会工作最开始和始终关注弱势群体的初心和专业使命。我们明显能感觉到在这个时期社会工作在追求它的学术和专业地位的时候，和它原本的追求越来越远。

然而，社会工作在发展的过程中，逐步跟随精神病医学的脚步踏上了“芮奇蒙”路线，即追求实务过程的科学化，而枉顾改变整体社会的责任和使命，专注于从个体的角度诊断并解决案主的问题（徐永祥、杨威威、徐选国，2018）。

但是随着社会脉络变迁，第二次世界大战后需要协助的人数增加，以及其他观点的产生，如行为学派以及认知学派等，精神分析观点逐渐式微（宋丽玉、曾华源等，2012）。

二、去专业化史

从社会工作专业化历史进程来看，专业化的同时也伴随着反专业的呼吁。最初，专业主义被认为具有维护社会稳定、提升专业能力、获得案主信任等方面的积极意义。但是，后来随着专业人士利己主义倾向的兴盛，专业主义被赋予了消极悲观的意义，沦为专业团体维护自我利益（如薪水、地位、权力等）、制造市场壁垒、垄断行业领地的话语工具（葛忠明，2015）。

反专业主义开始反思社会工作的目标和使命，因为专业主义话语引导下的社会工作逐渐倒向了医学、精神病学、心理学等科学化水平较高的专业，导致个案工作、个人治疗占据主导地位。这一现象引发的负面后果是，社会工作远离了社会变革、社会行动，放弃了对于穷人、移民等弱势群体的道德关怀，社会正义的理念遭到抛弃。

因此，反专业一直在与专业化作抗争。首先，反专业主义倡导社会变革、社会正义；社会变革的目的在于消除社会结构中的不平等和压迫，为社会底层群体谋取合法权益，继而兑现社会工作对于社会正义的道德承诺。但是，专业主义通常是社会变革的绊脚石。例如，格林伍德就认为，社会工作对专业权威、地位和垄断的追求，阻碍了社会运动、社会改革的发展（Jennissen 和 Lundy，2011）。

其次，反专业主义反对个案工作的主导地位，尤其是“诊断—治疗”心理分析模式的个案辅导。后来以生态系统论作为分水岭的个案工作模式，以及各式各样小组工作和社区工作模型的诞生，在一定程度上也是对心理分析式个案治疗模式的一种回应。

再次，反专业主义反对价值中立，主张价值介入。专业主义倡导的科学主义、实证主义都主张价值中立，即为了保证专业活动的科学性、客观性，要求工作者在服务过程中将个人的主观价值、情感等悬置。但是，价值中立的结果是政治问题的技术化（technicization of political problems），忽视了案主困境背后的结构性根源，这是倡导结构变革的反专业主义者所要坚决反对的（Mullaly 和 Keating，1991）。事实上，社会工作不可能做到真正意义上的科学，它更多是科学与价值的结合，既包括科学的理论和方法，又包含价值承诺和判断（Thursz，1966）。所以，有学者提出社会工作的强烈价值介入论，强调其既是道德实践，又是政治实践（贺玉英、阮新邦，2004）。

最后，反专业主义反对专业霸权，反对不平等的专业关系。专业主义很容易产生不平等的专业关系，导致专业人士对于案主的操控和压迫。在服务过程中，专家刻意使用神秘的知识（confidential knowledge）和服务对象不熟悉的专业术语、词汇，继而体现其科学性、权威性。例如，社会工作者运用不正当性格（inadequate personality）、低动机（low motivation）、低智商（low intelligence）、长期依赖（chronic dependent）等字眼来对案主进行分类诊断（彭伯顿，1992），导致案主产生无力感，加重对专家的依赖（Poppendieck，1992；转引自李伟、杨彩云，2018）。

三、从 work for 到 work with

1951 年，美国心理学家卡尔·罗杰斯完成了他的人本心理治疗的重要著作《当事人中心疗法》，提出以当事人中心这一非指导性的辅导模式，并在后来的著作《成为一个人》中，完善了人本主义治疗模式（卡尔·罗杰斯著，宋文里译，1990）。从重新定义辅导关系角度来看，人本治疗模式是一次重大的革命。借此，社会工作也开始对传统以治疗师为中心的社会工作模式提出了反思，开始批判传统治疗模式过于强调治疗者的技术权威等。

但是，学者童敏（2003）指出人本治疗模式依然脱离不了传统的在辅导关系中把社会工作者当成是中心的观点。“如果仔细分析就会发现，卡尔·罗杰斯的辅导模式并没有摆脱原有社会工作辅导模式的基本分析逻辑框架。卡尔·罗杰斯依旧把社会工作者和受助者视为相互独立的个体，在辅导过程中社会工作者只提供受助者改变的外部条件，借助于社会工作者提供的信任、接纳和融洽的外部条件，受助者就能发生有效的改变。可见，卡尔·罗杰斯依旧像原有的社会工作辅导模式那样以一个价值标准确定社会工作者与受助者之间的辅导关系，辅导者依然是社会工作辅导模式的中心。”“因此，即使这样的社会工作辅导模式使受助者发生了有效的改变，也会不自觉地忽视受助者自己的独立分析、判断和行动的能力。可见，传统社会工作辅导模式在逻辑构建上根本忽视了受助者的独特性、个别性，与社会工作倡导的基本原则相违背”。

第二次世界大战后，全球社会出现大量的社会问题，贫困、疾病、环境污染、生态失衡等威胁着人类的生存，于是人们从现实生活中开始反思，并试图超越现代主义，于是产生了后现代主义。“后现代主义是一种‘造反’的思想，反对一元论、决定论；反对基础主义、本质主义和道德理想主义；反对主题主义和人类中心主义”（于泽元，2002）。

随着后现代主义的出现，社会工作者与案主之间的关系出现了又一次重大的变革。在发展过程中，社会工作开始越来越意识到，我们应该把权力还回给案主，案主才是问题解决的专家。在这一点上，社会工作者借鉴了大量后现代学者的观点，尤其是福柯权力和话语分析的观点，去解构辅导关系中的权力问题。

有学者认为，立足于社会工作本位，区分社会工作权力是否被滥用的重要区分标准，则是社会工作者在服务过程中是将自己所服务的案主视为"客体"抑或"主体"。换言之，社会工作主要是根据专业权力与社会目标，抑或是根据案主自身所阐释和表达的主体知识对案主开展服务（徐永祥、杨威威、徐选国，2018）。基于权力的讨论，回答了为何我们要尊重案主主体，以案主为中心，把评估问题和解决问题的权力交回给案主，从案主的脉络去理解案主，再放到大的历史、传统习惯、文化、权力结构和话语等脉络中去理解具体的人的问题等，由此重新定义社工与案主之间的关系。

社会工作也是一种"人的科学"，它将自身工作对象定位为社会中的弱势群体，也即福柯意义的"无名者"，着力借助实务工作与科学实践将其主体知识整理、还原与呈现，最终达成社会中大多数人能够认识到以往隐蔽的"无名者的生活"，直至推动社会权力施展方式与权力资源配置的变更。在权力运作过程中，社会工作强调"助人自助"与"赋权"，帮助案主掌握"自我技术"以不断重塑自身。然而，在社会工作自身实践过程中也始终遭受着社会整体权力与专业为本权力导向的威胁，因而产生"行政化"与"专业主义"的问题（徐永祥、杨威威、徐选国，2018）。

多向价值视角引入社会工作辅导模式的另一个显著变化是：辅导者不再是专家、指导者，辅导关系也不再仅仅限制在辅导室或者专业知识领域，辅导者的整个生活都纳入与受助者的沟通交流中。与受助者接受帮助相对应的是辅导者的指导，这两者构成了传统的专业社会工作辅导关系。显然，不仅受助者需要改变自己的处境，辅导者也要调整自己的角色（童敏，2003）。在实务场域中，社会工作者越来越清晰自己的定位，摒除过去大包大揽为案主解决问题的父权主义和专家主义，更注重与案主同行，从协助者、辅助者的角色出发，支持案主实现自我改变与成长。

"work with"助人路径的选择，也是社会工作专业自我解放的一个重要的方法，它鼓励社会工作者从传统专家的神坛走下来，回归专业使命。中国台湾学者王醒之（2013）认为，助人从"济贫救苦、施医赠药"式的慈善，到（现代性概念下的）助人所强调的反社会排斥与身为人的基本权利（rights）对应的是社会排除的救赎与修正。但背后去异求同的想象，却反向强化了社会排除的基础，进而将社会实存去脉络化、去历史化，同时将这两者捆绑于其中，助人者被镶嵌在体制里，也被扭曲成为受压迫者，empower遂成为欺人骗己的谎言。因此，他认为，助人者唯有清楚辨认自己也是专业体制中的受压迫者（原来自己赖以生存的、自己认同的，恰恰是压迫自己的）并且与受助者一起发展出对压迫共同辨认的可能，共同往再历史化、再整体化、再脉络化的关系方向挪动，“互助”的认识才得以展开，也才得以“助己”。当助人者带着实务工作自我怀疑重新审视“异/同”的社会建构，就会发现“边缘即核心”“他者即我者”，就会逐渐放掉求同存异的想象，进而从工具性审查中解放，也会从暗示—驯化的关系中解放。

基于以上的讨论，如果我们把社会工作专业化的历史看作一个必要的且惨痛的“专业化”史，同时也把“去专业化”史看作一个必然的且需审慎对待的“专业化”史，这样会不会更好？无论是专家取向，还是去专业化，对于发展中的社会工作而言都是两个极端。以史为鉴，社会工作应该如何对待专业化的问题？作为一个走向多元包容的专业，社会工作需要更审慎地看待不同知识和知识脉络，引进和吸收其中的养分，推动专业化的同时不至于丢失与案主同行的专业本色和初心（李伟、杨彩云，2018）。

第三节

助人目标与关系处遇

承接上一节的讨论，究竟是什么导致了社会工作走向以当事人为中心，乃至后现代出现的时候，社会工作界会如此热烈地去拥抱它呢？我们尝试从社会工作的专业目标和专业特点的角度去理解社会工作这一专业关系发展变化的过程。

一、助人自助的目标

一般而言，助人关系似乎是助人工作的基石，然助人关系之“助”究竟所指为何？我认为举凡帮助、辅助、救助、扶助、补助、协助等字词放置于现代性（modernity）的理解脉络中，多倾向于对“边缘人”的援助，放置于福利脉络中则为对“边缘人”的援助，放置于精神医疗脉络中则是对“发病者”的援助。这些当今在助人关系中的受助者群像如何被描绘，基本上反映了助人者被期待、被要求、被建构的基本功能，而非以受助者的发展为主要立基（王醒之，2013）。

“助人自助”被公认为社会工作专业助人的目标，那么什么是助人自助呢？

童敏等（2017）把助人自助理解成社会工作的服务理念。“‘助人自助’是社会工作的核心服务理念，也是社会工作之所以立足的关键所在，从产生之日起，社会工作就秉承着这样的服务理念。但是从‘助人’转变成‘自助’却需要社会工作服务策略的根本转变，从专家式的直接给予变成服务对象的自主意识和能力的培养”。

也有把“助人自助”理解为社会工作的最基本原则。“社会工作期望通过其帮助，使服务对象（案主）增强其独立性，而非增强其依赖性，以能够在日后遇到类似的生活挫折和困难时，可以独立自主地加以解决”。①

① 引自：https：//baike. baidu. com/item/% E5% 8A% A9% E4% BA% BA% E8% 87% AA% E5%8A% A9/3320717。

在本书中，笔者更偏向于将“助人自助”理解成社会工作在具体服务处遇中的一种目标。“助人自助”和中国文化中“授人以鱼不如授人以渔”的观点相吻合，通过在辅导过程中挖掘受助者的意愿、资源和能力，促进受助者从“他助”走向“自助”。

陈涛（2011）认为，“助人自助”源自《圣经》“God helps people who help themselves”（天助自助者）。关于“助人自助”含义的解释，本书希望引用国内学者张和清（2010）较为系统的观点来解释。

西方及中国港台主流的社工教材（Johnson，LouiseC.，1998；周永新，1994；林万亿，2002）一般都将社会工作定位于一种助人的专业（解决问题）。深受西方和中国港台专业社工的影响，中国大陆社工专业的统编教科书从专业化的角度将社工定义为：“社会工作是以利他主义为指导，以科学的知识为基础，运用科学的方法进行的助人服务活动。这一定义指出社会工作的本质是一种助人活动，其特征是提供服务。更确切一点说，社会工作是一种科学的助人服务活动，它不同于一般的行善活动。”（王思斌，2006：12）由此可见，国内外社工专家大都侧重于从助人的角度理解社会工作。

在当前社工发展的现实语境中，中国学术界和官方既从学理层面（研究）不断澄清社工的“助人”性质，更致力于从实践的层面（实务）对有需要的个人、家庭、群体和社区提供服务，实施帮助。从救助的理念出发，社工扮演救济者或扶助者的角色，直接帮助服务对象解决问题。相比之下，学术界和官方无论是对“自助”的学理阐释，还是从实践层面使工作者和社区民众在互动中实现自立自强都还不尽如人意。正如香港资深社工区结莲所说：“虽然概念上我知道‘助人’和‘人自助’之间存在一种延伸的关系：即由‘助人’开始以达至对方‘自助’。但在实践当中，我们往往只聚焦于助人，而忘却令对方自助的方面。”（区结莲，2009：5）

单纯从受助者（prosumer）的角度从事社会工作，只会强化社区民众的依赖性，弱化受助者的能力，增强社工的无力感，而完整的助人自助更加强调从“自助”的角度深刻地理解社会工作的本质。“自助”最起码应该包含两方面的含义：一是对工作者而言，社会工作作为一项职业并不是单方面的助人活动（救助式的）。稍有实践感的工作者都会明白，真正的助人自助是工作者与社区民众在同行中的共同成长和改变，在助人的关系中生命之间是互换和增值的。因此，自助首先体现在帮助服务对象的同时，社工的自我成长（生命影响生命）。正如佩恩（Payne，1995）所说："社会工作是一种互相作用的过程，在此过程中，案主改变了工作者及社会工作的本质，也因此改变了社会工作的理论。此论述的目的在于反驳社会工作只是一种催化过程且案主是由不受改变的社会工作者及机构所改变的概念，相反地，上述论述指出案主也会改变社会工作者和机构。"自助的另一层含义是社工必须致力于激活社区民众自力更生的能力。毕仁（ButrymZ. T.，1976）在《社会工作的本质》一书中指出，社会工作的哲学思想主要源自三个假设：第一是对人的尊重；第二是相信人有独特的个性；第三是坚守人有自我改变、成长和不断进步的能力。依据毕仁的思想，周永新（1994：10）将社会工作的基本假设归纳为：尊重他人、人是独特的个体、人有改进的能力。因此，就人本的意义而言，社会工作的根本宗旨就是相信人的独特潜能，激活人的自助能力。从自助的理念出发，通过社工与社区民众同行者的角色定位，激活个人、群体和社区自我改变、成长和不断进步的能力。

二、助人自助与关系处遇

我们去医院看病，通常都会经历这样一个过程：开始见到医生的时候，我们会急于把身体的各种不适应的状况告诉医生，此时，你会感到心跳加速，面红耳赤，生怕没有描述清楚。但是医生似乎较少关注这些，通常医生会在很短的时间听完病患的描述，然后开出各种具体的检查和化验项目，接着病患按部就班地到各个检验科室去排队接受检查，拿化验结果，再把化验结果给医生看，由医生开处方，病人听医嘱回去按时服药，完成整个看病过程。

这是一个很有意思的过程，其实从一定程度上病人和医生之间是在"鸡同鸭讲①"。医生主要关心的是病理上的疾病问题，而病人主要关心的是因为疾病而带来的病痛。"病痛是病患的一种生理体验，病痛的怨诉是患者与家属带给医生的，而疾病是医生通过生物医学的方式进行诊断得出的，它是从医生观点见到的问题"（Kleinman，1997）。

---

① 不在同一个维度上讨论问题。

主流的精神医疗对于治愈的定义是“症状的消除”，而症状则是当事人进入医疗化标准程序后与医疗专业所共构生成的新客体，是外化于社会脉络中完整的人（holistic person），因此成为病人（patient）；也就是说，进入医疗关系的当事人，面对的经常是“去脉络去历史的医疗化”与“去整体性的病理化”的双重异化过程（王醒之，2013，转引自王行，2005）。

列举这样的一个例子，笔者希望从医生对病人的关系处置经验中，反思社工和案主的关系处置问题。从理性主义角度出发，由两人建立关系的目的来看两者之间的关系，医生对病人，其主要的目标是为病人尽快解决他所遇到的问题。因而医生采取了 work for 的工作模式，而且这样的模式通常能被大家所理解和接受（当然，由于沟通不足，导致医患关系紧张，那另当别论）。而对于社会工作而言，因为专业使命和目标不仅仅是帮助案主解决问题（当然解决问题也很重要），社工更多地需要从案主自身的能力和环境考量，激发案主改变的意愿，帮助案主可以更好地理解自己、理解身边的环境，促进任何环境的相互适应，促使案主学会运用身边的资源去解决所遭遇的问题。所以，社会工作者基本上不可能像医生那样，比如说主张专家权威式地诊断案主的问题，要求案主按照自己的专业判断行事（在社会工作伦理中，这大有违反案主自决、专业父权操控之嫌）。

列举医生和病人的例子，主要的目的不是去评判医生这样的做法对还是错，不顾专业之间的差异，妄作判断，都是不具有说服力的、带有专业霸权以及专业盲区的，社工如是，医学、心理学和社会学等也理应如是。所以，我们需要考虑的是，医生之所以会这样处置，他处置的目标和对与病人之间关系的假设是什么？基于尽快帮助案主解决痛苦的目标，医生承认其和病人之间存在的专业知识和技术上的差异，甚至是利用这一点营造自己的专业权威的形象，另外还包括一系列的如白大褂、规范的医疗体系、规范化的诊治流程等，塑造医疗规范、严谨和科学的形象。

下次感冒的时候我们很可能还会继续去看医生，因为只有他才是专业的，只有他才清楚我们的问题。但问题来了，这样的模式适合社工吗？尤其是临床社会工作者，时刻都会面临的问题：我究竟是要帮助案主解决问题还是要协助案主让他学会解决自己的问题（也就是 work for 还是 work with 的问题）？答案自然不言而喻。既然这样，那么我们应该如何对待我们和案主之间的关系，通过比较社工和医生的专家目标之间的差异，由此引申出来的关系处置，答案也自然不言而喻。

第四节

后现代语境下再识社会工作服务对象①

不少现代主义学者认为，后现代在挑战和打破现代社会的结构和秩序的同时，缺乏对现实该如何重建的思考；也有不少学者认为，即使后现代主义者说自己在理论和实践上也在谈所谓的“重构”，可是始终没有告诉我们重建的方法和标准是什么，所谓的多元社会，虚无缥缈。面对这样的一些挑战，很多后现代主义学者奋而还击，驳斥第一种观点只看到后现代“解构”的一面，没有看到后现代还有“建构”的一面；驳斥第二种观点套用现代主义所谓自然科学理性逻辑去看问题和对后现代作要求。诚然，后现代没有告诉我们一个统一的标准，因为追求打破那个所谓统一的标准，走向多元正是它本身的目标和精髓。

后现代语境下，社会工作看问题的视角开始走向多元化。基于此，社会工作应该如何重新认识它的服务对象？我们对习以为常的“弱势群体”的概念，作为少数、非主流和边缘的服务对象群体和他们“不正常”的思维与行为模式又应该有怎样的反思？社会工作从后现代视角又应该如何处置服务对象问题？这些正是本书所希望回答的核心问题，以此帮助社会工作者重识我们的服务对象，进而重识社会工作。

一、后现代语境下的“弱势群体”概念分析

后现代主义代表人物法国社会学家米歇尔·福柯（Michel Foucault）

① 部分内容摘自华东理工大学学报（社会科学版）《后现代语境下再识社会工作服务对象》（已录用稿件，近期发表）。社会工作之所以会走向 work with，除了和我们的专业目标有关之外，和我们如何看待我们的服务对象也有着极大的关联。因此，笔者希望引用之前所写的一篇关于从“后现代语境下再识社会工作服务对象”的文章，来帮助我们理解我的服务对象。本论文基于后现代语境，旨在重新认识社会工作的服务对象，反思“弱势群体”概念背后的价值偏向，让社会工作者更清楚自己所处的立场；思考“少数”“非主流”“边缘”群体被标签为“不正常”是如何被构建的，警惕社会工作服务中“正常化”的危机；代入服务对象的脉络，去理解服务对象的思维和行为模式；重新审视社会工作协助服务对象处置问题的方式和方法，以此帮助社会工作走下专业咨询的神坛，回归专业本色。

在他的著作《词与物》一书中指出了人类几种认识型的变化过程。当古典时代的认识型取代了文艺复兴时期的认识型，词与物之间“它们结束了相似性与符号之间古老的作用，并在那里结成了新的关系”（Foucault 著，莫伟民译，2001）。词不单是物的反映，它还包含了更多的超出物本身的东西。当我们使用一个词语的时候，我们就承载着词语对物赋予的意义。

“弱势群体”是社会工作主要的服务对象。① 在 2002 年《政府工作报告》中，时任总理朱镕基第一次将“弱势群体”的概念列入政府报告中，提出“要对弱势群体给予特殊的就业援助”等，② 由此引起了学界广泛的讨论。从检视“弱势群体”这一最基础的概念开始，可以让社会工作从业者更加清楚，自己当下在做的社会工作是什么和站在哪里？

何为社会弱势群体？政府始终没有给出标准的定义，只是在不同时期对所关注的弱势群体的范围加以说明。例如从提出概念时最早关注的下岗职工及失业人员、“体制外”人员、进城民工和较早退休的“体制内”人员，到后来的留守老人、留守儿童、留守妇女等。而在学界，目前，国内有关“社会弱势群体”的概念定义较为混乱，可谓见仁见智（余少祥，2009）。

查阅外国文献，也没有“社会弱势群体”的概念，只有“社会脆弱群体”（Social Vulnerable Group）和“社会不利群体”（Social Disadvantaged Group）的概念。国内有学者将 Social Vulnerable Group 直接译为“社会弱势群体”，而将 Social Disadvantaged Group 译为“社会劣势群体”，其实并不准确。

从回顾国内学者对弱势群体概念定义的争论来看，如果从对“弱势”成因的前设来分，大致可以分成两类：内在归因倾向和外在归因倾向。

内在归因倾向的定义，倾向于将弱势群体问题的原因归结于当事人自身，认为个人之所以陷入困境最主要的原因在于个人能力、知识、技术、关系、性格等多方面的问题。这种倾向性下的定义为：“弱势群体是指那些依靠自身的力量或能力无法保持个人及家庭成员最基本的生活水准，需要国家和社会给予支持和帮助的社会群体”（郑杭生、李迎生，2003）。“弱势群体是指由于自身生理、职业或者知识和能力等主客观因素，其社

① 社会工人以弱势群体为主要服务对象，在服务中也会涉及一般的居民。

② 朱镕基．政府工作报告［N］．人民日报，2002－3－17.

会地位相对较低和物质生活条件贫困的自然人群。如贫困农民、贫困老人、城市贫困者、不幸家庭的未成年人、残疾人、流入城市的劳工、高校在读的特困大学生等”（李阳春、沈雁，2004）。“弱势群体是指社会上经济能力薄弱、知识水平老化、信息贫乏、处于社会底层、抵御风险能力弱、发展困难的一类人的总称”（李乐平，2003）。“弱势群体是现代社会中因技能、信息、年龄、性别、语言宗教或生活习惯不同于社会主流而在情感和权益上易受忽略和伤害的群体”（钱再见，2003）。“社会弱势群体是指那些经济贫困、社会声望较低以及几乎没有能力支配和控制社会资源的人所构成的群体”（李斌，2002）。

从以上定义中，我们不难发现内在归因倾向的一个共同特征，也就是将弱势的原因主要归因在了个体自身的能力、技术、知识、关系、身份、健康、年龄和生活习惯等个人化因素上，这种个人化的归因方式，延伸出来的一个议题就是政府和社会应该站在什么样的立场对待这些“因为自身原因”陷入困境的人。

外在归因倾向下的定义，倾向于将弱势群体问题的原因来自于他人和环境，认为个人之所以深陷弱势，和环境有着极大的关联，最主要的是不良的环境对个人产生了不利的影响，导致个人陷入困境。这种倾向下的定义，如社会转型期弱势群体的核心含义是指：“在经济、文化、体能、智能、处境等方面处于一种相对不利的地位，从而获得各种稀缺资源的匮乏、导致生存困难和发展机会匮乏的那部分人群”（尹志刚，2002）。“弱势群体是由于社会结构急剧转型和社会关系失调或由于一部分社会成员自身的某些原因（如竞争失败、失业、年老体弱、残疾等），而造成对于社会现实的不适应，并且出现了生活障碍和生活困难的人群共同体”（高强，2004）。“弱势群体是一个相对的概念，在具有可比性的前提下，一部分人群（通常是少数）比另一部分人群（通常是多数）在经济、文化、体能、智能、处境等方面处于一种相对不利的地位”（李林，2001）。

从外在归因倾向的定义中，我们看到了学者开始将个人陷入困境的原因倾向归结于环境、制度、文化、习俗、生活条件、设施等，由此引申出来的一个论述：社会和环境有义务帮助个人回归社会、恢复功能和自我实现等。

虽然政府至今依然没有给出标准的“弱势群体”的定义，但是从政府工作报告和从学界的研究中，我们能感觉到整个论述明显偏向了“内在归因倾向”这一边。对于社会工作界来说，为什么这个问题是重要的？为什么要审视“弱势群体”这个概念？试想一下，当“弱势群体”这个概念跑进我们脑袋的时候，在我们的思维当中是如何理解这个概念的？会不会随着主流的论述，首先把服务对象想象成一个缺乏知识、没有技术和能力改变自己生活的人？这势必影响社会工作专业接下来的服务走向，而治疗取向的社会工作是不是在这样的一个概念建构之下的产物？

社会工作作为西方社会的产物，在早前公认的Bartlett的关于社会工作内涵的说法中：“社会工作最初来自对个人的关怀；个人和社会相互依存；每个人对他人具有相互关怀的责任；每个人都是独一无二的，但是也有很多共性；民主社会的本质是让每个人发挥它的潜能，同时积极参与到社会当中，担当起他应有的社会责任；当个人陷入困境失调时，社会有责任提供帮助走出困境和保护他”（Bartlett，2003），社会工作是因应社会对个人具有责任发展而来的，那么这里需要考虑的就是社会为什么对陷入困境的个人具有责任？为什么需要提供帮助呢？还是说，就像内在归因倾向下的“弱势群体”概念所给我们指向的，以一种怜悯或是施舍的态度去处置他们需要解决帮助的问题。

如果比较两种倾向的社会文化基础，我们不难发现里面含有“个人主义”和“集体主义”的影子。但需要大家注意的是，社会工作起源于西方社会，服务从尊重个人和尊重个性开始，认为社会有义务协助个人让个人的价值得以实现。这种和东方儒家集体主义文化大相径庭的论述，会不会让我们更难以理解社会工作的本质？不仅是社会对个人负有责任，“在协助当中让服务对象看到自己的责任”（曾华源，2011），这是实务过程常常会遇到的难题。在理解社会工作和弱势群体这些概念的时候，我们还需要从词语还有词语的社会、文化脉络以及其背后所承载的意义代入思考，也就是福柯在《词与物》中所说的“当我们使用一个词语的时候，我们就承载了它所赋予的意义”，如果我们对社会工作缺乏这一点基本的认识，那么，我们很可能一直在做一个“假社工”。

更值得我们担心的还不止于此，当我们沿着内在归因倾向继续往前走下去的结果将会是什么？例如我们常说农民工是弱势群体，为什么他们是弱势群体？我们很容易想到这是因为他们没有学历、文化和技术；为什么他们没有文化和技术？很容易推论到是因为他们受教育文化低下；为什么他们受教育程度会偏低？因为他们的父母受教育文化程度也低……这就是内在归因倾向思维推演的结果，这个时候我们不由感慨，"龙生龙，凤生凤，老鼠生仔会打洞"，活生生的社会达尔文主义和基因论调就在眼前。

概念不只是反映事物本身，它也承载着不为人知的社会价值取向和政治动机。当我们在对概念界定和使用概念的时候，需要格外地小心谨慎，因为它很可能是为合理化社会阶层而推波助澜的论述。否则，社会工作就会变成一个举着助人的大旗，乐此不疲地成为社会达尔文主义的帮凶却不自知的专业。关于这一点，Sarah Banks 在分析"身为人的服务使用者""身为该国公民与积极公民的服务使用者""身为消费者与顾客的服务使用者""身为社运人士、专家与同盟的服务使用者"等多重角色的时候，指出了不同类型的社会工作服务使用者背后的社会价值基础、思考问题方式以及对问题处置方式的不同（Sarah Banks 著，周采薇译，2014）。

后现代主义让我们从"弱势群体"的概念中看到它背后所蕴藏的政治倾向和社会价值取向。基于服务对象视角对"弱势群体"概念的分析，只是在对众多社会工作相关概念反思的一个缩影。所以，社会工作者永远不要忘记，从社会功能角度，社会工作不只是社会关怀的，社会工作永远有两只手，一只社会关怀的手，还有一只社会控制的手。而这两只手，无论是在中国还是西方政治和社会中，都将会是永远存在。如果不清楚这一点，我们会不会连那只"社会关怀的手"都将失去，纯粹变成福柯圆形监狱里面的瞭望塔（Foucault 著，杨远婴等译，2012）？或是更为隐晦的摄像头呢？那将会不会是社会工作专业最大的悲哀？

二、作为"少数""非主流""边缘"的服务对象

社会工作的服务对象往往是"少数""非主流""边缘"群体。而作为"少数""非主流""边缘"群体，他们的声音往往不会被听到、他们的身影往往不会被看到，他们往往被"多数""主流""中心"代表着。

曾在某社会工作概论的教科书中，将社会工作的功能部分归纳为"促使服务对象回归正常生活"。这是一个耐人寻味的概括，"文化中会'规定'人们应该和环境之间保持何种适当关系，对'正常''病态'具有定

义”（余汉仪，1979）。当我们谈到“正常生活”的时候，从逻辑上，我们也得有一个对应的“非正常生活”的概念和标准，否则“正常生活”这个概念也就不成立。那么什么才是“非正常生活”呢？该由谁来定义？他又凭什么这样定义呢？例如，我们如果认为“朝九晚五”才是正常工作模式，那么在这个时间范畴外的工作者例如值夜班的工人，他们的生活是不是就是不正常的呢？同性恋性取向算不算不正常？反观当1973年美国精神医学学会将同性恋从《精神疾病诊断与统计手册》中去除后，同性恋病态化的解释越来越难成立。

何为“正常”？如果用英文“normal”或许我们更能够理解，“normal”同时也可以被翻译成一般的和一般人的。所以是不是说，当一般人拥有的、坚持的东西它就是正常的。反之，如我们的服务对象，包括他们的环境、关系和行为，就这样被建构成不正常的群体、不正常的生活方式和不正常的思维等。要知道，社会达尔文主义式的论调在阶层分化的社会中是十分具有市场和说服力的，问题是这样的社会真的好吗？是社会工作者孜孜以求的理想社会吗？

一个不要让孩子输在“起跑线”上的妈妈，每天给小孩增加大量的课外作业，整个家庭开始焦虑不安，这是我们在社区中经常会遇到的服务对象；我们曾经笑话的“90后”年轻人，他们喜欢发呆、撒娇、卖萌，就像长不大的孩子，这里面又有多少“污名化”和标签？还有当我们带着高姿态去关怀那些可怜的农村留守儿童的时候，是不是自然而然地把留守儿童看成了一群什么都不会只有等待援助的孩子……这不禁让我们想起福柯的成名之作《疯癫与文明》，什么是疯癫？什么是文明？究竟是谁疯了（Foucault著，刘北成等译，2012）？

面对当今社会全球化、多种族、多元文化的冲击，不由让我们去思考，如果我们还是站在单一向度的文化、认知结构框架去理解和分析社会现象和问题，看到的将会是什么样的结果？如果社会工作只是站在主流或者是专业角度去理解服务对象及其处境，又将看到什么？我们不难想象，我们可能会主张辅导我们的同性恋服务对象让他变成异性恋，我们辅导不工作的年轻人想办法让他去爱上工作，我们去辅导大龄女青年帮她解决婚姻问题，即使没有这么做，我们也很可能会去思考问题和做方案，因为你所处的文化使然、价值使然，甚至是你会认为“专业”使然，当然，幸运的是，你的督导可能来得及及时纠正你的这些想法。

后现代给社会工作敲响了警钟，让我们听听来自“少数”“非主流”“边缘”群体的声音，换个角度、换个位置、反身性思考，回归社会工作的本质，或许更能做一个“真社工”。

三、对“另类”思维与行为模式的再思考

在社会工作专业课程中，笔者曾不止一次地问社会工作专业的学生：“对于贫困家庭来说，什么样的生活方式才是最省钱的？”学生们的答案五花八门，有的会说少吃点；有的会说吃饭时挑最能填饱肚子的食物；还有的说不要外出不参加活动；还有的说想办法让别人请客吃饭；也有的说想办法赚钱……当然，首先要肯定的是他们所回答的这些答案都是对的，因为所有的这些答案都是从每个人自身生活经验和学习经验出发得出来的结果。

每一次学生都会很好奇地追问，那最终的标准答案是什么？我认为很难有一个标准的答案，但是如果确实要找一个最接近的答案，那或许就是贫困群体常常会做的——“睡觉”。为什么对基层民众来说“睡觉”成为最省钱的生活方式，甚至是首先选择的生活方式呢？试想一下你就会明白，睡觉的时候不用开灯，不用用水，不用社会交往，连身体的耗能都是最低的。而往往这样的行为又会被和“懒惰”等同。

当听到这里，每一次所有的学生都会大“哦”一声，然后很快地就平静了下来。笔者能看到他们揭示答案那一刻的惊讶和不屑思考的沉静。因为，大家都会觉得原来答案就是这么简单和轻而易举的，本来自己也能想到的。但是有意思的是，为什么轻而易举的东西，我们就是想不出来？还有揭示答案那一刻，大家稍纵即逝的惊讶，这对我来说是一个危险的信号。

为什么轻而易举的东西，我们就是想不出来？是不是我们太习惯了代入自身经验去思考问题，当我们没有这样的生活体验的时候，我们就很难真正地去理解服务对象？或许只有身处贫困中的百姓才会真切体会“最低耗能”，而不是专业人员。当然，基层老百姓通常不会用类似耗能、卡路里这些“高大上”的概念来形容他们自己的生活。社会工作者如果缺乏站在服务对象角度去理解问题，我们很可能就像 Chambon 等（1999）在《福柯与社会工作》中所说的“视而不见的生活世界”。

从那个稍纵即逝的惊讶中，我们可以看到社会工作初学者缺乏对自身的察觉和反思，缺乏对文化、经验和社会价值观是如何进入我们脑袋，并影响我们思维的理解和警惕，还有被植入“专业”“客观”“中立”信念的危险。

社会福利政策和社会工作服务如何才能够更加科学？借着这样的例子，从专业角度，我们可能会马上想到，能否从服务对象增能角度，引导他多“走出去”，发展自己的能力，扩展自己的交际圈子和资源网络，协助他走出困境。有很多地方政府也是顺应这样的思维，制定了鼓励服务对象走出家门，扩展人脉和支持网络福利政策。但是问题来了，为什么作为工作者能够轻易理解只有“走出去”才会有更多的机会这样的逻辑？有时候在贫困民众那里就有困难，很多贫困的服务对象领取了政府支持外的补助之后，仍然不愿意“走出去”，他们或是把它存起来以备不时之需，或是用于应付其他方面的支出。所以香港在实施这一福利政策的时候，是通过采取交通报销的方式实施，也就是说，只有真正外出找工作和参与社会活动的基层民众才能申领。如果从社会学角度去理解，这就是贫困亚文化的问题。如果我们的福利政策和社会工作服务还只是站在一般、正常和主流的角度去理解问题、去制定和落实政策的话，我们的政策很可能是一文不值的，很多高层的美妙的政策设计，对服务对象来说是不可理喻的，甚至是“狗屁不通”的。

这么说下来，相信大家就不难理解，为什么在社会工作界经常强调的注意不要“好心办坏事”，而让人感到更加危险的是，我们往往以好心之名，去做了很多我们自认为对的、对服务对象好的、对社会有意义的事情。“好心”之下，掩盖掉了慈善的成本，甚至是对服务对象显性或是隐性的、当下或是潜在的伤害和标签。这些看似“专业”而“非专业”的做法，产下的恶果最终又将该由谁来承担？

一个专业如果缺乏了这样的思考，那么它就是危险的。理解这一点，或许我们就会变得更加谦卑，明白服务对象才是问题的专家，问题是由社工和服务对象相互建构的。如何重构，也应该是社工和服务对象“同行”的过程，而不是社会工作者一开始就能给出答案的。学者张和清（2003）在讨论社会工作专业确信与后现代关系时引出了关于尊重服务对象地方性知识和“互为主体”的工作关系的议题，“后现代社会工作追寻一个工作者和案主‘互为主体’的状态。因为只有达到这个理想的沟通情境，工作者与案主才能‘深层理解’，彼此之间的互动才会有意义，而不是去纠结所谓的问题界定上”。

这样从“神坛”走下来的社会工作专业，会不会更轻松自在？当然，如果我们始终舍不得专业的霸权，或是专业帽子的“光环”，那这样的自我专业革命将是比较痛苦的，也是不被期待的。

四、后现代社会工作介入——绽放各色各样的花

对后现代主义最大的误解莫过于后现代只负责打碎那个花瓶，让社会满地碎片，却没有告诉大家应该如何再做一个花瓶和一个怎样的花瓶。

“多元”是后现代主义的中心思想，后现代选择了把最终建构的权力交回给每一个生活的主人。所以如果哪一个后现代社会学家、社会工作者告诉你说应该怎么再做一个怎样的花瓶才是最好的，那么他一定是一个“伪后现代主义”者。对于福柯来说，打破花瓶后，最重要的是把重新建构的权力交回给当事人，而不是告诉对方说应该如何按照他人的指引打造新的花瓶，更不是打造别人认为好看的花瓶。

我们始终无法否认的是因为社会工作者专业知识和身份的影响，服务对象新的认知、新的故事和新生活的开端，在一定程度上可以说是社工和服务对象共同构建的。社会工作者需要对专业和专业身份角色下的权力谨小慎微，同时也更需要尊重服务对象的权力，让他/她可以在基础道德和法律允许的范围内自由去选择个人、家庭更合适的生活样态，而不是以专业之名去贸然判断什么对服务对象才是最好的，因为那样做出来的花瓶都是一样的，哪怕颜色不一样，它的形态很可能将是一样的，不过是别人的复制品罢了。

如何处置花瓶的问题，其实就是关于社会工作者如何协助服务对象处置他们面临的问题的一个比喻。当我们在谈论对“专业霸权”要保持警惕的时候，不是说社会工作要“去专业化”。所以有学者强调，在社会工作专业化的初期阶段要对“去专业化”的分析保持警惕，对西方既有的社会工作知识体系和实践方法保持纯真而谨慎的态度，在微观治疗和宏观干预实务中始终保持价值观的必要开放，同时在人类发展实务中将专业知识与民间知识混合使用（熊跃根，2016）。

从操作层面上，后现代主义对以技术、流程和专业判断为核心，以问题为导向，以及推崇所谓客观中立标准的现代主义范式下的社会工作予以强烈的批判，这其实也给社会工作者在如何协助服务对象处置问题上予以指引。

例如现在业界所熟知的叙事治疗，澳大利亚心理学家麦克·怀特（Michael White）和新西兰心理学家大卫·爱普斯顿（David Epston）在1990年合著出版的《故事、知识、权力——叙事治疗的力量》被誉为叙事治疗的经典。作为后现代治疗学派的典范，叙事治疗主张重新审视故事，把问题与人分开，通过问题外化、剖析故事背后的话语权、寻找遗漏的故事片段来重构生命故事（钟耀林，2015）。于是主张叙事治疗的社工，希望通过“讲故事”这种服务对象能够较为容易掌握的方法，与服务对象一起面对“伤痛”故事，对陷入困境的问题进行解构，支持案主重夺生命故事的话语权，重构属于自己的“好故事”。这是麦克·怀特等人从方法上运用福柯后现代主义的创举，在实务辅导过程中，原来被现代主义范式代入死胡同的对话变得轻松简单。

和叙事治疗相像的还有寻解疗法（Solution - focused Therapy）。1982年，寻解疗法创始人狄世沙（Steve de Shazer）在处理一宗家庭治疗时，无法为这个家庭提供介入策略，便与同事商量，结果从治疗模式和医疗模式寻找原因改变为聚焦在解决之道上。过去的介入手法深受医疗模式的影响，认为需要先为案主进行诊断，然后评估情况，再加以治疗，弗洛伊德的精神分析学则是典型的医疗模式。

基于对问题视角的反思，社会工作业界从20世纪80年代起，提出了优势视角（Strengths perspective）的原则。优势视角是以优势为核心，社会工作者在对案主进行帮助时强调将关注点聚焦在案主身上，尽可能地发挥案主自身的能力和优势，并利用案主的这些优势来进行自我的帮助和发展（Dennis Saleebey 著，杜立婕等译，2013）。

优势视角强调发现案主身上的“闪光点”，挖掘案主身上的潜力，培育、鼓励、协助、支持、激发、释放人们内在的优势，通过案主自己的力量来解决问题（闻英，2005）。

无论是优势视角，还是寻解疗法，或是叙事治疗，这些后现代的方法能够帮助我们学会站在服务对象角度重新规划社会工作的服务，了解社会工作者的立场、目标、辅导规划、说话方式、问话技巧等，推动了社会工作新的变革。

建构一个多元的社会、文化、思维方式、生态结构、生活和行为模式，把生活的权利交回给各种曾经被主流和多数所代表的服务对象，这是后现代思想对社会工作的独白。作为社会工作者，我们需要认真审视自己原有的价值取向和知识结构，切忌把自认为所谓好的、美的追求，强加到服务对象的身上。从社会福利政策到社会工作服务，首先需要做“对的”事情而不只是做“好的”事情，基于服务对象视角，从后现代主义出发，重新审视社会工作“对的”标准。以此，警醒社会工作者做一个谦卑的助人者，走下专业的“神坛”，回归专业应有的本色。

第五节

自疗 > 治疗：自我疗愈的行动程式[①]

在本节，笔者希望和大家一起去剖析叙事自我疗愈的行动程式，带大家一起去认识有问题的故事，看看我们是如何做到自我觉醒，如何对有问题的故事进行问题外化，如何寻找遗漏的片段，如何丰厚新故事，如何进行故事意义再生产和重构新故事的。

一、有问题的故事文本

图 1　有问题的故事文本

1. 我们用灰黑色的圆圈代表有问题的故事。

2. 整个故事文本的调子都是阴暗的，了无生机。

3. 身处其中的人或是还没有察觉或是已经感受到它的存在，却怎么也走不出来。

4. 这样的一个有问题的故事造成了个人的困扰，我们被囚禁了起来，汲取不到故事的营养与正能量。

二、故事文本内核

1. 有问题的故事文本中有一个内核，它是有问题的故事的症结。

2. 它主要是故事中已造成的不可复原的伤害和个人所形成了的固化的负面认知，例如颓废的、无力的、无助的等负面认知。

---

① 钟耀林．重写生命故事之美：叙事自我疗愈的行动程式分析［J］．社会工作与管理，2015，15（4）：42－49.

图2　故事文本内核

3. 文化语言方面，我们习惯性地把问题归因个人化，忽视了主导这一故事形成的文化、语言、制度和社会环境等因素，让故事充满了无力感、无能感和自责。由此，创伤内核形成并被不断强化，而个人则变得越来越虚弱。

三、故事碎片

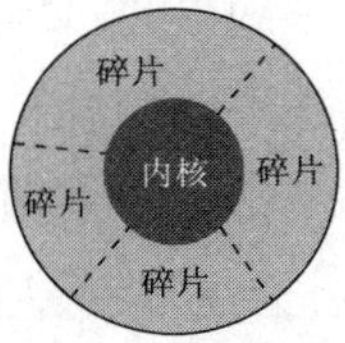

图3　故事碎片

1. 有问题的故事看起来像铁板一块，但是其实是由很多关联的小片段（姑且称之为碎片）组成。

2. 人们在建构故事的时候，有意识地把各个小片段融合在一起加工，才组成了最终的故事，并赋予了故事意义。

3. 我们要解构故事，就得从每个碎片开始。当我们开始回忆伤痛故事时，一个个具有挑战性的故事片段便跑了出来。

4. 改写故事，需要对一个个故事碎片问题外化，各个击破。

四、自我觉醒

1. 每一个有问题的故事都是建构的结果，建构的过程中给人带来一种不舒服的感觉。从来就没有人会喜欢这种感觉，大家都曾尝试用不同的方法走出这一困境，有些人成功地走了出来，有些人失败了屈从于这故事，

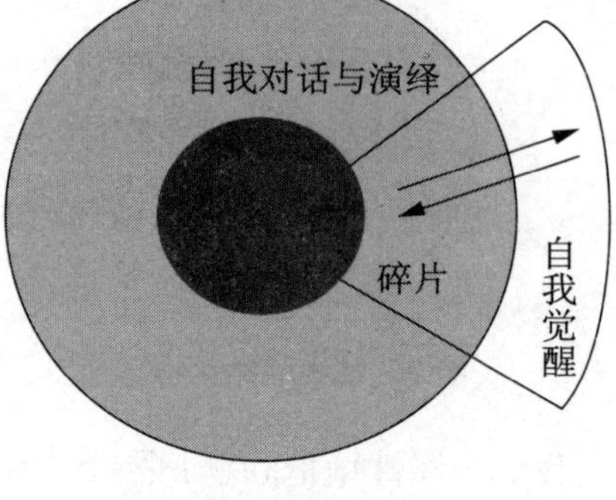

图4 意识觉醒

也有些人逃避这种感觉通过替代物来麻醉自己……

2. 意识觉醒首先从对旧故事的不满意开始，我们开始进行故事回放，很多零散的故事碎片出现在眼前，也正因为这些碎片的出现，看似铁板一块的故事文本开始有了裂痕和改变的可能，也就成了故事被改写的开始。

3. 我们开始努力尝试自我观察、自我对话和自我演绎这些内省方法。不断问自己我怎么啦？我为什么会这样？是什么让自己变成了这样？我希望改变的动机在这一演绎过程中会被不断强化。

4. 自我对话和自我演绎是叙事自我疗愈很重要的概念。独处让我们多了自我对话的时间和空间，丰富了自我心灵对话的内容。

5. 自我对话不一定是内在的，还可以通过书面语写出来，有时候白纸黑字写下来的会更真实也更具体，因为它经过了语言的逻辑思考并最终呈现。

6. 自我对话书写还可以是一种自由书写的方式，什么时候有感而发就把它记录下来，这不单是解构旧故事的依据，更是建构新故事的素材。

7. 这种自我对话往往会时不时陷入困境，很多时候需要通过与外在的交流来实现新思想和能量的注入。这也就是我们为什么遇到问题的时候并不是全封闭式地把自己关起来就能够痊愈，而是外界有些东西挑动了我们的思维，让这个对话注入新的活力。

五、问题外化

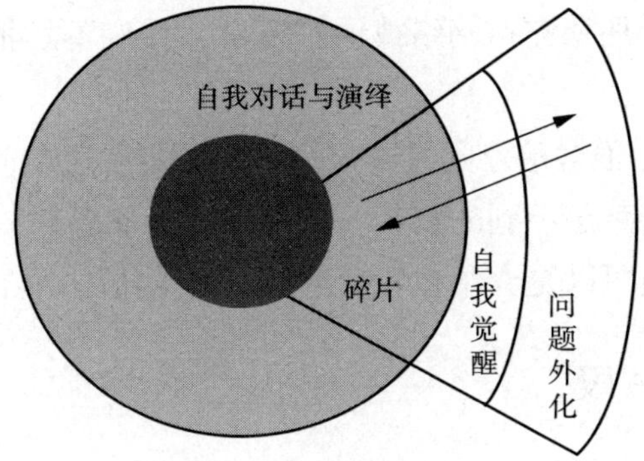

图5　问题外化

1. 不舒服的感觉继续泛滥，在自我觉醒的自我对话中我们尝试通过合理化故事来获得释放，但是从问题归因个人化的视角出发我们找不到进步的可能，也让自己越来越深陷于对话的困境。

2. 问题外化式的自我对话与演绎也就为合理化故事提供了新的可能，也开拓了故事的空间和注入了故事发展的能量。

3. 我们开始从社会的、文化的、制度的、语言的，以及语言背后的权力角度等方面去思考问题，探寻个人故事是如何被建构的，并反思自己在故事中的话语权是如何被剥夺的。

4. 这一探寻的过程就是解构旧故事文本的过程，我们不断获得惊喜，因为，越来越多有利于个人释放的答案跑了出来，我们也看到了更多的可能。

5. 当然，在叙事自我疗愈的过程中，开启空间的自我对话是最困难的部分。叙事自我疗愈并不排斥外在的社会交流与接触，这样给开启空间的对话带来了多种可能性，治疗师、朋辈支持都是开启空间的重要元素。

6. 如果有很好的外在支持与认同，那么问题外化的解说则被强化，否则需要案主收集更多的证据用以支持这些诠释。引用怀特叙事治疗的观点，能否找到一帮“好听众”在叙事过程中尤为重要。那么，在叙事自我疗愈我们能否找到一群好听众呢？首先，笔者认为我自己本身就是一名好听众，在故事书写的时候我们就已经是第一读者，而且在不同时刻的自己，还可以以读者的身份对故事进行解读和回应。那么这位听众是否能够坚持对自己的欣赏、尊重，保持开放的态度也就显得尤为重要了。另外，如果外在有很好的朋辈支持网络或治疗资源，我们不妨把这些故事告诉他们以获得认同。

7. 这个时候，很多治疗师其实只需要挑动案主进行问题外化，提供环境支持便能够获得意想不到的收获，叙事治疗小组就是一个很好的环境支持资源，当然小组可以是介绍自我疗愈和小组支持相结合的。

六、遗漏的片段

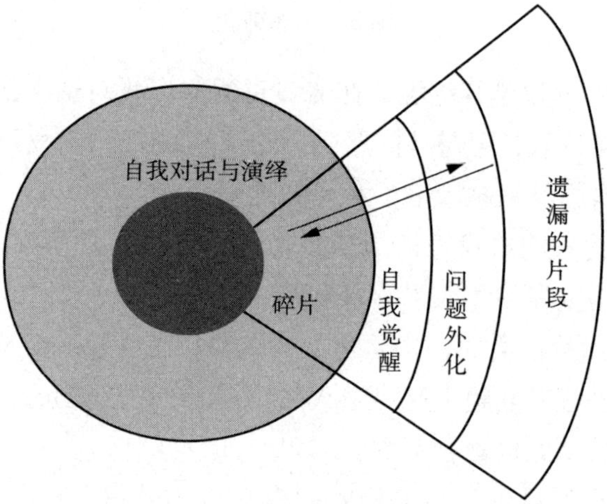

图6　遗漏的片段

1. 人们在建构故事的时候经过了一个筛选过程。

2. 这个过程可能是有意识的，也可能是潜意识在推动。人们根据当下的情绪、语言习惯、思维习惯、社会舆论压力等有选择性地选择某些镜头来组成故事，也就是主线故事。

3. 而更多的情节则被遗漏掉，它们当中蕴含着丰富的动力。

4. 自我疗愈需要注意寻找遗漏了的片段，让故事获得新的动力。

七、丰厚故事

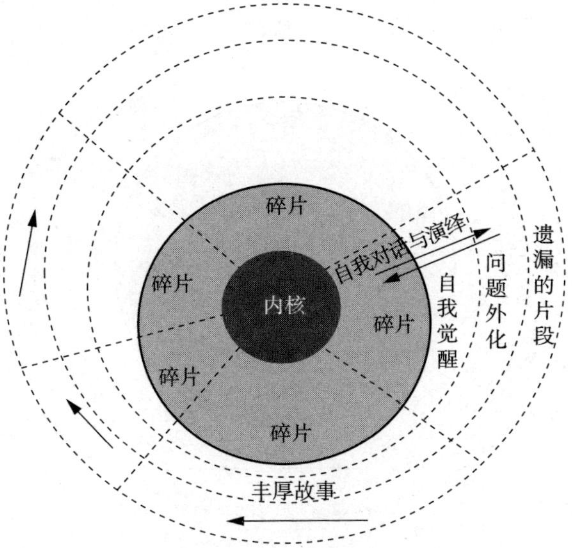

图7　丰厚故事

1. 我们对故事中的每个片段进行解构，寻找主线故事以外的支线故事。

2. 通过这一丰厚故事的过程，让新故事的形成获得了无限的可能性，那么故事被改写也就成为可能。

3. 当事人和治疗师要做的事情就是不断解构和丰富新故事的素材。

八、见证

每一个新故事之所以能诞生，前提是被珍惜和被见证。对于叙事自我疗愈而言，如何做到见证呢？我想我们可以有这样的四种方式：①

1. 用现在的自我去见证不同时空的自我。我们现时身处的时空脉络，影响着我们对过往故事的评价，如果能够把此时此刻的感觉叙说出来，进行梳理，将是别有一番风味。

① 参考吴熙娟在河南郑州叙事治疗大型演讲PPT，主题：叙事治疗：见证力量的学派。

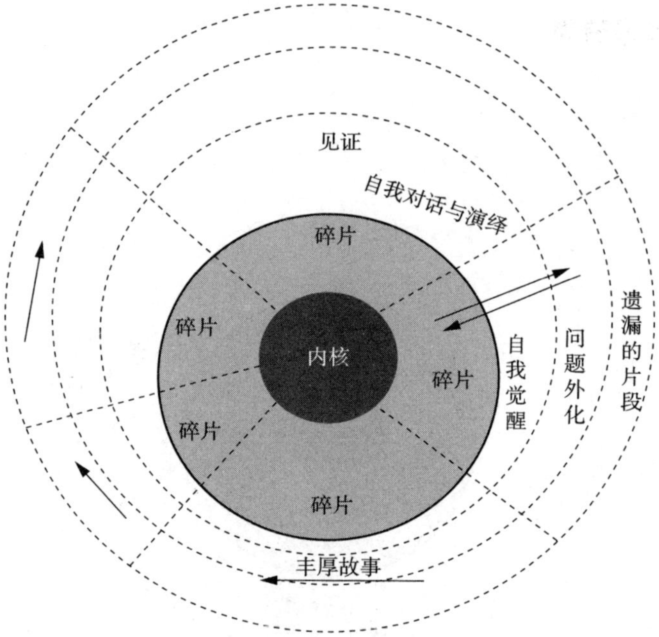

图8　见证

2. 用不同时空的自我去见证现在的自我。我们也可以这样想象一下，如果穿越到曾经的那个我，我会如何看待今天的我？是不忘初心，抑或是已沧海桑田……

3. 用物（如玩具等）来见证不同时空的自己。叙事自我疗愈的时候很需要一个“抱枕”，它是最好的听众。如果说我们可以将这个“抱枕”的含义放得更广一些的话，那么它就是那一刻愿意全心倾听我们故事的所有。

4. 用不同时空的重要他者去见证不同时空的自己。这里说的不同时空，可以是过去、现在和未来的。自我疗愈绝不是说拒绝借助外力，恰恰相反，很多时候，许许多多生命当中的重要他者，往往是我们成长的见证人，这种见证往往也正是我们成长的动力。

九、新故事的诞生

1. 故事有了改变，最理想的情况是：原本黑乎乎的（有问题的）故事文本不见了，迎来了新的故事，又或是被淡化的。

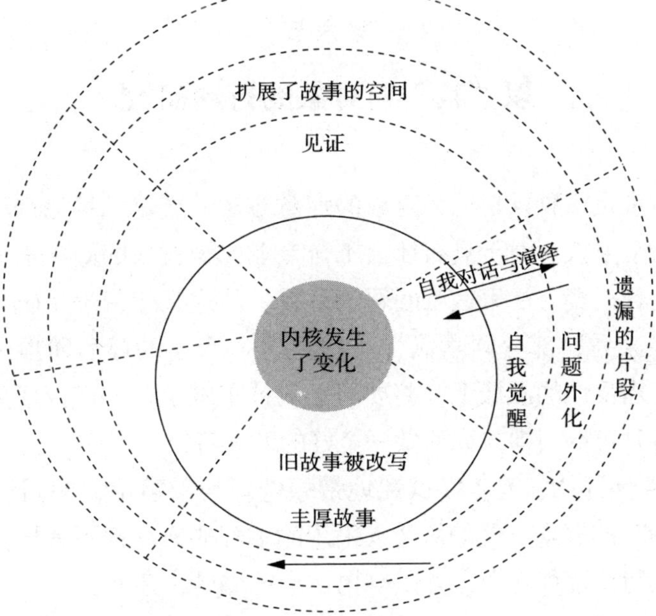

图 9　新故事的诞生

2. 内核也发生了改变，造成的伤害被淡化，固化的负面认知被改写。

3. 对于一些已经造成的伤害，就像伤疤一样不可能被抹掉，但自我疗愈的当事人逐渐学会了拥抱这个“迷失的小孩”。

4. 故事的空间扩展了，个人对问题的看法也会更加多元和阔达。

5. 对于个体来说，这是一个自我赋权的过程，实现了个人的成长。

6. 同时，叙事自我疗愈还是一种持续成长的疗法，当我们在不断重读新故事，故事意义再生产的过程也就重新开始了，故事没有尽头，力量之源生生不息。

第六节

以“我”为对象的行动研究

自我疗愈是一种以自己为对象的疗愈方法，更是一种边行动边研究自我改变的行动方式。对于具有社会工作专业知识背景的同学来说，或许更容易掌握这样一套方法来达至问题的处置。从这几年带学生研习叙事毕业论文的经验来看，部分同学满怀心事地进入大学的最后阶段——毕业论文。试问，当我们的准社工（将要毕业的社工同学）都已经成为案主，都被淹没在各种苦恼当中，如何做一个好的助人者?

从2014年开始，笔者尝试性地带领选择写叙事论文的同学开始“叙事从我开始”的探索。他们每个人采用的书写的方法都不一样，但是一样的是大家在写作过程当中，尝试自揭伤疤的痛苦，还有大家一次又一次尝试触碰“最痛处”寻找答案而不得的眼泪。当然，这样的做法这几年之所以能继续下来，而且每届选择这样书写的同学越来越多，离不开使用这种方法书写的同学最后的“转变”。但不可避免的是，这些同学们以这样的论文在申请研究生时被质疑的“再次创伤①”，不过好在他们都最终能够被各所大学在复试阶段接受，而最重要的是个人最后的“释然”。

只有进入当事人的脉络中，你才会感受到当事人在行动书写过程中的那份力量，所以在本书的第二部分，专门把这些同学的叙事自我疗愈行动研究论文截取出来，供大家研究和批判：这种方法是否适合不同场域下的社工学生和同行自我增能。以下，我们尝试性地从行动研究的基本方法，来补充前面提到的叙事自我疗愈的行动程式在研究方法和技术上的问题。

一、行动研究与“我”的对话

行动研究的相关理论论述可以追溯到20世纪初Buckingham和Dewey对教师参与研究工作的主张，Buckingham和Dewey倡导，主张基层教师应

① 这些可以通过看第二部分，个别同学在研究生复试阶段因为书写叙事自我疗愈论文而被质疑的描述。

从事研究，研究者要与从业者合作，为教师提供参与实践研究的机会；同时研究要质与量并重，因此需要使用多种不同的质性的方法收集资料。美国社会心理学家库尔勒·勒温被公认为行动研究的创始者之一，勒温认为，行动研究是将科学研究者与实际工作者之智慧与能力结合起来以解决某一事实的一种方法。

行动研究，是实务工作者通过研究自我增能的一个过程。从业人员为了改进自我工作情境内部活动的质量所从事的研究（Elliott，1987）。McNiff，Lomax 和 Whitehead（1996）认为，行动研究是实务工作者研究（practitioner research）的一种型态，用来改善各种不同工作场所的专业实务（professional practices）。换言之，实务工作者研究就是经由研究者个人进入自己的实务工作单位来完成研究。Carr 和 Kemmis（1986）则认为，行动研究是从业人员在社会情境中，为了改进自身的实务，增进对这些实务的了解，及解释实务所发生情境的合理性和公平性，而自我反省探究的一种形式。

同时，行动研究还是实务工作者自觉和民主化的过程（廉兮，2009），行动研究有利于构建民主的专业关系。"行动研究即构建对人类有价值的实用性知识的民主和参与的过程，是行动者对于自我，对自我所处之社会位置、情景、社会经济政治的环境结构，对自己在某一社会情景下的行动或实践，以及对自己行动和实践所产生的影响所进行的自主研究"（古学斌，2013）。

从以上对行动研究的定义，我们可以看出，行动研究是一种着重让实务工作者发声的研究方法。如果我们把这种研究方法大胆地放入我们个人的叙事疗愈行动中，个人同为研究者、行动者和案主是否可能？以自我叙事为文本，增进对自我的了解，在对自我了解的基础上，进一步对自己进行处遇。这样自我疗愈式的行动过程和研究的过程是一体的；将研究的权力从实证主义中的第三者（客观中立）交回给行动的当事人（案主）；研究的目的和行动的目的同时促进自我的改变和成长。

具体的以"我"为对象的行动研究的过程，是一个"I"和"Me"的对话的过程。"米德承接了詹姆士把自我区分为主体我（I）和客体我（Me）的观点，认为自我中经常发生着 I 与 Me 间的交流，'思考过程本身不外是一种进行中的内在会话，……在此交流中人与其他人对话的同时也与他的自我对话'"“叙事心理学的倡导者 Sarbin（1986）把詹姆士和米德的 I 和 Me 的区分转换成叙事框架，认为 I 参与到其人叙说其事的过程中。I 不仅联系到 Me，而且还联系到其他的 I，即与之发生叙事联系的人。叙事理论就从强调这种个人内部世界中各种不同的‘我’的互动，来进一步揭示自我得以产生、存在的社会互动过程的建构机制”（施如铁，2004）。

在叙事自我疗愈中，不同时刻的我需要不断从客体我（Me）中抽离，变成主体我（I），通过主体我（I）来观察和理解客体我（Me），实现对自我理解和自我再塑。“I 和 Me 互为主客体，进行自我的对话，通过对以往现实生活的记录、回忆、对话与互动，超越以往对‘现实’的无知与误解，唤醒在历史中沉睡的、迷糊的、痛苦的自我，被压抑的真实意识，逐步解除那些给我带来痛苦和挣扎的偏见，反思自我，提出新的问题和看问题的角度”（钟耀林，2017）。

研究者同时作为被研究者，互为主客体。通过回忆自己的故事，讲述自我的故事，以及生命中的重要事件，看见故事里的那个我。运用叙事理论对过往事件的梳理、统整，建构各项经验的性质及意义，努力探索其缘起与来由。从而在故事中得到属于我自己的知识，汲取自我知识，给予自我能量。不断在书写的过程中反省自我，认识自我，更是将叙事自我书写作为自我疗愈的行动，达到对过往生活行动选择及痛苦经验的内在反思、关照，以促进自我成长与改变。

二、理论基础：反映理性

行动研究的理论基础之一，乃是实务工作者根据实务道德批判解放的“反省理性”（reflective rationality）而不是工具理性（technical rationality）（陈伯璋，1998；陈惠邦，1998），[①] 并且针对实务工作领域所进行的反省思考（Elliott，1998）。在推动早年基层教师进行行动研究中，Altrichter、Posch 和 Somekh（1993）区分了这两种理性。

---

① 在夏林清所译《教师动手做行动研究》中译为反映理性和科学理性。

表 1　科技理性与反映理性之比较

类别	科技理性（technical rationality）	行动研究（反映理性：reflective rationality）
假设	• 实务的问题可以具有通用的解决之道 • 这些解决之道是可以在实务情境之外的地方发展出来的 • 这些解决之道可以借由出版品、训练、行政命令等途径转换成教师行动	• 复杂的实务问题需要特定的解决之道 • 这些解决之道只能在该特定的脉络中发展出来，因为问题是在该脉络中发生与形成的，实务工作者更是其中关键且决定性的因素 • 这些解决之道不能任意地用到其他脉络中去，但是它们可以被其他实务者视为工作假设，并在它们自己的学校环境中检验
权力	带有阶层，由上至下地要求执行	教师间平行对等交流而非权力阶层的交易
结果	教师被安排和被要求	教师被赋权

我们姑且把表 1 中的"教师"替换成实务行动中的社工，或是以"我"为对象的行动研究中的案主，来理解社会工作服务与叙事自我疗愈中的这两种理性。科技理性是实证主义的产物，是其实践的实证主义认识论（positivism epistemology of practice）。依据科技理性的模式，专业知识因科学理论和技术运用而具有严谨性。"专业知识宰制"模式的支持者视专业知识为科学理论的应用与工具理性问题解决技术。这种观点，在 20 世纪后半期，对现代的大学教育及人们心智发展具有宰制性力量（Donald 著，夏林清译，2004）。他们认为实务问题会有个"通用"的解决之道，而解决问题之道是由权力较高者将预先界定的知识提供给实践者使用，不是由实践者从实务处境自己发展出来的；而实务问题的解药可形成规范或标准作业程序，提供给实务者依循行动，主流社会大多信奉这套"解药"（王芳萍，2013）。在传统的社会工作模式中，社会工作业内也一直都在追求打造一套专业化、标准化的通用模式，为我们的案主提供所谓的"专业"的服务。"在家庭治疗及社会工作的范畴，按照实证主义或结构主义的理念，治疗师或社会工作者只要掌握了客观而专业的法则和语言，就能够以一个专家的身份去处理及解决服务使用者所面对的问题"（列小慧，2005）。

行动研究倡导的反映理性则反对实证主义框架下的工作模式。行动研究强调一切需要回到每个不同个案的具体情境脉络中来谈疗愈。复杂的实务问题需要特定的解决之道，这些解决之道只能在特定的脉络中发展出来，因为问题是在特定的脉络中发生与形成的，行动者是其中关键且决定性的因素，这些解决之道虽然可给其他情景的行动者提供参考，但不能任意复制到不同的脉络中（夏林清，2012）。

在叙事自我疗愈行动过程中，我们相信案主所遭遇的问题与其所处的社会背景密切相关，社会工作难以用完全同样的方法去帮助不同困境下的案主实现有效的心理疗愈。

首先，案主面临伤痛的症结唯有案主自身才清楚其历史脉络。案主所处的复杂家庭、社会环境是社会工作者即使如何感同身受也不能够完全去理解的。疗愈的关键是需要案主自己要去面对最真实的历史事件带来的内心最深处的痛苦和迷茫（列小慧，2005），“寻找那个迷路的小孩”（周志建，2002，转引自钟耀林，2015）。

其次，案主运用自我疗愈不受时间和场所的限制，案主可以随时随地，运用特殊处境造成的问题有特定的解决之道的理念，带着身上的知识和经验，针对自我的研究进行持续的行动和反思，而治疗师作为外在于案主的“专家”是不可能实践这一部分的。在不断反思和自我探索的过程中，案主需要去面对家人和事件中的相关人士，以及不同时空下的文化、习俗和制度等。因为个人内在经验的丰富性和某些感触的隐秘性，亦是社工和治疗师不能体悟到的。案主选择走到哪一步，面对特定的事件，选择如何面对或者解决和不解决都取决于当下自我的感受和反思。叙事行动中的行动权力充分地掌握在案主自己手中，在此环节，没有外来的专家发号施令，往哪个方向走，怎么走，需要靠案主自己的修行和感悟。作为治疗师和社工，能够给予案主外在的刺激，以使案主的感悟和转化为行动的步伐来得更早一些。

在以“我”为对象的行动研究中，案主作为行动者，研究者也作为被研究者，互为主体，书写属于自己的实践知识，梳理自我的行动。一方面，去探索过去的行动和事件，即被建构的黑暗面和无力感的过往。另一方面，又抽离出来，去与自己进行反映对话，看到事件背后的脉络，从而解构历史事件，重新再建构新的自我认识，继而规划新的行动，这样的一种循环反复和螺旋上升的过程，是一种由“I”（主体我）对“Me”（客体我）的反映理性过程。

三、不同类型的行动

阿特莱奇特按行动者对行动的反思将行动研究分成了三大类：内隐式“行动中认识”（tacit knowledge – in – action）、“行动中反思”（reflection – in – action）和“对行动进行反思”（reflection – on – action）（夏林清等，1997）。

（一）内隐式“行动中认识”（tacit knowledge – in – action）

通常实践者对自己的实践知识及其来源缺乏意识，无法清楚地用语言说出来。他们无法将自己的思考和行动分开，“我们知道的比我们能说的要多”。例如，布如姆（Bromme，1985）发现，在例行式（routine）实验行动中，一个专业的“行家”（如成功的教师）比“非行家”（如不成功的教师）在界定和解决问题时所运用的语词来得精练。因此，他认为，例行式行动不是“知识不足”的表现，而是代表了一种组织知识的方式，一种与工作任务紧密相关的知识的浓缩。“行家”在例行式行动中所表现的隐含性知识是他们日益积累的实践性知识的一种精练的展现。“行动中认识”的研究便是对实践者日常的例行式行动进行的研究，通过观察和反思了解实践者的内隐性知识。

在叙事自我疗愈的行动中，如何将这种内隐的知识挖掘出来？如果从弗洛伊德的观点来看，这些隐性的知识大多属于潜意识层面的知识，如何透过意识的觉醒，将潜藏层面的意识变成现实层面的意识，这就需要案主透过对自己与自己、自己与他人、自己与环境之间关系细致的觉察和外在有效的刺激来达至这样的一种自我觉知的过程。其实如《孟子·离娄上》所言“行有不得反求诸己”，以及“吾日三省吾身”等，是否也可以理解为我们日常生活中自我疗愈行动的一种方法呢？

（二）“行动中反思”（reflection – in – action）

西雄（D. Schon，1983）的研究发现，当一个人在行动中进行反思时，他就成了实践脉络中的一位研究者。这种研究者不是依靠现存的理论或技巧来处理问题，而是针对一个独特的情形来思考问题。他将目标和手段视为一种相互建构的关系，根据彼此之间的需要进行相互的调整。他的思考不会脱离实践事物，所有的决定都一定会转化为行动，在行动中推进自己对事物的探究。这种研究无须借助语言，它是以一种非口语的形式进行的，是一种针对特定情境而进行的反思式交谈。它促使参与者将自己的思考转换为行动，比较不同的策略，将相同的因素提出来，排除不恰当的做法。这种研究还可以提高参与者将知识由一个情境转移到另一个情境的能力，运用类比法来评估知识，并在此基础上发展知识。这种方法通常发生在比较复杂的环境中，特别是当参与者的例行式做法不足以应付当前的问题时（Argyris 和 Schon，1974）。

叙事疗愈行动的过程，是一个反复往返于“I”和“Me”自由对话的过程。在这个过程中，我们不断地从行动中反思，感知每一天的变化，自我调节，让自己和疗愈过程变得更轻松（当然，当我们最初面对那些创伤性伤疤的时候，并不见得变得更轻松）。

（三）“对行动进行反思”（reflection－on－action）

在这种类型的研究中，参与者明白地用口语表达自我，把自己抽离出行动，对自己的行动进行反思。虽然这么做减缓了参与者行动的速度，干扰了他们例行式行为的流畅性，但催化了他们对自己行动的细微分析，有利于他们规划变革。同时，将参与者的内隐知识明朗化（特别是口语化），可以增加他们知识的可沟通性，是他们所属专业发展的必然要求。自己的实践性知识语言化不仅可以帮助参与者应付更加复杂的社会问题，而且可以帮助他们与其他人进行沟通，从而使知识得以传承。

四、叙事疗愈行动与研究的过程

在借鉴 Altrichter、Posch 和 Somekh（1993）倡导基层教师开展行动研究而提出的行动研究模型的基础上，叙事自我疗愈行动与研究的过程如图 10 所示：

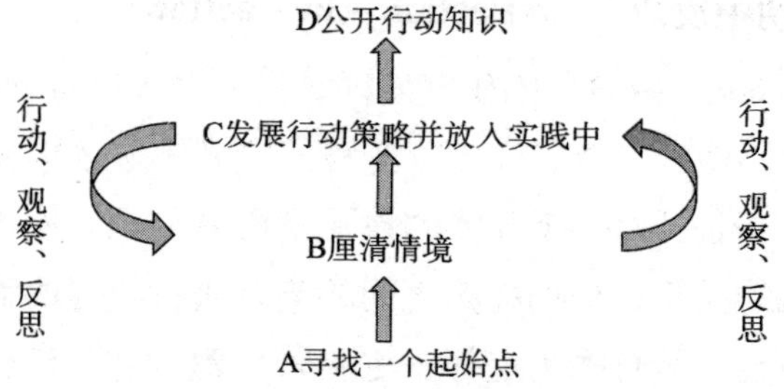

图 10　叙事疗愈行动研究过程

这样的一个过程和上一节所谈到的叙事自我疗愈的行动程式不谋而合，更确切地说，叙事自我疗愈行动研究补充了前面行动程式中自我研究方面的内容。在叙事疗愈行动中，寻找一个起点（A）很重要。我们鼓励学生找到自己的内在矛盾点或外在冲击点，从这些起点出发，就像在一面幕布上开始瞄准一个点用力去挖。这样的一个过程，更像是一个意识觉醒的过程。但这样的一个起点其实并不见得很难找到。在第二部分社工学生所做的叙事自我疗愈的报告中，很多学生的起点是从课堂不经意的那一刻感悟开始，或是生活当中感受到的人际压力的困扰，又或是久久不能释怀的过往的"创伤"……于是我们开始对这些"起点"事件进行自我对话。

有很多时候，我们会迷失于厘清情境（B）的过程中。评价自己和自己、自己和他人、自己和环境之间的关系，往往会让我们更加困惑。所以在学生的自我疗愈报告中，最开始触碰这些"起点"以及起点背后的深层次的"伤疤"的时候，普遍会感觉比起之前更乱，更不知道怎么办。这个时候，把当下的感受、情绪和环境之间的互动关系，尤其是反身性的思考，用日记的形式记录下来很重要。通过书写语言，我们能够进一步地把这些迷乱的状态稍稍梳理一番（这在本节第五点会专门提出）。

于是好不容易有了一个小小的反思和下一步的计划，并在一番挣扎之后，开始付诸行动（C）。行动的过程，更像是一个试错的过程，然而，总会有对的时候，哪怕很多事不见得全然是对的。但是不管怎么样，尽力地让这个过程变得有意义，比起考虑对与错会来得轻松些。问题外化、自我演绎与对话，在这个过程中会显现出它特别的价值和意义。

（B）和（C）是一个"反映—行动—再反映—再行动……"循环往复的过程，里面伴随着周而复始的计划、行动、观察与反思。从一点点能做的事情开始，不断累积行动中的经验和信心，让这个过程更容易演变成一个螺旋上升的过程。

最后的环节，选择一个合适的时机和合适的方式来公开自己的知识（D），这是一种超越自我的见证，在本书第二部分的案例中，每个案例最后写给自己的证书，见证了当事人自我的超越：用现在的自我去见证不同时空的自我；用不同时空的自我去见证现在的自我；用物（如玩具等）来见证不同时空的自己；用不同时空的重要他者去见证不同时空的自己（见第五节见证部分）。由此加深的自我认同也是促进案主迈向新故事的另外的一层助力。

五、"自疗"行动的重要工具：撰写日志

为什么要用行动日志的方法来进行"自疗"行动？"有时候，有些人需要协助，但是却不想和任何人谈，甚至不想见任何人时，我们就会用书写方法处理"（White，1990）。怀特还主张通过书写来实现治疗。"书写传统有潜力地扩展一段时间内我们可以处理的短时间记忆的信息，并且'对语言信息做精密的组织'，将'观念单位'重组成各种'依赖关系'。换句话说，我们可以主张书写提供的机制可以让人积极地决定怎样安排信息与经验，产生各种事件与经验记录"（White，1990）。

日志是最常用的方法，也是案主普遍能够掌握的方法。这样一来，从工具使用的角度，保证了案主的权力。书写语言，除了能够让我们将生活事件有条理地陈述出来之外，它更是一个将生活经历变成生命经验的工具，还是一个深度体验内隐知识的过程。借 Altrichter 等（1993）对研究日志作用、特点的归纳，[①] 我们一起梳理下"自疗"行动日志及其书写。

（一）为什么要撰写行动日志

撰写日志是我们的日常技能，比起其他研究方法更简单、更熟悉和更容易筹备；日志可以包含其他方法收集的资料，比如我们的观察，与人的谈话，或者是咨询师的建议等，都可以成为我们反复斟酌的材料来源；日志中的议题可以是一些短的记叙或灵光乍现的意念，随时记下来。例如我们生活当中的感悟，对自我、对人际关系、对环境的洞察都可以列入其中；研究日志是传统之一，这种方法也能够让更广层面的案主能够因自主掌握而受用。总而言之，行动日志有助于研究者自我的了解和觉察。

（二）撰写行动日志建议事项

1. 发展个人的撰写风格和特色，是促使行动日志成为有用的材料的保障。钟耀林（2017）指出在发展个人写作风格中，自由书写显得尤为重要。自由书写在叙事治疗中蕴含着主体和个性，同时又直指心灵。因为受

---

① Altrichter，Posch，& Somekh（1993）. 行动研究方法导论：教师动手做研究［M］. 夏林清译. 台北：远流，1997 年译.

限于当事人文化理解能力和所擅长的表达形式等因素的限制，书写必须尊重当事人的主体性。一个文字书写能力较弱的人，他可以借助图案、线条、语音、色彩等辅助完成他的书写。当然从当事人的角度出发，让他用自己最“称手”的工具来进行一场淋漓尽致的个人演绎。

2. 行动日志要能规律化地进行书写。在书写之时，同时也要去思考与探究疗愈的主题。

3. 需要注意一些阻碍行动日志写作习惯的因素。例如时间和精力有限的时候怎么办？很多心理垃圾是因为我们没有足够的时间去处置发生的事情而变质引起的，甚至像滚雪球一样将我们湮没。在这种情况下，需要在我们学会给自己挤出一点独处的时间和空间，来一段“身、心、灵”之旅。

4. 行动日志是具有私密性的。尽管这种私密性有可能是阶段性的，但是在案主还没有准备好公开自己的故事之前，如何保证这一私密性需要案主自行考量和处置。等到合适的时机，它自然会发挥它应有的意义（公开与被见证）。

5. 每一页都要留空白，以便补充。尤其是当我们回看过往的笔记的时候，每次都会有不一样的思考，而这些思考，正是螺旋上升中的一环。留有空白的空间，能够保证我们能够写下来，并看到前后之间的对比。

6. 每一项记载尽量包含脉络性资料，如时间、地点、参与者、重读行动日志的地点以及其他可能关联的重要的事件等。

7. 如果能快速地辨识自己的位置与立场，以及能简单快速地用段落、标题、次标题、底线来解构日志内容，未来使用时会更便易得多（也就是很快能够想起自己曾经为什么这么写）。

8. 行动日志繁多复杂，研究者经常需要在描述和解释之间来回往返。

9. 深度反映（in – depth reflections）。注意深度反映不是集中于叙述一个特定的情境，而是在一段时日后，所衍生的一些个人的经验和想法。深度反映可以理解成是一种类似于“创造—内省”的方法，对行动研究者来说，是获得与理解“隐而不宣”知识的重要途径。深度反映有助于探讨以下的一些情景：一些常常发生的情境，但你并不能全然理解的；一些不断产生问题与冲突的情境；一些你不断重复经验到不舒服的感受，但不见得有明确的、外在的冲突，如进退两难、伦理的不确定、犹豫不决的决定、你觉得自己陷于某种行为表现方式的恶性循环中等；一些问题存在，却没有任何合适于逻辑的理由等。

参考文献

[1] Altrichter，Posch，Somekh（1993）. 行动研究方法导论：教师动手做研究［M］. 夏林清，译 . 台北：远流出版公司，1997：260－261.

[2] Andrew Well. 自癒力——痊愈之钥在自己［M］. 台北：远流出版公司，2003：102.

[3] 卡尔·罗杰斯（Carl Ranson. Rogers）. 成为一个人——一个治疗者对心理治疗的观点［M］. 宋文里，译 . 台北：桂冠图书股份有限公司，1990.

[4] Dennis Saleebey. 优势视角：社会工作实践新模式［M］. 杜立婕，袁园，译 . 上海：华东理工大学出版社有限公司，2013.

[5] Kleinman Arthur，著，杨国枢，编：谈病说痛：人类的受苦经验与痊愈之道［M］. 台北：桂冠图书股份有限公司，1997：2－3.

[6] Michel Foucault. 疯癫与文明［M］. 刘北成，杨远婴，译 . 北京：三联书店，2012.

[7] Michel Foucault. 规训与惩罚［M］. 杨远缨，刘北城，译 . 北京：三联书店，2012.

[8] Michel Foucault. 词与物：人文科学考古学［M］. 莫伟民，译 . 上海：上海三联书店，2001：61.

[9] Michael White，David Epston. 故事、知识、权力——叙事治疗的力量［M］. 廖世德，译 . 台北：心灵工坊，1990.

[10] 彭伯顿（Pemberton）. 基变社会工作［M］. 林万亿，古允文，等，译 . 台北：五南图书出版公司，1992：218.

[11] Sarah Banks. 社会工作伦理与价值［M］. 周采薇，译，曾华源，审阅，台北：洪叶出版社，2014：137－147.

[12] 陈涛 . 社会工作专业使命的探讨［J］. 社会学研究，2011，26（6）：211－237＋246.

[13] 陈伯璋. 行动研究法//教育研究方法的新取向［M］. 台北：南

宏，1988.

［14］陈惠邦. 教育行动研究［M］. 台北：师大书苑，1998.

［15］古学斌. 行动研究与社会工作的介入［J］. 中国社会工作研究，2013（00）：1－30.

［16］高强. 断裂的社会结构与弱势群体构架的分析及其社会支持［J］. 天府新论，2004（1）.

［17］郭伟和，郭丽强. 西方社会工作的专业化历程及对中国的启示［J］. 广东工业大学学报：社会科学版，2013，9（5）：19－24.

［18］葛忠明. 从专业化到专业主义：中国社会工作专业发展中的一个潜在问题［J］. 社会科学，2015（4）.

［19］贺玉英，阮新邦. 诠释取向的社会工作实践［M］. 香港：八方文化创作室，2004：19.

［20］李斌. 市场推进下的中国城市弱势群体及其利益受损分析［J］. 求实，2002（5）.

［21］李林. 法治社会与弱势群体的人权保障［J］. 前线，2001（5）.

［22］李伟，杨彩云. 专业主义还是反专业主义：社会工作界的百年话语争议［J］. 社会工作，2018，277（4）.

［23］列小慧. 叙事从家庭开始［M］. 香港：突破出版社，2005.

［24］廉兮. 从个人到公共——抵抗与转化的教育行动研究//杨静，夏林清. 行动研究与社会工作［M］. 北京：社会科学文献出版社，2013.

［25］雷鸣，张庆林. 创伤后心理复原的生理机制［J］. 心理科学进展，2009，17（3）：616－622.

［26］林美珠. 儿童中心游戏治疗——二个自我痊愈之例子［J］. 辅导季刊，2002（3）：14－31.

［27］钱再见. 中国社会弱势群体及其社会扶持政策［J］. 社会保障制度，2003（1）.

［28］宋丽玉，曾华源，等. 社会工作理论——处遇模式与案例分析［M］. 台湾：洪叶出版社，2018：6－60.

［29］施如铁. 从实体自我到对话自我的后现代转向［J］. 南京师大学报（社会科学版），2004，5（3）.

［30］王昭琪，萧文. 国中生之生活压力，忧郁经验与复原力之相关

研究［J］. 生活科学学报，2007：11.

［31］童敏，罗敏敏．反思、批判和反身性：实现“助人自助”的三种服务逻辑［J］. 中国社会工作研究，2017（2）：44－56＋229.

［32］童敏．后现代语境下的社会工作辅导模式探索［J］. 厦门大学学报（哲学社会科学版），2003（6）：115－120.

［33］王芳萍．社会地景中的实践者：行动研究作为研究方法的实践路径知识——“如何成为一个好的实践者”的心得笔记//杨静，夏林清．行动研究与社会工作［M］. 北京：社会科学文献出版社，2013.

［34］王醒之．从社区心理学到社区工作——社会变革取经的专业实践发展//杨静，夏林清．行动研究与社会工作［M］. 北京：社会科学文献出版社，2013.

［35］王行．七年之想：辅导“施暴者”的杂感［J］. 性别平等教育季刊，2005.

［36］闻英．社会工作中问题视角和优势视角的比较［J］. 南阳师范学院学报（社会科学版），2005（10）：19－21.

［37］徐永祥，杨威威，徐选国．社会性、主体性与社会工作知识结构及实务模式的反思性建构——来自福柯的启示［J］. 社会建设，2018，7（4）（5）.

［38］向鸿全．试论儒家式的自我疗愈力［C］. 北京：第四届生命实践学术研讨会论文集，2005.

［39］熊跃根．后现代主义与社会工作干预：理论和实务的再思考［J］. 社会科学研究，2016（5）：25－35.

［40］袁曦．福柯哲学应用：医患关系中的微观权力分析［J］. 医学与哲学，2014，35（6A）：54－56.

［41］尹志刚．论现阶段我国社会弱势群体［J］. 北京教育学院学报，2002（3）.

［42］于泽元．后现代主义课程理论研究［D］. 重庆：西南师范大学，2002.

［43］余少祥．法律语境中弱势群体概念构建分析［J］. 中国法学，2009（3）.

［44］余汉仪．社会工作教育中文化敏感之实务教学［J］. 社区发展

季刊，1979（26）：163－166.

[45] 曾华源．社会工作专业价值与伦理概论［M］．台北：洪叶出版社，2011：12.

[46] 张和清．专业的确信与后现代视角下的社会工作［J］．华东理工大学学报（社会科学版），2003（3）：9－12.

[47] 张和清．社会工作：通向能力建设的助人自助——以广州社工参与灾后恢复重建的行动为例［J］．中山大学学报（社会科学版），2010，50（3）：141－148.

[48] 钟耀林．重写生命故事之美：叙事自我疗愈行动程式分析［J］．社会工作与管理，2015，15（4）：42－49＋90.

[49] 钟耀林．癌病与持续性的痛——我的叙事疗愈行动［M］．北京：中国经济出版社，2017.

[50] 郑杭生，李迎生．全面建设小康社会与弱势群体的社会救助［J］．中国人民大学学报，2003（1）.

[51] Allison Tan. Community development theory and practice：Bridging the divide between “micro” and “macro” levels of social work［J］. NACSW Convention，2009.

[52] Adrienne S. Chambon，Allan Iring，Laura Epstein. Reading Foucualt for Social Work［M］. Columbia：Columbia University Press，1999：65.

[53] Bartlett H. M. Working definition of social work practice［J］. Research on Social Work Practice，2003（13）：267－270.

[54] Carr W. and Kemmis. Becoming Critical，Education［M］. Knowledge and Action Research（The Falmer Press，London），1986.

[55] Cousins N. Head first：The biology of hope［M］. New York：Dutton，1989.

[56] Elliott. The curriculum experiment：Meeting the challenge of social change［M］. Buckingham：Open University Press，1998.

[57] Howard Goldstein. The Knowledge Base of Social Work Practice：Theory，Wisdom，Analogue，or Art?［J］. Families in Society，First Published Jan 1，1990，71（1）：32－43.

[58] J. L. McNiff，P. Lomax. You and your action research project

[M]. London: Toutledge, 2007.

[59] Jennissen T., Colleen Lundy. One Hundred Years of Social Work: A History of the Profession in English Canada, 1900 - 2000 [M]. Waterloo: Wilfrid Laurier University Press, 2011: 231.

[60] Luthar S. S. Resilience in development: A synthesis of research across five decades. In D. Cicchetti & D. J. Cohen (Eds.), Developmental Psychopathology: Risk, disorder, and adaptation (2nd ed.) [M]. New York: Wiley, 2006, 3: 739 - 795.

[61] Mullaly R. P., Eric F. Keating. Similarities, Differences and Dialectics of Radical Social Work [J]. Journal of Progressive Human Services, 1991, 2 (2): 49 - 78.

[62] Poppendieck, J. E.. Values, Commitments, and Ethics of Social Work in the United States [J]. Journal of Progressive Human Services, 1992, 3 (2): 31 - 45.

[63] Thursz, D. Social Action As a Professional Responsibility [J]. Social Work, 1996, 5 (3): 93 - 109.

第二部分

“自疗”行动

从20世纪60年代开始，后现代主义思潮在西方社会兴起，并对社会产生了巨大影响。“以一种极端简化的方式，我把后现代定义为对元叙事的怀疑”,① 利奥塔德认为后现代性就是发动“对总体性的战争”。叙事治疗作为后现代社会工作中较为流行的流派之一，对传统、主流文化提出挑战，强调用小型叙事取代宏大叙事，用差异性代替同质性，这无疑促进了人类思想的解放。它摆脱了传统实证科范式中将案主视为问题的治疗观念，透过“故事叙说”“问题外化”“寻找例外”“由薄到厚”等方法，使人变得更自主、更有动力。

叙事治疗，不仅让当事人得以成长，同时也让社会工作者对自己在工作中的角色定位重新统整与反思。后现代主义摒弃了过去治疗师主导的理性治疗方案去帮助解决问题的做法，主张以一种多元、开放的方式解决问题。与现代主义倡导的“合理性、科学性、权威性、单一性、统一性”相反，后现代主义提倡“差异性、多元化、流动性、开放性、去中心化和人的主体性”，它是对现代主义的合理性和科学性的挑战、颠覆和超越。“人人皆话语，个个谈文本，解构不离手，颠覆不离口，成为西方后现代文化的一大景观”。②

本书的第一部分着重介绍叙事治疗的概念、理论和方法，着重探讨了“自疗”与“治疗”的区别与联系，以及后现代语境下的社会工作的工作模式将走向何处。在这里需要强调的是，无论是第一部分的理论还是第二部分的内容，我们想要传达给读者的是“内生”的自疗，而不仅是过去所强调的依靠“外力”的治疗。自疗与治疗，从本质上表现为主体与客体之

---

① 利奥塔德．后现代状况//乔治·瑞泽尔．后现代社会理论［M］．谢立中，译．北京：华夏出版社，2001.

② 赵光斌．后现代主义述评［M］．北京：西苑出版社，2000.

别，意味着我们首先想要找回自己的主体性地位才能产生治疗的力量。福柯提出“人之死”的观点，认为只有摆脱了关于学科、制度、权力等的束缚，才能重新找回个人的主体性。个人的经验从根本上来说是模糊的，也就是说，它的意义不是天生的或是显在的，而是要通过多重的解释才能够显现出来的。因此，问题是被保持在语言中的，所以问题也可以通过叙事在谈话中溶解。本书旨在通过叙事自疗的视角，为读者提供一个新方法，在叙说故事中摆脱主流文化、制度、权力和知识等对人的规训和束缚，重新找到生命的力量，找回那个“迷路的小孩”。

俗话说“鸡蛋从外打破是食物，从内打破是生命”。这无疑是自疗与治疗最生动的描述。“鸡蛋”代表的是人、是案主、是我们自己，而“从外打破”则意味着被动，处于客体的位置。换言之，案主是被现代主义的主流文化所压迫，最后终将无法逃脱主流文化的桎梏；但是，如果案主能够勇于突破蛋壳（摆脱社会的主流文化、制度、标准等的束缚），那么案主便能够获得重生的自由，这就是自疗的魅力，更是初心：希望能够看到每一个人，都能找到属于自己的内生力量，找到属于自己的光，看清前方的路，轻松上阵。

本书的第二部分希望通过社会工作专业本科同学的“自我叙事疗愈”实践，给读者呈现一段自我疗愈的情感之旅。在这一部分，学生通过叙说故事、问题外化、解构和重构生命故事，达到自我疗愈。在这部分，引用法国解构主义领袖德里达（2015）的观点“在体系内部考虑其独特方面，把它铭记下来，这就是原型文字的姿态；原型的暴力、适当性、绝对相似性和自我在场的丧失，实际上是从未发生之事的遗失，是从未被假定过、只是梦见过，并总是已经被分裂、重复，除了在自行消失中不能自我展示的那种自我在场的遗失。[①]”

德里达通过思考书写、痕迹等进行解构，并认为潜藏在符号背后的变化一直存在，总有某种东西隐藏于现在的背后。他将解构的焦点集中在文本中的微小的情节、要素等边缘地带而不是文本的中心，它涉及分析文本中事物被隐瞒和涵盖的环节，目的是找出要素和矛盾，重建新的文本。我们的生命故事何尝不是通过书写来解构？又何尝不是通过寻找微小的例外

---

① 雅克·德里达．论文字学［M］．汪堂家，译．上海：上海译文出版社，2015.

故事进行重构？这无疑是第二部分内容笔者重点想要呈现给读者的：“叙事自疗”如何运用于自身及它给每一位案主带来的改变。

正如罗兰·巴特所言“作者已死”，唯有读者才能让文本的意义重生。对同一故事，在不同的心境、在不同的群体、不同的社会情境下都会有不同的意义诠释，希望你在看本书的时候，能让你对生命和自我又多一份了解和宽容。如同一个花瓶若出现了裂痕，一些社会主流认知可能会告诉你——这是坏的花瓶，而叙事治疗则可能告诉你——裂痕也是花纹。在此，借用台湾辅仁大学心理系翁开诚教授的观点：“当你面对‘叙事治疗’时，你要面对的不是一种可以置身事外的‘工具’或‘技术’；而是你的生命态度，是你的生命抉择，是你的生命渴求，是你的生命故事。”

"自疗"行动一：

自卑雨林见曙光——叙事自我疗愈行动①

★ 故事新读

也就几个月前写下的文字，现在回看怎么总是忍不住泪眼婆娑呢？流下的眼泪是滚烫的，这是怜惜、欣赏、不舍和感谢的泪水。怜惜从前遭遇，欣赏勇气可嘉的你，不舍曾经喜爱却不能再见的一切，感谢所有经历的人与事。

我在想，如果高考填报志愿时我没有看到"社会工作"，没有与它来电，那迷失在偌大自卑雨林里的自己能否过得舒心？我还能否面对众人无所畏惧，直面人生呢？我还能否在看到自己作为案主而慢慢改变之时，说出那句：你帮助了迷路的我，如果能实现，我想带你去看绚丽的山岚，去看秀丽的溪谷，这份心情，你又是如何称呼的呢？答案，我不清楚，只知道现在的我少了对自己的埋怨与否定，多了对自己的鼓励与欣赏，更坚定走自己想要走的路，用美好但不无知的善意去拥抱世界。

论文里提到的工作，我已经辞掉了；论文里提到的外在见证人，我们也已经好久不联系了；论文里提到的叙事治疗小组，我也还没来得及开展。但还好，我没后悔，只需要继续坚持真实勇敢追随自己的心就好，别委屈了自己。

小　珊

2018 年 11 月

一、提要

受后现代主义的影响，叙事治疗强调运用故事的隐喻，将人的过去、

---

① 作者：小珊（化名），岭南师范学院社会工作专业 2014 级本科毕业生，部分内容摘自作者毕业论文。

现在、将来结合一起，讲述人在社会建构下如何进行解构与重建，实现与过去、现在甚至将来的“自我”握手言和。本文基于叙事研究法，将从自我生命故事的回顾、问题外化、重构对话、外在见证人实践这四大部分进行叙事自我疗愈行动。借助文献资料以及在专业实习中的实践与感悟等手段，以求能在叙事自我疗愈的行动中与过去的、现在的和将来的自己握手言和，不再因自卑而暗自伤神，踌躇不决，勇敢面对真实的自我。

二、缘起

2017 年 2 月 24 日，叙事治疗工作坊的第一节课程便给了笔者莫大的触动，感觉二十多年来第一次被真正用心理解，从那时起笔者便对叙事治疗有关的一切产生了向往。众所周知，各人有各自独特的生命，生命中往往会有若干的疑惑与伤痛，每一个事件、每一个瞬间都是生命构成的重要部分。自卑，这一个话题对经历过风风雨雨的人来说，或许不足以引起关注，但在笔者二十多年的生活里，它却是影响笔者最为长久的。

因此，笔者借着毕业论文这一机会，对叙事治疗进行了更多的了解与研究，并通过回顾整理笔者自身的生命故事、文献参考、专业实践以及叙事治疗专题培训等，以求能在叙事自我疗愈的行动中与过去的、现在的、将来的自己握手言和，不再因自卑而暗自伤神，踌躇不决，勇敢与轻松地去面对真实的自我。

三、被扎根深处的主线故事

（一）大人们眼中的好坏孩子

小时候亲戚朋友聚会上总是能看见三种类型不一的小孩，其一，家长们一致夸赞认同的好小孩；其二，家长们一致不看好的问题小孩；其三，被家长们忽视的小孩。而我偏偏是被一致夸赞认同的好孩子，可能幼年时候的自己还是很热衷于当家长们口中的好孩子的，毕竟被夸赞的感觉真的很不错。然而，我的人生好像从五年级的某次数学考试试卷发下来那一刻开始发生了变化。他坐在讲台那里，像极了一个面容丑陋的变异怪兽，正快速向我们靠近，他就是笔者的小学校长，也正是数学老师。体罚的感觉，在这之前完全没体会过，也从没想过会是以这样的一种方式体验，几乎全班人都被凶着往讲台两侧排队，大家都被要求掀起自己的衣服，接着一只冰冷又粗糙的手用力地在肚子上扭动了一下，就像是扭动生锈的螺丝。那时候被体罚的人并非少数，但不知为什么，我觉得自己头顶上的天好像往下压了一样，像被重物覆盖的锅盖一样压着。自那以后，我人生中的自卑君好像被宣布了在人生这场舞台剧里他是主角一样……大学里，自卑君的男主地位还是不容动摇，导致我上课不敢坐前排、提问不敢举手回答、演讲不敢上台、眼神不敢与人正面接触、别人误会自己不想解释说明、活动不敢随便参加、不敢接触男生……

有时候一件事情发生时会觉得像是后院着火了一样，但过了一段时间才会醒悟那只是一个小摩擦，还没能出火花，而让人觉得冒火花的、着火的却会在后面。

六年级我进了重点班，开开心心地过了一个多学期，就在快要升中学考试的一个晚上，老师突然之间把班里屡次考试考得好的同学叫到办公室里去了。过了好一会有人过来喊我过去，说是老师找我，接着“冒火花”的一幕出现了：“不要看珊珊的数学不好，语文倒是挺好的，就是字写得不怎么好看，歪歪倒倒的，如果可以把字练一下可能就会高十几分，加油吧……”同样的事情，在高中时期也发生过三次，高一被班主任单独找谈话是因为文理成绩相差太远；高二被找是因为成绩突然下降厉害；高三被找是因为临近高考老师为我担忧，建议我多练英文字帖以提高作文分数。被老师单独“宠幸”的时刻，觉得很不舒服，甚至觉得想呕吐，就像只身一人在既茂密又潮湿的雨林里迷失了方向。对于性格稍内向的我来说，这些不仅仅是成绩那么简单，而是一个生命的骄傲，这对一个从小就受到欣赏与赞扬的人来说，是一件多么难以接受的事情。

大人们眼中的好孩子与坏孩子的划分界限是什么？到底什么样的孩子才是好孩子，值得表扬的？难道成绩真的那么重要？比一个人的人生还要重要？很可惜，那个时候的自己完全没想过这些问题，就这样接受着，即便难受。

（二）自我标签

一直以为再怎么难熬，过去的都会过去，来到了大学便意味着逃离了那个小镇，逃离了那里的老师，也逃离了家人，一切将会改变。尽管自己在大学里看似疯疯癫癫、没心没肺的，自己心里也很明白，这只是在逃避，以为把自己伪装成仙人掌那样就不会扎到自己，以为表面笑哈哈的就能让身边的人和自己真正快乐，却忘记了自己本来就身处自卑雨林里，一个密密麻麻的树林。虽然雨林长在纬度低的地方，但太阳光却一点儿也透不进来，湿漉漉的感觉如恶心呕吐时胃里的胃液那般，我彷徨无助，也不知如何寻找逃生之口。

第一节叙事治疗工作坊（2017 年 2 月 24 日）的开始直至论文一稿的出生（2018 年 3 月 12 日），那段时间笔者以为自己已经疗愈了，不会再像从前那般被自卑所深深控制住。只是偶然一次活动总结分享时的一句话"小姿可能有点害羞，我们可以等等她吗?"，以及后来我的组长跟我反馈"标签化"时，我突然就联系到了自己的过去——十五年里自己也不断地标签自己，认为自己是矮小的、成绩不好的、外貌不美的、家里条件不好的、不值得被赞许的。所以每次遇到有事情需要别人帮忙的时候自己会想"别人不愿意帮我的，我什么都不如人""万一别人拒绝了那我岂不是更加丢人？现在情况都已经这么不堪了，到时候传出去了就更加不堪"……在以前的课程汇报抑或是实习时，我会紧张到表达不清、脑袋一片空白、手脚颤抖，然后会为了降低自责感而在开始时给观众、给服务对象打好预防针。

原来潜意识里仍然觉得自己是个卑微的、不可能成功的、不可能进步的人；觉得自己得不到重视、关爱；数学学不好，字写不好看，没有新意，脑子不灵活，做什么事情都是心有余而力不足的，这样子一直延续到生活、学习、恋爱，甚至工作。

四、裂痕也是花纹

（一）问题外化（Problem externalization）

"外化"（externalizing）是一种治疗方法，这种治疗方法鼓励人们将压迫他们的问题客观化，有时候则拟人化。在这样的过程中，问题变成和人分开的实体，所以问题是在原本被认为是问题的人或关系之外的东西。问题原本被视为属于人或关系内在而不易改变的性质，因而变得比较容易改变、比较不束缚人。①

参加了叙事治疗专题培训后，我会很在乎留出时间与自己对话，会去询问自己的感受，重新重视自己，这不是为了战胜那个自卑的自己，而是换种心态去拥抱它。

以下为笔者自我对话的过程，有作为治疗师的笔者，也有受自卑情绪缠绕的笔者，以下统一简称笔者。

治疗师：五年级（第一次被体罚）之前你是怎么样形容自己的，可以回忆起来吗？

笔者：那时的自己是一个简单天真快乐的人，喜欢看书、喜欢做家务、喜欢被人关注。从小总受表扬的自己也渐渐成了一个好胜的人，什么都想要做到最好，以期待得到关注。

治疗师：那五年级（第一次被体罚）之后你又是怎么样看待自己的呢？

笔者：很丢人，不争气！简直就是我人生当中的一个污点，恨不得抹掉它。很害怕老师、大人和同学会因为这一次体罚不再关注我，不再喜欢我，同时也很讨厌自己为什么不再认真点，考试不再努力点，这样子就可以考好，不用经历那次体罚，也就不会这么多年都觉得自己低人一等了。但是这么多年了，我好像知道了那时并不是自己的错，并不能责怪自己，并不能把后来的自卑情绪归结到本已受伤的自己身上。

治疗师：那如果现在有一部往返时空隧道的时空穿梭机，你会选择改变什么？

笔者：想要回到被体罚的当天，我会理直气壮地直接跟老师讲不可以体罚我们，因为这是犯法的！然后告诉自己包括那天一同被体罚的同伴们，成绩不是最重要的，不是衡量你人生的唯一标准，可以允许自己不及格但不需要久久地责备自己。

治疗师：五年级的体罚对你有什么样的影响？

笔者：人生中第一次被体罚，而且还是当着全班人的面，从那之后，我会觉得自己不配，不配当班干部，不配再被身边人所夸奖，然后学习、

① Michael White，David Epston. 故事、知识、权力——叙事治疗的力量［M］. 廖世德，译，上海：华东理工大学出版社有限公司，2013.

走路、讲话都会变得小心翼翼，生怕做错了引起别人的注意。与其说不喜欢见人倒不如说害怕见人，直到现在实习转正后才不会觉得见人是一件可怕的事情。

治疗师：那你喜欢那样子吗？

笔者：当然不喜欢啦，谁会喜欢提心吊胆过日子呢？更何况我那时才五年级，本来可以继续阳光下去的。

治疗师：那你觉得自己经历过了那第一次的体罚，你跟它相处得怎么样？

笔者：不知道怎么讲，总体来说，从那之后自己就深陷于自卑当中，好像一直都是它在牵引着我：上课不敢举手回答问题；被老师点名了便手脚发抖，脑子一片空白；别人给的零食不敢要，就算是奖励自己的也不敢要；别人的赞美自己会认为是同情、是敷衍、是客套……

治疗师：那你能把跟它相处的情况取个名字吗？

笔者：扯线玩偶，那个时候是自卑来控制着我，就像扯线玩偶那样子任人摆布……

（二）重构对话：寻找独特结果（Unique outcome）

五年级第一次被体罚后，在不知不觉中我就变得不再自信和阳光，不断重复着自己就是一个不显眼的，得不到人重视和关爱，数学不好，字也写不好看，成绩不好，做什么事情都是有心无力，都做不好的人。无论是在学习上、工作上，还是在家人需要帮助的时候都是一如既往地有心无力。

笔者实习期间，因家里发生了比较严重的事情，又一次陷入被“扯线玩偶”控制的情况，而这一情况被细腻的组长发现了，他会认真地去问、去聆听笔者的故事。在与组长谈话的过程中，笔者会觉得自己的身份像是得到了重构一样，不再是被动无力的“玩偶”，而是一个尽心尽力、问心无愧的人。

笔者：明明自己是社工，说是可以助人自助，但好像我每次都帮不了身边最亲近的家人，真的很无力，也很自责，无论是大一时的我还是四年后的我都还是这样。

组长：别忘了咨询师的其中一个原则，不给身边人做咨询。社工也不是万能的，我们尽力了就好，尊重他人，案主自决。个人觉得这不是社工不社工的问题，而是让自己无悔的事情。

笔者：我也在尽量让自己不过多介入，尽量不过多强求。

组长：这个就是现在的你与以前的你所改变的地方了，都会有这样一个过程的，总希望事情能顺着我们希望的方向发展。

笔者：的确是这样，所以自己才会不停地想要用社工助人自助，用生命影响生命的理念，企图挽救，但越这样子想就越是自责和无力。其实现在回头想，我当初选择社工专业的原因也不是那么纯粹，我是一个自私的人，一心想要用自己的力量去挽救我的弟弟，挽救我的妈妈，天真地以为读完书出来就可以亲手把以前失去的家变回来……

组长：每个人选择职业都有自己的理由，这不是自私，而是每个人都有自己对自己人生的设定，这只不过刚好是你想要的而已，又何来自私呢？

对话到这里的时候，笔者已经可以平静下来重新感受组长所说的话语。一直以来，笔者都会对自我进行否定，尽管在他人眼里是多么的美、多么的好，也仍会感到自责。而从那晚起，笔者尝试转化角度，多用优势视角看待自己，如负责新开设的常规服务（周末课堂）；与村委、大学生志愿者团队合作，共同把服务送入村子里；为 102 名小学生提供课业辅导和兴趣发展服务；周末课堂从沟通合作、制定 sop、带领开展都是由自己完成，虽然目前的成效还没达到理想效果，但从无到有这已经是一大进步，未来一定会更加好的。

（三）寻找外在见证人实践（Outsider - witness Practice）

外在见证人，顾名思义是寻找第三方来倾听并见证自己的人生故事，通过陈述和反馈形成回响，给予当事人巩固重构形成的新身份、新形象，以更有能量去面对生活。

从五年级开始，因自卑这个“扯线玩偶”加上自己受到面子观的影响，很多事情都没能跟人袒露，就连最喜欢的爸爸也无法对他说出口。一本又一本的日记本，里面的字有被眼泪晕开的，有被笔尖给戳破的，当然也有乐呵呵的公仔画，这些都是曾经见证我开心、难过的老友记。而这一次的见证人，笔者想要选择让活生生的、有思维意识的人儿，因为这将是笔者最后一次与“扯线玩偶”提分手。

而这位外在见证人就是笔者实习的组长，是一位智商、情商都高，真正将社工价值观内化的可敬之人，正因为有她在，笔者的社工专业实习才会学到了把理念用于服务，才会这么快与“扯线玩偶”分开。以下是外在见证人给予笔者的反馈。

敢于剖析自己，发现自己需要极大的勇气，你就是有这样勇气的人，无论生活还是工作，你都能有勇气不断去尝试和挑战！对的，你也是一个敢于挑战自我的人，每个人都会有自己的优势和劣势，这就是我发现你的优势。

刚认识你的时候，你给我的第一印象：你是一个爱笑的人儿，乐观，以为你能很快适应工作和环境。后来才慢慢发现，原来这可能是你的面具，你还没真正打开自己，融入这个集体中来。没错，适应需要时间。现在的你，也适应得很好啦，发自内心的爱笑、乐观，很热情，日后遇到困难的时候，多想想我们，我们一直都会在你身边，给你无条件的支持，无论是工作还是生活。

在工作方面，你是个有想法、有主见的人，但有时候，这些想法和主见让你的犹豫不决慢慢流失掉。亲爱的，有想法可以多跟我们交流，我们一起去尝试。

寻找外在见证人实践，使笔者真正加深对自己的认识，原来在某个愉快的时刻，我也会意识到其实自己也并不是一无是处，也不是想象中的那么不堪，原来自己也会被他人由衷地赞赏。但由于无人诉说，只好记录在不会说话、不懂反馈的“老友记”日记本上，没能及时收到反馈、认同回应，导致刚形成的小火苗又熄灭于自卑雨林中。很庆幸，这一次竟然不用火苗也能看到光亮，也能找到方向，自卑雨林里终于出现了曙光。组长这一外在见证人，让笔者知道自己原来是个这么有勇气的人，在活动和小组中会挑战不一样的事情。

正如 Alice Morgan 在与 Michael White 合著的《说故事的魔力——儿童与叙事治疗》中提到“非结构主义者认为自我是在人际关系中建构起来的，是经由社会互动和合作达成的结果。自我认同的形成是一个持续不断的历程，而每个人生活中的情景和人际关系都会产生重大的影响。换句话说，自我认同并非在真空状态下形成的，也不是与生俱来、由内而外，或长时间都不会改变的。”① 外在见证人的出现，一边见证着笔者独特的生命故事，也一边给予认同回响，让想放弃社工、放弃信仰、放弃坚持的笔者，重新看到自己在选择和面对人生中不同事件时的积极阳光、坚强勇敢，这大概是“编织梦想，缔造希望”的现实诠释。

（四）特定仪式的进行

2018年4月23日，组长发来了上面那段话，我马上做了一段手语给自己，下班后买了一个小小但美味的榴梿千层给自己，以此作为叙事自我疗愈行动的特定仪式。

选择这样的特定仪式去完成这一生命阶段的有力见证，是因为手语，无声但有情。大二下学期、大三上学期这一年里，与自己相伴最多的除了宿舍便是手语了。每当笔者想说心里话却不想让其他人知道，便会随性挥动手指，打着手语时又会不自觉嘴角上扬。

“感谢曾经的自己，笑过、哭过、痛过、疯过，仍能继续向前走，你是最棒的！”

五、新思考

通过叙事自我疗愈行动，让自己重新找回面对逆境时的信念——坚信只要尽力了事情总会变好的，一切自会有最好的安排，并在日后的工作生活中会变得更好，在此基础上不断加深对自我的认识，不再被自卑控制，而是勇敢面对生活。

经历了五年级的那一次体罚，自己就像陷入了不断质疑、否定、退缩、伪装的旋涡里。班委竞选失败，害怕了便马上用伪装来掩饰，笑嘻嘻表明下年再战，心里却暗自落泪；因综测排名在宿舍成员中落后了，好胜却又不敢外露，便也用伪装掩饰，在人前会用无所谓的态度对待，人后却拼命温书复习，生怕被人看见会觉得我明明很在乎、很努力却得不到回报。当面对家里发生的事情我总会很难受，我讨厌自己学了这么久的社工，可最后连自己最想要保护的家人都保护不了。在恋爱方面，好不容易接受了尝试，可仍然会在里面丧失了自我，把自己放低到尘埃

① Michael White，Alice Morgan. 说故事的魅力——儿童与叙事治疗［M］. 李淑珺，译. 台北：心灵工坊文化事业股份有限公司，2008.

里……2017 年 2 月到 2018 年 5 月中旬，一年多的时间，自愈的过程曲折，急促前进、倒退、停滞、放弃、又不甘心重新拾起，一步一步走到答辩，我还兼顾家里、工作和毕业上的事情。经过与自己的叙事对话，我开始能够感受到自己在面对人生逆境时的信念，自己是能够相信并坚持着自己的初衷，用生命影响生命，去助人自助。坚持着在社工机构实习和工作，坚持着助人自助，坚持着人有自己的信念和能力去面对自己的事情。笔者在叙事自我疗愈行动里寻找回被自己遗忘的人生智慧——"坚持""热情""感恩"，坚持但不再苛刻要求自己完美，热情但不伪装自我，感恩但不会放低自己。

人生真的是各有千秋，有人可以选择轰轰烈烈，所以不用死守那些细小而入心的事物；有人选择平凡，当然会在乎自认为在乎的生命镜头。人生过得幸福并不局限于选择在乎事物范围之大小，而是自己在乎的事物能否被尊重、被聆听、被接纳。生命故事，只需要被理解，被礼敬，这样就足够了。

“自疗”行动二：

一个农村女性成长的历程与回归[1]

★ 故事新读

当我得知要重读论文写感受时，我是有些害怕的。毕业后，我把纸质版的论文放在了我的书柜里，它被夹杂在一堆书中，其实有好几次我都想再回看的，论文近在咫尺，但我始终没有伸出手去拿。首先是害怕看到以前的自己。其次是害怕毕业论文中叙述的自己，也害怕当时写毕业论文的自己。前面两个害怕是怕勾起某些回忆，最后一个害怕是怕当初对自己的要求和期待，自己都没有达到。

回想起自己大四写论文的时光，我觉得这是大学四年最觉醒的日子，我开始领悟到人生某些重要的东西，这些东西一直存在于我的身体里面。我还记得在大四的时候，当我在面对生活和学业的转折和压力时，我那时候可以一股劲地投入学习，但也会停下来看看周围发生的事情，思考这些事情与我的关系。有一天，我曾在教室前的大草坪下细致地观察搬家的蚂蚁，连同它们寄居的土壤，那土壤和我老家的有些相似，不同的是土壤是松松散散的，被蚂蚁垒成一个“小山丘”，周围还有幽绿的小草，我突然觉得自己进入了一个新的世界，使我认识到，有时候不要走得太快，需要花时间去留意，停住脚步，仔细对待生活和自己。

重读论文，我发现书写那些时刻的我很醒觉，我有着作为我自己的体悟，作为公民的醒悟。再去看那些伤痛，似乎不再是我的伤痛。我明明记得当时写着论文时的我，很多时候都处于崩溃状态，以及在中间写作的过程中，内心还是在埋怨，怨恨家人，那种纠结的状态不能释怀，然后给千里之外的姑姑通电话，希望她可以抚慰我，然而姑姑没有太多的语言，只是一再地说：“你长大了，不要再想这么多，不然会让自己更难受的。”那

---

① 作者：小归（化名），岭南师范学院社会工作专业 2013 级本科毕业生，部分内容摘自作者毕业论文。

时候我知道没有人可以帮助我，可是论文还得继续。以至于每一次我修改论文的时候，眼睛里的泪水，内心里的伤痛，都是我不能够去平静下来的。而今，看完论文后，当我能够这样平静地去分析，我明白这一切都不是理所当然的。当面对伤痛，人们更多的是不去触碰，因为一旦触碰就会开了堤口，如洪水猛兽一般，不可控制，但是，这样的伤痛会一直隐隐作痛，然后化脓，一直愈合不了。现在重新去回看，我想这又是不一样的感受了；这是我曾经去面对它，去看到它，我想“被看到”就是最大的抚慰了，我也感谢叙事一直陪伴在我身边。

再读我文中的家以及家人，我认为我对家人的理解是不够的，若我们仅仅带着我们原有的视野，我们是看不到家人背后所承受的东西。如果有机会，我想再去了解外公外婆的故事，也去了解父母亲的叙述，将我的论文和我的看法给我的家人去验证，或许更多的“真相”便会浮出水面，而不是只有我自己眼中的东西。当然，自己的感受是重要的，但当你自己被看到后，其实可以做一个更好的选择，就是也去看到我们的家人。

另外，我在重读论文后，我反思到：我是不是更加刻画了某些伤痛，让它成为我叙述的主体，而遗漏了很多东西？这二十几年来，我用这样一篇论文去阐述，去回观，是不是不足够的？我们遗漏的那些，或许也是我们重要的人生经历，所以，如何去记住，如何去看到和记录是很重要的。

再读的时候，我惊叹原来我有那么多的面相，我看到自己是一个会思考，爱思考的女孩。我每一步走路，都是跟着我的内心在走，而我的内心到底是什么，我觉得很难用语言去描述，我看到一个内心充满爱的女孩，那份温暖让现在的我看到，也备受感动和关怀。那份关怀又是那个时候的我，给现在的我的一份礼物，这份爱来自我的家人，来自我的朋友，来自我的老师，还有这个社会。我也明白社会一边在压制一个人，也在给那个人红利，如让我这样一个农村的女孩受到教育，从而达到向上流动的可能。当然，我很怀疑未来的教育是否有更多的机会可以让农村女性往上层流动。

因为叙事论文，我明白自己的路，也明白自己的初心，只有在觉醒的时候才会贴近生命之源，我觉得我身上一直带着一份觉悟，这是叙述带给我的东西，而专业性或许也体现在自己的某些理念上。一个人如何去生活、学习，再选择自己的工作，或许会被主流社会所改变，可是你能不能在夹缝中生出自己的智慧和一点抵制，让自己接收到阳光，亦是重要的。

小　归

2018 年 11 月

一、提要

本研究是笔者作为一个农村女性运用后现代理论以及叙事疗法进行的自述史，以人生历程中重大意义事件进行自我梳理，反思以及重构自我的叙事行动，包括解构知识、故事以及权力对自身的建构。注重女性日常经验的感受，并作为主要的研究思路，观察并反省自我在重男轻女的父权制文化以及社会制度中的自我生存感悟，了解被建构的女性角色对自我选择、成长、日常行为等的影响。因此，这篇论文展示了一位农村女性运用女性主义视角对生活故事的重新诠释和理解，以及运用叙事理论进行自我治愈的历程。

二、缘起

人是社会性的产物，社会由众多个人组成，人依靠着社会生存。由于社会的主体是人，因而一个国家的主体应是人民，所以人理应是自由的，但不同国家的人民有着不同的文化，因此个体也被建构成带有不同文化的人，就连生存和自由都是受掌控的。知识与权力是国家控制人民的手段，处于社会中的个人是如何深深地被知识、权力以及文化所影响的，而自己却毫无察觉，不痛不痒地生活着，行尸走肉般地过着别人早已为你制定好的统一化生活。猛然发现，原来有一部分知识在悄悄地提醒人们：快醒过来！不然你这一生都在做梦，还是自己不喜欢的梦！

庆幸的是，我遇到了叙事，它轻轻叩响尘封已久的大门，我听到了声音，于是生活在过去痛苦的梦魇中的我，慢慢苏醒，踏上了属于我自己的旅程。

个人的命运始终抵不过历史的洪流，中国传统文化里重男轻女的思想在改革开放后，城市的女性似乎得到了一定程度的解放，但在农村地区，重男轻女的思想却一直盛行着，成千上万的女童们，遭受着与男童不公平的待遇，尤其是教育公平的问题尤为突出。

女孩们痛苦的社会根源是文化带来的，可是这样的痛苦只有个人才能体会到，没有经历的人不可能真正感受到那份伤痛。即使现在大多数的家庭不再苦恼计划生育，人们也会在社会的变迁和历史的洪流里，随着时间流逝，慢慢遗忘这个政策的影响。但是痛苦和煎熬依然会停留在经历过计划生育的女性的体内，她们的遭遇代表着一代人的记忆，它就像是一个毒瘤，慢慢腐蚀自己。那种不被看重，轻视，被抛弃的感受时常萦绕在她们内心深处。她们有时不断提醒自己，又不断拷问自己不够好，那种不够好，活该受罪的观点重复地再建构自己。可恨的是大多数人不会倾听她们的诉说，毕竟一个是国家制度，一个是渺小的个人，而国家总有它制定的理由，渺小的个人微不足道，个人的痛苦不值得关注。

但今天，我想要关照自己的内心，并且慢慢治愈它。我也想要为和我有同样遭遇的女孩发声，至少让她们知道，每一个人都是作为公民生活在社会中，她的遭遇，并不是她个人所造就的，还有更多的东西在操控着她。因此我想说说自己的故事，让我自己被看到，被尊重。这是作为一个人的权利，诉说自己故事的权利，自由书写的权利，找回自我的权利，活出自我的权利。

无论过去遭遇如何，我从未关怀过我的内心。相反，我一直都在逼着自己去遗忘。成长路上的迷惘、不堪、卑微、痛苦的回忆，我对此并没有做出回应，而是去掩盖内心最痛的感受，逃避自我的渴求。当遇到情绪低落的时候甚至会责备童年经历给自己的负面影响，狠心地责怪内在的那个孩子。那种不安全感和害怕被抛弃的恐惧，依然深深地影响着我。但从现在开始，我要看到我自己，即使没有人真心地想要看到我，我也会关照我的内心。我要珍惜我日常生活的感受、情感，我要活得有血有肉，有人情味，我不会把自己再当作一个局外人，我也不会让有问题的故事再纠缠着我，而是爱自己，就像爱自己的孩子一样。我也会更加体会家人的感受，细心地关注他们，而不是以主流文化所倡导的物质来衡量现在以及未来的生活质量。我也要坚持好好对待我自己，人生太短暂，我不想自己生活在框架中，或许为了生存不得已，但我也要保留我思想的自由，即使我认为的思想自由也是被人的思想所输送给我的，也希望后现代包容和多元的理念，让我可以找到自己安身立命的去处。

三、过往重要经历以及自我叙述

1993年农历五月初三，我出生于上海一间民租房内，没有医院，没有护士，是我妈妈一个人在家生了我，五个月以后，我被送回边远山区的老家。我妈妈没有给我喂母乳，因此我回到家乡后有严重的营养不良，幸运的是得到邻居的奶水补充营养才熬过了四十天，不然仅仅靠家里的米糊，我是不会活下来的。不知道我出生的那一刻，妈妈看到我的生理性别时是怎样的心情，导致我十几年来抱怨脸上的雀斑带给我的不自信。我心里总在想，可能是妈妈在我出生时没把我的脸洗干净的缘故。我的妈妈偏爱男孩，我上面有一个姐姐，从爸爸的描述看来，我的出生在妈妈内心是不接受的，所以在次年我的弟弟就诞生了，我在想这个弟弟应该是完成了我家父母的、祖辈的以及我的几个姑姑的梦想。虽然我的姑姑很疼我，但现在看来，她们也是重男轻女的帮凶。

在二十多年来，我不知道如何看待我自己，我多少次埋怨为何我要诞生在这个世界，遭受着来自亲人的打骂和文化的规训。迄今为止，我从未为自己而活过，可是我依然存活在世界上，我是一个怎样的人，我在哪里，我将要去向何处？曾经的我肯定多次地想过这些问题，但每个时期都在变化，有想法是真的，但那些想法却包含着主流价值观所倡导的成功，以及传统文化规定的女性最终的归宿。所以那些想法其实并不是我的想法，而是被别人所植入的，我只是一具肉身，思想和行为都受别人所控制，我被监视着，我不自由，我感到我永远都不会自由。仅仅是一具肉身？可是我为什么会时常感到忧郁，想起童年，内心却止不住想哭，那种最原始的伤心，都来自我的童年，我的爱，我的恨，都与童年有关，但是我内心知道，恨占据一大部分。

我是一个微不足道的女孩，我有什么权力在毕业论文这么重要的文章里写我自己，谁会在乎你？你不是大人物，你也不是功成名就的商业家、学者、政治人物，甚至根本算不上是别人眼中的优秀大学生。所以我到底在做什么？谁会在乎我写的论文和我的故事？

是的，我仅仅是一名普通的大学生，在这之前，我没有觉得自己有必要把自己看得那么重要，虽然我时常都在索取别人的爱。可是学习了四年的社会工作，在大学的最后两年里，我接触了西方后现代主义和女性主义后，我知道我自己虽然渺小，但我是这个世界的公民，我是这个国家的公民，平凡的我所遭遇的一切，都不是理所当然的。女性主义最经典的口号是“个人的即政治的”使我开始更加深刻地反思，发生在我身上的一切真的都是正常的吗？是我个人造成的吗？我是否在小题大做？我有没有必要把自己的位置放得那么高？可是想想，身为女性，我的位置在哪里？

（一）我与母亲

人们总说家是温暖的港湾，是所有的游子最思念的故乡，是受了伤的人最想去疗愈的地方。而家里的母亲却是感情支柱最重要的人，她温柔，她体贴，她宽容她孩子所有的行为，无论外人如何说她的孩子，她也不会真的厌恶自己的孩子。似乎世间所有的美好，除了爱情，就是母亲的感情最伟大、最持久、最永恒，因为她是无私的。

但对于我而言，家是最伤人的地方，或者真正来说，我是否有一个家，都很难说得清楚。回想我过往的生活，我几乎都生活在以往的痛苦之中，带着那份恨意，让我艰难地生存下来。

2016 年 11 月 27 日

在我 20 岁之前的年月里，我很多时候都觉得我的存在是个错误，我是多余的，我是被嫌弃的，我是不被爱的。因为我的亲生妈妈确实不爱我，她把她婚姻的不幸遭遇所带来的情绪都发泄在我的身上，我被挨饿，被排挤，被毒打，都是我最痛苦的往事。

我排行第二，在我们少数民族自治区又是农村户口的政策下，二胎是法律允许的，所以我并不是超生的那个。但其实在我的家里，所有的迹象都表明，我才是那个超生的，尤其是在我妈眼里，我就是多余的。记得小时候计划生育突击检查人口催罚款时，村里面的大人们都会互相通风报信，然后人们在一阵唇舌躁动后，大人们开始行动了。那些多余的孩子要自己选择地方，把自己藏好。而我也在我母亲的一个眼神下，便知道我该做什么了。有那么多次，我独自藏到邻居家的储物间里；我独自跑到家后的山上；我独自在乡间的路上徘徊，我好像是有家的孩子，又好像是没家的孩子。那个时候的我，总是在想，我是家里多余的，我就应该出来藏着。而相差一岁的姐姐和弟弟却可以安然无恙地在家里待着。那时候我真的好恨，又好羡慕他们。我又好想逃到隔壁村两个姑姑家去，不再回到那个没有爸爸的家，与我不合群的姐弟的家，对我充满恶意的家。

2017 年 1 月 7 日

我时常问我自己，为什么我妈不爱我，为什么同样是孩子对我就是区别对待？难道我不是她亲生的？所以她才会在我丢了一把几元钱的农用刀后，为了不让邻居知晓将家门关上，当着姐弟的面暴打我一顿，等到他们都洗漱完之后，我依旧呆呆地站在那里。在他们都入睡后，才摸黑进自己的房间，不敢有任何响动。很多时候我都在想，我的姐姐在那个时候会可怜一下我吗？我不知道。那个夜晚，我终生难忘，一个孩子因为外出劳作而丢了把刀，回家面对的却是家暴。我怎么能够原谅那个女人？更何况我是她的亲生女儿。在生活中只要我做错了，我妈对我顺手就是耳光，而她最爱的就是用指甲掐我的脸，我的脸在小时候没有平整过，总是旧的伤痕还没有愈合，新的伤口又出来了，次数多得我已经记不清了。但是最令我印象深刻的是，某天下午快要上课的时候，我在家里被我妈扯得满脸都是血迹，可是那时候我并没有想逃学，我还是要去上课，匆忙跑到教室门口，老师和同学那种惊讶的目光，令我至今难忘。我记得那位村小的女老师是最疼爱和最关注我的人，看到我身上的伤后很惊讶，也很心痛，她因此连课都不上了来询问此事。当时因为爸爸不在家，老师就直接叫了我二伯过来了解情况，我二伯看到我后惊讶到忍不住掉眼泪。可是那次的我似乎并没有很伤心，像个旁观者一般去看着那个女孩被伤害。或许是我早已被打得麻木了，我虽然没有了知觉但依旧上课。或许我那天依旧上课是因为我是最爱发言的学生，在课堂上，我才会有那种自豪感、自主的感觉。可是我内心感到焦虑，担心知道我受到家庭暴力的老师和同学会怎样看待我？

2017 年 11 月 20 日

我是一个感性的人，我一直都在追求爱和归属，我希望我有一个妈妈，她可以像朋友般时常和我说说心里话，可以给我一些人生指导。但是在过去的二十年里，我没有感受到我妈妈的一丝温暖，她和姐弟的亲密无间，都让我有种错觉：我不是她亲生的，所以，她不爱我，我做什么都是错的。

我心里一直有个信念：我的妈妈不爱我，甚至在心里已经抛弃了我，使我遭受了许多痛苦，我真的非常痛苦，尤其是在人际交往中，我总是觉得自己在迁就别人，不会拒绝别人的要求，因为我觉得我为他人做了这件事，别人才会认可我，我总是将自己定位在一个为一切人服务、帮助一切人的位置，我感觉到很累。在恋爱关系中，我觉得我不够好，配不上我的男朋友，总是会追问他是不是还喜欢我，还要让他保证我们会永远在一起，因为害怕被他抛弃，所以我竭尽自己的全力为我男朋友做很多事，处处关心，无微不至，最后却因为抓得太紧，反倒失去了一个很好的男孩。

这么多年，我一直试着去原谅我妈妈，这或许有了一些心态的改变，但有一些东西，像标签一样一直贴在我身上，特别是在我上高中后，回到老家最令我苦恼的不是一般女孩子的遭遇，而是当自己有更多独立和成长之后，那个孤立无援的孩子，依旧摆脱不了以前的形象。每当我回到老家，我的伯母伯父、堂哥堂姐看到我妈对我大声说一句话，就会用那种十分懂我的眼神和我交流，那种眼神是对我的一种怜悯，一种施舍。对于我妈的不好情绪，我倒习以为常，但大家庭的成员对我那种高高在上的眼神却让我很想躲避。我感觉自己回到家，又回到了以往的那个地位，我在他们眼里永远都长不大，我处于被动、无助的境地，我永远是个孩子，长不大的孩子，被母亲呵斥的孩子，没有自主能力的孩子。我知道他们的印象是由于我小时候的家暴经历造成的，我的确感谢在童年时他们对我的关心，甚至也照顾我很多，但时至今日，痛苦或许不再深刻，但另一种痛苦的感觉，一次次地又被重新带入我的体内，我不只感到痛苦，我还感到一种耻辱，那种耻辱是在堂弟妹的眼神中感受到的，我似乎不是一个姐姐，而是一个孩子，我已经成年了，但实际上被处于一个未成年的位置，这就是我整个大家庭给我的痛苦。因此，每一次回家过年都是我最痛苦的时候，不但我和我妈相处得不愉快，而且还有大家庭的行为让我难受。邻居会讲过去我“可怜”的事情，串门的时候，我总是想去和老奶奶，隔壁婶婶聊天，但是不知是什么原因，她们总爱提道：“你妈妈那时候还真是偏心，你那时候太可怜了，哎，真是造孽得很。你还记得那次你妈……”每当这个时候，我潜意识努力自动忘记的事情又被邻居挖出来，或者是我没有记忆的东西也会挖出来讲给我听，她们的谈话似乎是对我的关心，但其实又造成了我的痛苦，而对于我想要敬爱的老辈，我不能说“你们不要再对我说我有多可怜了”等等类似的话，因为我会感觉我更可怜。因此，原本开始原谅我妈妈的念头，又被那些记忆带进仇恨的情绪中。

时至今日，我不能说我已经完全原谅了我妈，甚至偶尔想到这些事情，还会质问自己，还会对她有恨意。我也不能说不提起它，纯粹忘记它。我认为大学始终是启人明智的修习所，尤其是我知道我自己的经历对自己影响的深刻后，我努力学习心理学，就是为了让自己内心好过一些，我不想再过三五天又一次的伤感流泪的生活；我不想面对我知心的好友，每次都提到我小时候的痛苦遭遇，让她们也为我感到难过。我想改写我自己的生命故事，只为了让自己更快乐地前进，得到生命的释放，释放那个被囚禁多年的我，释放那个小时候被妈妈关在笼子里的我，长大后又被自己关在笼子里的我。唯有如此，我的家人才会不被我们这对病态母女关系所搅乱，才不会让我珍爱的姐姐弟弟感到我是为难妈妈的人，即使做出一些牺牲，也是可以的。但遇到叙事后，我觉得这或许不是牺牲，而是一场救赎。

（二）父母的原生家庭——尝试着理解

回望过去，我看到的是无尽的痛苦，甚至让我想起我妈妈没有一次温柔地对待我，全是妈妈对我的不好。但是，有些事慢慢地为我解开了一个谜。大二下学期，全家去外公家拜年，我妈不知因什么事情和外公争吵了起来，并且抑制不住自己，将以往外公对她的教育，婚姻安排的武断行为都痛述出来。大致缘由是外公曾经在没有经过我妈本人同意下为她安排了一个结婚对象，但是我妈根本不喜欢这场婚姻，最后和我爸爸私奔，又造成后续不开心的家庭重大事件。那一晚的聚餐，让我们都十分惊讶，面对七十高龄的外公，我在想妈妈的指责是不是太过分了？如果外公不能宽容我妈，或者依旧带着子女对他的埋怨，是不是将会带着遗憾和失落离开人世？我们有些责怪妈妈。另外，我也看到从小到大从未听过妈妈掏心地说过这么多心里话，虽然是对外公的不满。但在那一刻，我哭了，我看到了妈妈的不容易，看到她的原生家庭也是重男轻女，更何况自己的父亲是个老师。我妈妈排行老二，上面有一个哥哥，下面三个妹妹，但她的家庭是偏爱男孩的，正因为这样的偏爱，反而也害了舅舅。因为外公是教师的缘故，在那个会饿死人的年代，妈妈家不愁吃穿，可外公根据传统女性的标准，让我妈妈喘不过气来，每天都分派她做很多事，女孩在家庭中的地位就像是丫鬟一般，她的父亲不会表达爱意，用权威命令他的女儿做事。在这样的束缚下，她倒是很羡慕邻居家的妹妹，虽然日子缺衣缩食，可是一家人和乐融融，很少争吵。在少女时代的妈妈心中有很多的不满，但她不敢反抗，精神上的压制，使我妈在多年后，依旧受到许多影响。而外婆也是一个沉默寡言的妻子和母亲，不会随意反抗她的丈夫，所以我妈没能在她的原生家庭中学习怎样与孩子进行良好的互动和沟通。现在想想，她似乎也在用她觉得好的方式对待我们，如不像外公那样安排做很多农村的沉重农活和家务，以便让我们有更多时间学习。

（三）母亲的婚姻——体会作为女性的感受

母亲是和父亲自由恋爱的，并遭到我外公外婆的强烈反对，直到现在我的妈妈都没有彻底原谅他们。我父母亲在一起后一年多，父亲就安排了一场简单的婚宴，代表两人结婚的事实。结婚后不久，我父母亲便到上海打工，之后我的姐姐诞生为这个家庭带来了很多欢乐，因为我爸爸有着经商的头脑，那时的家境不错，所以家庭算是和睦。但是由于农村的文化风俗，新婚家庭没有男丁，会遭到别人说闲话，而且我的外公也施加压力，让我妈必须生个儿子。随后我的出生让这个家庭充满了火药味，爸爸生意面临着危机，而我的出生让我妈很失望，因为我不是儿子，所以五个月后我被送回老家，由我的二姑养育。我妈妈继续在上海和爸爸生活，一年后我弟弟出生了，我的弟弟给全家带来了喜悦，妈妈庆幸自己没有堕胎（她怀疑自己怀的是女儿），原因是我几个姑姑承诺说如果是女孩就让她们来养。所以我弟弟幸免于难，我也很开心我的弟弟出生，他在以往的、今后的路上都给我很多关心和爱。

爸妈在结婚后三年的相处中，两人脾性越来越不合，我爸爸虽然很会忍耐，但妈妈的怪脾气实在让他为难，因此，在家庭经济拮据的情况下，我妈妈选择留守老家耕作，爸爸依然留在大城市做生意。但父母分居两地后，妈妈觉察到爸爸的外遇后让她发狂。在我 4 岁时，我甚至不知道爸爸长什么样，在那个时期他的年轻气盛，他的放荡不羁让他的妻子和孩子过着很艰难的生活，我妈交不起几个孩子的学费，于是用农作物作为书费抵押。我妈一个人顶着巨大的压力，面对计划生育的讨债，她一个女人，像发疯一样，烧着热开水，准备好火炭，声称谁敢跨进我家门口一步，谁就遭殃。因此，计划生育的干部没有一次收到我们家的罚款，也没有赶走家里唯一值钱的猪，因为我妈妈太强悍了。这就是她的婚姻，这么多年她依然不后悔自己的选择，始终爱着我爸。但父亲在孩子很小的时候并没有承担起父亲的责任，一个丈夫的坚守。所以渐渐长大的我，开始反思我妈妈的行为，无论她怎样对待我，始终也没有真的把我抱养出去，她坚守住自己的家，担负起自己孩子的学习教育，面对许多的困难，她还是熬过来了。我不知道她对自己婚姻的满意度，我也不知道她有没有一刻想离开这个家，再去寻找自己的幸福。但没有，她没有这样做，她在家庭早期，为这个家付出了很多，一个人承担了很多责任，这是我看到的最重要的一点。

（四）解构主流文化和制度

1. 生育制度和重男轻女传统文化

重男轻女的思想在20世纪90年代的农村依旧盛行着，在这个年代，不像之前的年代孩子越多越好，由于农村急需劳动力，家里的孩子多便意味着劳动力充足，农耕会变得更容易，尤其是男性劳动力的需求和家庭财产的继承的缘由，让许多夫妇不停地生育。不幸的是因为耕地少而人多导致粮食不足，由于生育观念，反而越生越穷，越穷越生，在存活率低的生活环境，总会有几个孩子夭折。改革开放后，由于科技和工业发展，医疗发达，人民生活开始慢慢富足，孩子依旧越生越多，导致人口急剧膨胀。与国际相比，中国政府开始对自己的人口感到担忧，于是将人口规划提上日程。也因为到了90年代，正逢改革开放，农业慢慢衰落，城市工业逐渐兴起，农村开始陆续到城市务工，因此许多新的思想开始冲击着农村，农村人也开始改变婚育观，孩子并不是越多越好，但只有一点，只要有儿子妇女们就不生了，没有儿子，不论已经生了几个女孩，她的丈夫，她的婆家，都对她感到失望，期待她再继续生育，直到有个男丁为止。就是在这样的情况下，农村一方面已经享受了两孩政策的优惠，但另一方面男权主义的文化，还是让许多家庭的妇女和女童遭遇着磨难。

2016年9月13日

我童年的记忆中，另一个镇的村民总会不时地将一个女婴装在背篓里，放在我们村口的石凳上。村民们听到婴儿的哭叫声，便去查看，又是一个被抛弃的女婴，背篓里装着父母给孩子放的生辰八字，还有一包白糖，或者做好的一双小鞋，一件新衣。在寒冷的冬天，还将家里最好的小棉被给这个女婴，我在想，她的妈妈或许是爱她的吧，可是有什么办法？隔壁村的计划生育查处得更加严重，有些家庭的猪牛被强行带走，有些家庭的房子被砸烂都是事实。为了躲避计生队，拖家带口在山上过夜，或者好一些带着自己的孩子到娘家避难。他们的家庭不容易，所以被抛弃的女婴被村子里不育的家庭收养，也算是万幸。

她的父母是罪孽的，但生活极其艰辛，一方面没有学识，受着传统文化的毒害，又遭遇国家的政策。人类生育的权利被国家掌控，国家的政治目标，人口控制目标，与世界其他国家竞赛的目标，却让许多的家庭承受了一个家庭不该承受的痛苦。尤其是一个生育的女性，她或许没有生育的欲望，但她的身体不属于她，属于传统文化下生产男丁的工具，也是受国家严禁超额生产的子宫。她的子宫不属于她自己，也不属于她梦想的孩子，因为那个梦想的男孩始终不到她的子宫居住，但所有的责怪都是指向这个妇女，所有的错都是她的错，生不出男孩是她的错，生太多女孩是她的错，都是她的子宫的错，所有庞大的人口都是女人的错，但人们却忘记了，这些女人是千千万万个孩子的母亲，她没有错，错的是文化，错在国家对妇女的身体控制，妇女的生育是要按照国家的规划走的，妇女不能有自己的生育自由意愿，不能自主地控制自己的子宫。

千千万万个家庭，千千万万个妇女，生产出来的女婴，遭受着多么不公平的待遇。她们的母亲或许想要爱她们，可是，文化不让她们爱自己的女儿，计划生育制度不让她们爱自己的女儿，因为在那个年代她们的诞生是不合适的，她让整个家庭没有足够的粮食，没有足够的衣物在冬天给孩子御寒，也没有足够的金钱给孩子缴纳学费，所以女孩啊，你为什么要出生呢？你的出生就是家庭的负担，你让你的妈妈受罪，更让你自己受罪，你受到许多不公平的待遇，你的家庭地位，你的生存权利被剥夺，你的人权，你的尊严，你作为一个人的尊严，你孩提时的基本需求，你成长过程中不可缺少的爱，是不是都被你的弟弟抢走了一大半？又被你的其他姐妹抢走仅有的小部分？你恨他们，恨他们有更多的食物，父母更多的赞扬，你带着这份恨生存了多少年才会宽恕你父母亲的罪过？长大后，你带着这份恨，质问你的母亲，为什么你曾经遭受过的不公平还要继续让自己的女儿也遭受？难道母亲你曾经没有感受到那份不被重视，不被看到的痛苦？难道，母亲你觉得你的母亲这样对待你，你也认为这样对待我是理所当然的？母亲，你是否真的爱过我，把我当作你的小宝贝，当我有很好的表现时，你会为我感到欣慰，因为我是你的女儿，可是我感受到的好少，我把我所有的不满都发泄在你的身上，用文字恨你，在心里不断咒恨你，你会不会感到心痛，你养育了二十多年的女儿，上了大学，接受高等教育的女儿，这样来说你，没有完全宽恕你的女儿，如果你看到这篇文章，你会不会有一丝的后悔、心痛和反思？

2016年11月25日
作为女性的醒悟——解构

或许是生性敏感，或许是每年回家过年的刺激，在我上大学之前，无论是被妈妈毒打，还是和弟弟在伯母家的寄人篱下的不幸遭遇，我都觉得自己人生历程的前半部分都在遭遇痛苦，我为我自己感到难过，我还为姐姐弟弟感到难过。可是我却忘了，我背着以往的包袱前进是痛苦的，是寸步难行的。我总是为过去流泪，但叙事告诉我：看到背后，看到人们遭遇的背后最重要的原因是什么？因此我看到了我母亲的家庭，农村的文化，还有国家的制度，我才想起那句话，个人的命运终究抵挡不住历史洪流的影响，这是大一时专业老师在课上分享的一句话。是的，一个人的命运太过于渺小，大多数人的利益制造社会的制度，社会文化的主流。国家根据自身发展的需要，人口多便实行计划生育，人口慢慢少了，又开放二胎政策，以预防未来养老问题，减轻政府的负担。或是农业衰落，工业兴起，国家又宣传男女平等，解放妇女，投入国家建设的需要中。所以家庭的问题始终与社会环境、国家政策、文化倡导相互联系，而家庭作为社会的基本单位也需要承担他们身上的政治经济任务！

2. 农村传统的家庭教育

我认为我生活得很不自由，从小便如此。我害怕别人看重我，我也期待别人看重我。但我期待别人看到我好的一面，何为好？就是主流文化所说的好。当我在家时，我会根据长辈们的教导，按照女孩的方式行事，我很勤快，家里的杂活我都抢着干，要知道在农村可是有干不完的活，我可是为了得到大人的夸赞，得到大人的认可，我必须事无巨细地做着我的“活路”。可以想象，我是把他们的教导当作天经地义的，干完了自家的活，邻居家的奶奶也会叫我去帮助她。我嘴上答应得很甜，可是作为孩子的我，难道真的想要干活？直到现在，我依然喜欢下雨天，因为在童年的记忆里，下雨天是不用出去干活的，下雨天在城里的孩子看来是阴冷的，心情也是灰暗的，她们反而喜欢晴天，她们觉得好天气带来好心情。可是对于农村的女孩，下雨天会带来安全感，在早晨的下雨天，听着雨滴落在房子的瓦片上的声音，可以睡得特别踏实，因为大人会晚点叫我们起床干活。

3. 学校教育应试教育

学校教育使我痛苦，现在每一天的生活我都很痛苦。每当我在学习之后玩乐时，每当我做其他业余爱好时，都感觉自己受到监视，我虽然表面上是自由的，可是我内心却被紧紧缠绕在中国应试教育的这根毒树上，我挣扎，想摆脱。而有一段时间，我觉得我解脱了，自由了，可是我的生活还是在这棵树周围游走，我不敢走到广袤的田野，我不敢走到无垠的沙漠，我不敢走向蔚蓝的海洋，我依旧在深山老林，我很孤独，我又排斥，我又很羡慕那些已经走向我所向往的地方的朋辈。传统教育告诉我，一定要上大学，所以要无时无刻，马不停蹄地学习，而学习的东西都是什么呢？我学习的历史是被更改的历史，我学习的语文是我不感兴趣的文学。我对《意林》和《读者》非常感兴趣，记得我高中时的文笔很有诗意，可是中考和高考都不考。老师告诉我们，用怎样的套路，怎样的格式，作文会得高分，却没有培养学生对文学的热爱，反而一些如饥似渴地看小说的同学，就像做小偷一样见不得人，老师不会鼓励学生在课余看小说的，更不可能在课堂。老师告诉我，优秀的学生即使在走路时也会背古文，记单词，吃饭时也会抱着书本看，即使数学题做不出来，优秀的学生在梦里都要把它算出来，是的，优秀的学生都可以做得到，所以我也照着这个去做，我以为自己会变成优秀的学生，可是直到现在，我也没有变成优秀的学生。这就是我被监视的原因，这就是我不自由的缘故，我太想要得到老师的表扬，我想要老师的认可，所以一切我都按照老师的观念去做，为了考试，我放弃锻炼，我放弃看电影，我甚至吃饭时都在想我的功课。是的，我成了一个自我监视的工具，我是我身体的背叛者，我还是我内心的背叛者！

（五）寻找例外

我的高中是灰暗和迷茫的，可是那段时间却是我开始觉悟世事的时候，我总是为着身边不平等的事情而打抱不平。记忆犹新并对我影响深远的是，我曾经帮助过一个男孩，他是我高一的同桌，那时候他总是被一个混社会的男生欺负，他虽然心里不情愿，可是又不得不按照那个男生的指示去做，我觉得他太胆小了，所以我慢慢鼓励他反抗他，从一开始拒绝那个男生的要求，到最后那个男生觉得无趣也就作罢。我的同桌开始对我刮目相看，因为我不怕那个混混男孩，我心里那份勇敢是他没有的，即使我是个女孩，我绝对不可以被别人欺负，也不允许身边的人受到不公正的待遇。

回想我的初中、高中，我内心充满着正义和善良，我总是会和班上被别人冷落的同学搭话，我知道他们都是善良的人，只是因为表达能力或者是家庭经济原因导致自己的自卑和不合群，我却认为和他们做朋友才会是真正的朋友。他们都来自农村，他们没有城里人的傲气，他们待人真诚。从那时起，我就开始洞察如何交朋友，和城里人交朋友要分类型，因为他们太骄傲，他们会歧视来自农村的学生。看到所有的老师都将眼光望向小城镇官二代、富二代，或者是教师子女，却没有人关心这些来自农村的孩子，除非他的成绩顶尖，除非他为班级争光。那时候的我就感到学校的不公平，以及教育制度的缺陷。我看到学校将学生分成不同等级，我看到我身边的好朋友一点点变得不够自信，从一开始的自信，到按成绩分班到普通班的失落，她们憧憬的高中就这样将他们的自信一点点打击下去，最后他们自己放弃了自己。学校普遍的做法是将最好的师资给予最好的班级，将国家或者是企业对贫困学生的助学资金单纯按成绩来发放，而使最贫穷的同学退学，我看到有些老师为了几个优秀的学生放弃了大部分的学生，而且这些学生都来自穷苦的农村，教育是他们向上层社会流动最重要的途径，可是社会分层决定他们不能被诞生到好的家庭，分配到好的学校，一层一层都在向下层剥削。作为老师没有培育学生的耐心，他们为了百分之一的所谓的优秀的学生却放弃了百分之九十九的资质平凡的学生，这些学生大多没有好的家庭教育、家庭背景，当然没有更多的钱拿去补习，拿去培养艺术修养，拿去让孩子享受生活。总之他们很难再向上层流动了，相对于改革开放那时候的公平教育，现在的大学基本上就是中上层人民的大学，随着社会流动的速度慢慢放缓，社会分层就会加速定型，阶级结构逐渐固化，因此农民的代际贫穷难有太大改善。

（六）独特结果

1. 找回自己

“个人的即政治的”，我想这句话不仅仅是女性主义的口号，这更是启发我们从国家层面去看待我们自己的遭遇。为什么一个国家会有这样的制度？

2016 年 7 月 8 日

每当学校需要上交学生资料时我总是会害怕，因为我害怕别人看到我是农村户口，农村户口本的表皮是红色的，而城镇的是蓝色的。在当时的我看来，蓝皮比红皮高贵，蓝皮代表少数人，他们都居住在县里面最好的房子里，或许不是最好，至少他们就在县城的街道上，代表有钱，他们脸上都有着自然的优越感，像我生活在乡镇里，这些人虽然好客，但毕竟在乡土中是熟人网络，人情社会，大家都是官本位思想，做官的虽然可恨，可是如果真的有亲戚做官，那就是脸上有光，办事也简单。自然而然，在我们的文化里，从小我就是这么认定的，县城里的人非富即贵，他们就是不用工作也可以吃喝无忧。对于他们的孩子，那更是有的显摆了，作为农村的孩子，乖乖读书最重要。我不清楚自己到底是为何，我爱买衣服，有一部分原因是我想穿的和城里人一样，每当一个季节到来，我都会向爸爸多要点钱给自己买衣服，我觉得外表看起来像城里人，才不会被别人轻视，因为我曾遭遇过别人的轻视。我还会对每一个人说我虽然是农村的，但是我在上海读小学，我觉得这会为我的身份添一点光彩，我越来越想逃离我的家乡，我越来越想摆脱这个身份，但我做梦的场景不是在上海，不是在县城，依旧是我熟悉的农村，那些木房顶上盖满整整齐齐的瓦片的木房子，可是我也越来越觉得心里空荡荡的，就像是没有了方向的帆船，孤孤单单漂荡在茫茫大海中。我看到好多好多从农村来的孩子，他们从一开始的土里土气，到最后摇身一变，似乎成为这个县城或者城市里的孩子，可是他们不是，他们最终会回到那个出生地。

无论如何，我还是更喜欢和农村孩子做朋友，她们真诚善良，我还是喜欢农村的田野，我还是喜欢挖土种菜，喜欢看我种的各种蔬菜，农作物发芽，一天天长大，我还梦想着等我老的时候，回到乡下，在屋旁有个菜园子，这个菜园子里，都是按照季节生长的菜，它供养着我和我的家人。我依旧喜欢那条有着天然沙滩的小溪，还有油菜花开的田野，还有屋旁屋后连片的高耸山峰，那些景色都是我成长中最美的记忆，也是我今生最重要的记忆。当然还有我最重要的亲人，他们也被这地方供养着，还有院子里德高望重的爷爷，以及寨子里经常拌嘴的婆婆和叔娘，她们心底都是十足的善良。这个地方我怎么可以逃离？即使一些事情变了，我的记忆在这里，我的根也在这里，我的木屋在这里，我和姐姐、弟弟共同生活的时光在这里。这个制度曾经让我分裂，让我觉得自己不够高贵，可是如今，它休想再令我不愉快，我认同，可是我认同的不是制度所定义的自己，而是我认同我心里的那个自己，喜欢农村的自己，喜欢木屋的自己！

2. 寻找内心的小孩

我已经开始在寻找那个孩子，并且将她带回我的家，我为她沐浴更新衣，我给她最温暖的拥抱，我还会让她的撒娇得到回应，我要带她到充满阳光的花园。我要让她知道，我很爱她，我愿意做她的父母，永不会抛弃她！

3. 不曾妥协

过去，我只看到自己的可怜，我不接纳我自己，我否认我的存在，是谁造成的？我的身体，我的心灵在过去二十年里，不曾得到宽慰，那种挥之不去的阴影，那种贴在我身上的标签，让我觉得自己是耻辱的。但叙事以及建构主义的观点都让我有了更多的思考，让我看到是什么造成现在这样的我，是什么让我遭遇这些，让我的家庭遭遇不幸。但既然成年了，就应该负担起责任，重新出发，重新认识自己。

过往的痛苦如影随形，还蔓延出许多边界。但是叙事告诉我怎么走，怎么重写生命。我只看到自己的可怜，看到以往不开心的自己，却唯独看不到自己努力存活的痕迹，也没有看到一直充满动力学习的自己。你需要装作可怜，你需要别人期待的样子，因为这样才符合主流文化，才符合家人朋友的期待。我要一直不原谅我妈，才应该是遭受过家暴的孩子走上的正常之路，我还要为我的过往耿耿于怀，每当谈到这些就应该哭泣，这样做的我才对。可是当我这样做了，我又回到了原点，我不要！我宁愿逃离也不会再向你们示弱，更何况我知道了你们的心思，我更加不会这样残暴地对待自己，所以，主流文化，请对我失望吧！但我绝对不会让自己再失望了！

2017 年 3 月 2 日

对于我的母亲，我并不觉得世界上的母亲都是好的，正因为有"母亲都是温柔地对待自己的孩子"这样的信念，我才会为自己得不到而更伤心。读了《女性的奥秘》我才明白没有谁规定女人生下来就必须做母亲，或者规定做了母亲就必须比爸爸更加温柔体贴，虽然孩子需要这些。但反观今天，我倒是为着我的妈妈开心，她不像其他妈妈那样只为孩子转，她更多的是关注自己以及与丈夫的关系，是啊，她这一生就这样慢慢老去，为了儿女的回报那将会更迟，所以，在我们不在她身边时，她就好好地对待自己吧，因为她这一生除了做外公的女儿，还作为丈夫的妻子，作为孩子的母亲，让她够呛的，她为何就不能做自己呢？作为外公的女儿，她受到的是不公正的待遇，她没有得到父亲的贴心照顾，只有当作丫鬟使唤，这是她痛恨外公最主要的原因，她告诉我，她觉得她的丈夫、我的爸爸作为一个父亲是成功的。而作为她丈夫，他是不合格的丈夫。她一生只爱她丈夫一人，即使婚姻破裂，在主流文化下，作为一个农村女人，她没有继续再婚，而是作为一个单身者离开家庭，而我的父亲却不同了，在和妈妈分居后，我听说他的一生就有三个女人，而人们对我爸爸却只有几句淡漠的责怪，认为这样是无所谓的，男人嘛，所以说身在父权制的时代里，女人永远都不会得到真正的公平。我并不是说离婚后就不能够找寻伴侣，而是说在相同的婚姻体制下，女人受到文化的规训更多，她们即使在婚姻中受到家庭暴力，也会认为是理所当然的，不会离开自己不幸福的婚姻，而是以孩子的幸福，以娘家的名誉为重，以自己的贞洁为重，即使不幸福，也不会主动去追求自己的幸福，所以女人在世，你为自己活过吗？我想我妈妈既然没有很好地扮演温柔母亲的角色，是不是表示她想多为自己活一点点？既然我已成年，与我母亲也该分化了。我暂时不能完全原谅她，但我也不会永远恨她，我会找个时间与她好好交谈，或许会泣不成声，或许会勃然大怒，但是我们需要交流，我要和她和解。

（七）作为女性的自我觉醒

作为女孩我遭到的不幸，并不是哪个人为的毒害，而是文化。无论是西方的阳具中心主义，还是中国几千年以来男权主义、父权制的毒害，认为女人只是男人的附庸。女人一生下来就规定了她在这个世上的角色，从婴幼儿到少女，从妇人到老妪，她们按照女儿、妻子、母亲这一循规蹈矩的角色被规训着，从思想到行为，无不被社会文化影响着。这些角色都是以男人为中心而活着的女人，若说女人们甘愿走这条路，我想不是的，有一部分原因是她们没有意识到自己还有另外的一个角色，就是她们自己！我想问问在我妈妈那个年代或者是我们这个年代，女孩们是否真的为自己而活着？我想只有少数，如果没有女权主义的洞察力，女人们就这样浑浑噩噩地度过她们这一生了，在父亲的教导下如何做一名女孩，在丈夫的期望下如何做一名妻子，在孩子的需要下，如何做一名母亲，可是却唯独忘记了自己，在这个世界上，最珍贵的自己。

2017 年 1 月 2 日

作为一个女孩，我是有很多愤怒的。当我在老家时，因为在几年下来的大团圆聚餐中，我都莫名地感到愤怒，我不知道为何这样敏感。原因是在大伯家只有一张桌子，男性成员就有将近十个，所以女性成员只能围着灶台吃饭，并且都是将所有的菜品给了父辈以及哥哥弟弟的男性成员，我的伯母和我妈妈以及我的嫂子，我的姐妹只能站在桌子的外围夹菜，或者是吃灶台上那几样简单的菜。每当这时我的心里都是难受的，我觉得自己不重要，我不被重视，在这样重要的日子里，我竟然这样不开心，这样愤怒地过节！真是可悲！这是我的长辈女性们劳累了一整天，准备过节的佳肴，最后也是这样过着，并且她们是过了大半辈子，而我只是过了几次就受不了了。那时候的我总是在想，我是不是不正常，吃着饭的时候，喉咙是哽咽的，泪水无声地流下来，如果别人问我怎么了，我却无从答起，原因是觉得不公平。为何女人的地位如此低下？男人们怎么就没有想到为作为女性的家人多备一张桌子？这里面可是有他们相依为命的妻子，有他们一生操劳的母亲，还有他们从小到大的玩伴姐姐和妹妹。在这重要的节日里，他们漠视这群女人。是啊，这群又傻又笨的女人，她们自己都不为自己备一张桌子，自己都不为自己考虑，男人何必操心这些鸡毛蒜皮的事。哼！这些鸡毛蒜皮的事就是让我很愤怒！

女人们为着这个家，在少女时代为着自己的原生家庭劳动，结婚后你又为着丈夫和孩子奔波。在妇女运动解放后，你承担了与男人一样的工作，还要回家做所有的家务，解放了反而要承受双重的负担，你感觉自豪的同时，你又日复一日地做家务劳动：做饭，洗衣，清扫屋子，照顾孩子，做着这些对自我毫无发展性的工作，一天下来，疲劳不堪，但是到最后，你得到了什么？你得到了经济上的补偿？难道你得到了感情上的回报？谁曾衷心感谢你为这个家付出的一切，而作为家庭主妇的你更不可能会得到一点点赞美，她们将你的劳动当作理所当然！这就是你该做的。

四、见证

（一）我的信

妈妈，我想和你和好

妈妈，其实我知道这些并不是您一个人的错。当我长大，我想我在慢慢体会您，体会您作为一个传统文化下的母亲的困境，以及面对不幸婚姻的困境。妈妈我想和你和好，和好之后，我再离开您，我不想将自己所有的负性影响都怪罪于您！我想先宽恕您，再慢慢宽恕这个世界，宽恕我们的文化，宽恕我们的国家。

写给过去的自己

很多年以来，我都不承认你是个好孩子，不然你的妈妈怎么会不爱你呢？很多年以来，我都觉得你是一个肮脏的孩子，你不仅身上满是污垢，你心里也装着好多污垢，那些污垢让你不喜欢你自己，让你觉得自己不干净，不是一个单纯的孩子。很多年以来，我都觉得你是多余的，可是我想对你说声抱歉，其实我很爱你，可是如果我多爱你一点，我就会感觉到罪恶，感到你不配得到爱。但你真的不是多余的，你曾经照顾好自己，又照顾好了姐弟，还有许多朋友都非常喜欢你，老师也非常信任你。你比大多数男孩都懂事，乖巧，学习好。你也曾经帮助过许多同学，帮助邻居老奶奶，看望邻居行动不便的奶奶，你还陪伴二姑度过最难熬的日子，你还是爸爸的贴心小棉袄，你还是弟弟最爱的二姐，所以你对许多人来说都是重要的，如果这世上没有你，那许多人都得不到你温暖的关心，你乐于助人的心，爸爸也看得到，爸爸也夸赞自己，夸自己是个不可多得的好女儿；在他事业不顺，妈妈不支持他，一个人在外打拼时，你的安慰是他最大的精神支柱，他说一生有你这个女儿，足矣。所以你不是多余的！你的姐姐，始终牵挂着你，甚至比爱弟弟更爱你，因为曾经好多事情你都帮姐姐承担了，农耕的重力活，你总是尽快将自己的背篓背到很远的前方，再回来背姐姐的那份，因为你觉得姐姐力气小，会很累。你还会教姐姐许多人情世故，让她得到亲戚的喜爱，不会受到批评，你还是姐姐贴心的人。所以你对姐姐是重要的，姐姐是爱你的！你的弟弟是你最重要的人，我想你也是他最重要的人，小时候的吵吵闹闹，从三年级磕磕碰碰一直到初三，你都是弟弟最重要的玩伴，因为你的性格像男孩，所以弟弟很爱和你玩，而在小学初中时，你很好地照顾他，做他的小父母，让他不受同龄群体的不良影响，总是会和他沟通，还和他一起努力，一起相互监督学习，最终他考上市里最好的高中，之后又考上重点大学，这些都有你的功劳，因为你一直爱着他，因为你时常鼓励他，相信他是最好最优秀的孩子，你很爱表达你对姐姐弟弟的爱。爸妈外出务工从一年级到高中你们三姐弟留守老家，你和姐姐弟弟的感情非常好，所以你是他们最重要的人，怎么可能是多余的？所以你是不可多得的好孩子，你在世界上是有能力的，你还是他人眼中重要的人！

谢谢你，那份恨

因为妈妈的不公平对待和家暴，那份恨，你便成了我生命中的伙伴。每当伤心时，你会出来；每当过年见到母亲时，你也会出来；每当放假看到别人拖着行李时，你还会出来，因为你有家不能回；每当看到宿舍舍友的妈妈温柔体贴时，你更是会出来。你出来时，我心里面很难过，那些记忆，那些期待都让我感到自己是孤独的，所以我不太喜欢你。可是我更多地想要感谢你，因为你，我在很小的时候就学会如何照顾自己，让我学会如何让自己生存得更好。因为恨，我不会让自己输过姐姐，我会努力学习做家务，我会很勤快地做家务，很早我便学会做饭，我还会比其他人割猪草割得快，割得多。我还会学习如何与亲戚邻居交往，如何沟通，更多地体会人情世故。因为恨，我不会让我妈瞧不起我，因为这样，我做家务能力、我的交往能力比我姐姐强，与亲戚的交往更顺利。当我到姑姑家，她们都喜欢我，认同我，我得到了在家里得不到的爱。无论在哪里，我都会适应，在农村，我会挖土，我会种菜，所有的技能都不会让我饿着。小时候，我是为了得到家人、亲戚、邻居的赞扬才会努力干活，我为了更好地生存，即使背很重的东西，我也觉得很开心，因为我姐姐弟弟都做不到，我才是能做到的，我才做得很好，即使我妈还是不认同我，或者给我更多任务，我还是依然不停地做，似乎这样才能让我生存下来。是的，我生存下来了，还依然不会忘记在学业上的奋斗，小学三年级到六年级，我妈把我带到上海，家庭氛围变了，我的恨没变，我争取自己在学习上拿到第一，于是那三年中我的学习成绩比我的姐姐弟弟都好，因为我想得到爸爸的关注，我想让爸爸知道，女儿也是不错的，因此对妈妈的恨，让我更奋进，因为我要让她知道，她是错的，姐姐和弟弟重要，我也一样重要，我还比他们更优秀。所以无论初中还是高中，那份恨都跟随着我，我想让它打败我妈妈，我想用自己的成绩证明我妈妈不爱我是错的！所以谢谢你，那份恨，让我在初中、高中学习成绩都还不错，得到老师的关注，除了妈妈不爱我，因为我自己的优秀，还有很多人一直关心着我！而到今天，我选择考研，因为你还是在潜意识里感到自己不够优秀，恨或许已经慢慢升华为我无穷的动力，让我不服输，让我知道，女性的地位不应该由自己的家庭建构，不应该由自己的家乡无知者建构，不应该为男权主义所建构！女性就应该做一个与男性平等的人，她不仅有许多的智慧、能力、能量，还有柔和，对世间所有人的包容与爱，因为体内孕育着对生命的敬畏和大爱！

写给社会

我知道你伤害过和我一样的同胞姐妹，让我们处于弱势地位，让我们找不到自己，让我们做不了自己。你给我们这些女孩灌输的，植入到体内的毒素，让我们仅仅作为工具一般生活在这世上，白白地活一辈子，这生活不属于我们自己，我们的身体不属于我们自己，思想也不属于我们自己。而现在，我比其他姐妹要好得多，至少我开始醒悟，所以请别得意，我会在未来让她们中的大多数醒悟，不会按照你的规则行事！你的规则在未来会慢慢地被女性所改变，我们不会再以男人的身份去做改变，而是骄傲地做女人，用温柔改变这世界！

写给未来的自己

未来，你会更努力，不会让婚姻牵绊自己，你有自己的事业，不做纯粹的家庭主妇。

未来，你会生育孩子，不过，你不会期待她的性别，因为无论男女，她都是你的孩子！

未来，你会反思原生家庭的教育方式，爱自己的孩子，并给予宽松的环境，协定有弹性的家庭规则。

未来，你是你自己的主人！你是你自己的父母！

未来，不再沉浸在悲伤中，照顾好自己！

未来，从此刻前行！

（二）何为成功？新的回归

成功的定义是怎样的？在我上大学之前所受的教育里，我的大部分老师会以金钱来衡量成功。金钱、名誉、地位，对我依然有吸引力。但现在，我开始慢慢反思，我可以向这些靠拢，但我要做我自己喜欢的事，我用我最热诚的精力来做我生命中最钟爱的事，而这样的事绝对要和我的专业所学相关，因为我知道我可能更适合做人的工作，所以，无论如何，我会照着我的心去做，因为在死亡来临时，我不会后悔自己仅仅为了金钱而这样活了一生，我要为着我生活着的社会关系来活出自己，为我的家人活得更有意义，因为我始终爱着我支离破碎的家庭。我知道在这个五口之家，每个人都有深不见底的伤口，我为着每一个亲人流泪，我也为他们祈祷，正因如此，长大了的我们，更加懂得父母的痛，更加能体会我们生活在这个时代莫名的彷徨和无助、迷茫。正因如此，我更要走我认为对的路，即使它是非主流的路，可是我知道，只要有叙事的理念，叙事的生活方式，以及社会工作的价值观，我会在未来的生活和职业中，走得更自由，更有意义！在此，我真的非常感谢我的大学，我大学里的专业老师，因为你们用心良苦的教学，让我又一次重生！大学改变了我，大学里的老师传递给我的契约，我想要一辈子都遵守承诺，承诺在未来的工作中，生活中，学习中！

五、结语

本研究以叙事的方式书写了自我在国家生育制度、文化规训、独特家庭环境经历下的重大生命事件，以及作为女性的自我经验、与母亲的关系，以及家庭教育和学校教育对自我成长的影响、感悟，以及自我反思。由一开始述说自我的伤痛到解构背后的文化，接纳自己，拥抱自己，爱护自己，宽容自己和他人，并且找到了自己，由此慢慢打开了生命世界的另一扇窗口，并且明白作为女性在今后的职业、家庭、生活中的目标，不再被主流文化所束缚，去寻找一个新的世界，带着以往的伤痛和经验，相信自己会更明白自己的目标和未来的出路。最后重写出了一个与众不同的，带着爱和公平正义上路的农村女性，并且希望自己未来的发展可以为女性群体服务！

“自疗”行动三：

早亡的诅咒[①]

★ 故事新读

2018年10月26日，这是一个特别的时刻。下午的时候有一个校友在本科学校的社会工作交流群里加了我的微信，我也没有太多在意。晚上10点多她发来消息，传达了老师想把我们论文整理成集出书的意思。最近终日萎靡，沉于国考和选调的紧张气氛中已无法正常学习和睡眠的我，停下了反复追播的宫廷剧，写论文的感言。这一刻是非常感动甚至热泪盈眶的，很久不曾像这样很多人一起为一件事而共同努力，也很久没有得到认同和赞扬了。

走出本科校园已经两年，大学校园的清纯和师生关系早已逝去，甚是怀念。曾经的恩师亦是感动，最来之不易的动容是当年我动笔写题时导师的支持和理解，特别在后来遇到了很多的质疑时显得多么的弥足珍贵。我并不怕学术界权威出于老师对学生建设性的指点，很遗憾的是，我遇到了很多所谓学术大佬莫须有的责怪，理由也不过是不行，不可以的野蛮之话。作为一个学生，尊师重道，尊重老师是应该的，可作为老师指点学生的耐心和海量并不是人人都有。我知道我说这些话有些重，在人生路上不乏一些前辈醍醐灌顶的教导，大多数的老师也是德才兼备，对待学生更是谆谆教诲。我的感悟之所以如此深刻大概和我论文本身的质量有一定关系，但是后来我真正所面临的质疑、不理解和野蛮，也和权力的野蛮生长脱不了关系，更和叙事治疗在中国面临的境遇有关。

自我疗愈是一条孤独寂寞的道路，曾经我有幸在文化氛围甚好的学校受身边人的鼓舞选择了写这个论文，对于当年的这份勇气现在的我特别地感谢。当年在学校并不明白别的学校，别人是如何看待这样的写作和方

① 作者：张彩艳，岭南师范学院社会工作专业2013级本科毕业生，部分内容摘自作者毕业论文。

法。若是我知道，也许我是不敢选择这个题目的，因为我曾把它略做修改参加一些学术评选，评选的结果当然是落选。另有一次和一个我很敬重的评选老师聊天，他提到了自己是这次评选的老师，于是我就说了我也参选了，老师说他看到了。我问老师，写得怎么样呀？老师笑了笑说：“哪有人那样写论文，那不是论文。”弄得我一度很怀疑自己，也在反复想真的不可以这样写吗？是谁说不可以这样写呢？当初选择了叙事治疗的方向和自我叙事的方法就经过了长久的煎熬决定，说真的我也是害怕的，怎么不怕呢？

本科论文答辩的情景我还记得，在众多老师面前分享伤痛、悲伤，分享论文也是勇气可嘉。那一次老师问我：“你写完论文有何收获？”我的回答是：“我能更加真诚地面对自己，面对那段往事，我不怕伤痛。”其实，这是理想的状态，我毕业答辩的那一刻是我最能面对那些往事的时候，后来在种种需要说出本科论文的时刻，我都不敢再说出全部的名称。即便如此，我还是遇到过不少的冷嘲热讽，即使没有外人的评价，我也不敢说自己写了什么。一个人在面对不堪的过往时，都会在记忆深处留下无法泯灭的痕迹，何况还有人言可畏的评论。是的，我怕别人说：“你写的是什么哦，没听过，那不叫论文吧，不能那样写吧”。一个勇敢的人说出伤痛也是需要社会环境的，这是我深刻的感受。

我们的社会也许还不够完美，就像定性研究包括叙事治疗还没有定量研究那么规范。但是，我们这些勇敢的人不是也在慢慢改变吗？有改变也就有希望。我曾做过的点滴努力也正是这条康庄大道的铺路石，这条学术的路终将更加的自由、多元和开放。

本文不涉及任何人，若有情节相同，纯属巧合。作为一个学生我十分感谢岭南师范学院的培养，百年学府有着浩然之气和对多元的包容，也非常感谢那些曾给我鼓励和掌声的恩师。我想这些人给我鼓励和掌声，并不是我做得好，而是因为他们身上有着为人师表的赤诚情怀，他们希望学生可以因为鼓励而继续努力。一代大师胡适尚因为误评了学生的论文而怀有歉意的时候，何况是我们众多的人呢？但我们的学术涵养万万不是从贬低他人而来的，当然如果在得到批评的时候还会给出启发性的建议，那一定是一个学生生命中的贵人了。

对于很多受到质疑的人或行业，包括以后要用叙事治疗写文章的师弟师妹们，我想真诚地寄语于你们，如果你们觉得行，那就可以；自己喜欢，那么放心地去做吧。百年朝夕，此心赤诚如明月，天地可鉴。

彩　艳

2018 年 11 月

一、提要

早亡作为一个家庭的重大事件，对家庭中的每个人都会产生无法衡量的影响。在如此悲痛的事件面前，社会对于早亡者的家庭非但没有怜悯，反而给予文化烙印加以诅咒。中国人对于死的恐惧和隐晦通过诅咒的形式压在每一个个人和家庭身上。本文通过一个早亡者家庭的自诉，用叙事治疗的方法，把诅咒外化。笔者通过对叙事治疗的学习，进入故事来看“传说”“丧葬文化”“哭的习俗”等，再跳出来揭秘这些东西背后所代表的深层含义。通过自醒再挑战改变这套文化，增强早亡者家庭的能力，为生活在其中的个人增权，从而摆脱早亡的影响，过上全新的生活。

二、缘起

早亡指低于 49 岁的人意外身亡，中国每年有 320 万人意外死亡。如此庞大的数据，中国又是重视生的民族，人们很不愿承认死。《太上纯阳真君·了三得一经》记载“天一生水，人同自然，肾为北极之枢，精食万化，滋养百骸，赖以永年而长生不老”。同样追求长生不老的历代帝王数不胜数。而对于死，人们隐晦说是驾鹤西去，或者入极乐世界，在虚拟的世界再次重复了人间景象。老而厚者死去后升入天堂或者被佛陀接去西天。但是年轻而凶死者的灵魂将终日飘荡，所谓孤魂野鬼也，家庭也会因为早亡产生重大影响。民间传闻，早亡者凶煞也，乃不祥之人，不祥之兆。在距离死者数十里外挂满红布，用于驱鬼。其变成鬼后谁看见谁遭殃，其早亡者家数十年无人至。偶有访者，必有病，求巫与神，驱之。这是西北偏远地区广为知之的故事。早亡的人命运本就坎坷，或有不治之症，或意外身亡。其家庭突然失去至亲之人，本应是十分同情的事。可是因为这样的观念，其亲戚朋友反而远之，家庭失去物质和精神的支持，被孤立在正常人之外。那死去的人在几年内都会被广泛地传扬，让悲痛无法因为时间自然愈合。

本文通过回忆的方式，挖掘其未处理的突发事件——亲人突然离世所带来的伤痛以及伤痛背后的社会问题。通过反思中国的文化体系对早亡家属的伤害，对整个早亡文化进行反抗，从中发现人自身的力量，并从伤痛中找到新的希望。

三、故事发生

（一）从回忆说起

2012 年 7 月 16 日，天降大雨。位于我家房子上面的邻居把水改到了我家房子后面，水溢满了三间房，新房被雨水泡湿后塌陷，因此爸妈和那家发生了争吵。那家人口出恶言：“自己做了那么多的亏心事，天看着呢，要不然自己那么大的儿子怎么会没了呢。”家人伤心欲绝，潸然沉默，此事不了了之。

（二）往事不要再提

2006 年 7 月 16 日，这一天是灰色的。赶集回来的我，在路上被人告知我家出事了。当时我“哐”的一下，不知道发生了什么，越往家走越害怕。后被告知是我最小的弟弟出事了。当时的我还幻想出事可能没那么严重，可能只是有病或者其他，肯定会好的。当知道我九岁的弟弟溺水死了的时候，我是怎么都不会相信的，他还那么小，怎么会死呢？

我向老天祈求这是假的，让我弟弟回来吧。我再也不和他吵架了，有什么好吃的也给他，也不会因为他不听话就拿很细的柳条打他。不管多么的艰苦我都希望我们一家人在一起。甚至我暗暗地掐自己的胳膊，希望老天可以把这罪过降临在我身上。清醒的时候悲伤恐惧，不清醒的时候发呆。我想不明白，为什么一个人说没就没了呢。他曾是那么天真活泼的小男孩，经常笑着，跑到各个山上去抓鸟蛋，有好几次因为他去逮还在被喂食的小鸟，回来后我还打过他。出事的地点在我老家的山下，那时他回老家，是一个人回去的。我经常在外婆家待着，外婆家和我们新家在一个地方。爸爸在老家帮人干活，另一个弟弟那天也在新家，没有人和他一起回去。也不知道是走了 9 公里路的他太渴了，还是他本来每次都和大弟弟去山坡上的蓄水池里游泳，总之他没有再上来了。山上放羊的人在下午看到有一只羊在那里怎么都不走，走过去才看到了他，并通知了我在当地的姑姑，姑姑叫了我们老家的人和我爸爸。听说我爸爸去了后，抱着他哭得死去活来，后来他在爸爸的怀里吐了两口血就去世了。其实早就没有气了，大家说那是因为见了亲人所以才会有血。出事当天下午，我妈不知道跑回去老家干活了，当然她没有看到路边的弟弟，也没有见弟弟最后一面。我回家看到另一个弟弟哭得非常的伤心，倒在地上怎么都扶不起来。此后，我家陷入了长久的悲痛，从此，厄运一直伴随着我们。

四、早亡的诅咒

（一）厄运的开始

1. 爸爸病倒了

爸爸经常头痛，刚刚开始我们都以为是悲伤过度导致的。后来在很久的一段时间他都说自己头痛，检查了很久才检查出来大概和脑退化有关，随后吃了很多的药也不见好。可是作为一个农村家庭，哪有钱天天吃药，于是在浑浑噩噩中就过去了。也因为没有治根，后来在开摩托车去打工的路上遇到了车祸，此后便是常年地吃药，家里也欠下了巨债。

2. 妈妈和爸爸的不合

因为最小弟弟的事，爸妈互相埋怨，刚开始还是少数的吵架，后来次数越来越多。到后来几乎天天都吵，相互怨恨，双方都觉得自己有理，天天生活在吵架中。

3. 村人的疏远和欺辱

我家出事后，就很少有人来我家了。最初大家只是不想沾了我家的霉运，到后来来往更少了，自然也就不会再来往了。我家本来就是上门服侍安家的，村里人开始欺负我们。原本我三外爷是五保户，我们家过来也是照顾他。另外，我家因为我和我弟读书，加上爸妈身体不好，打工也没人要，家里条件非常的差。给我家的贫困补助被一再地取消，后来连给三外爷的钱也不给了，于是出现了第一次邻居欺负我家的现象。

（二）亲人的愧疚

家人对弟弟早亡这件事都有不同程度的愧疚，都有一句“如果当初不怎么样就不会怎么样了”的假设，其实那是我们心里的结。我姑姑在出事不久的一次见面中用力打了我妈妈两拳，原因是我妈妈没有照顾好弟弟。本来溺水事件是可以避免的，如果我妈平时不那么在乎干活；如果她那天能和他一起回来；如果那天早上我外婆在吃完饭以后可以留住他的话。外婆说了他一个人，那么远。先不要走了，可是我弟还是走了。后来外婆和妈妈吵架，妈妈说：“都怪你，如果当初不是你让我们搬过来住，我强壮的儿子也不会出事。”如果那天爸爸提前给他两元钱，可以搭车，那么也就不会热到去游泳；如果我的二弟弟和他一起回去的话，他们两个人肯定可以相互照应，也不会出事。所以后来爸爸生气的时候骂我二弟弟，怎么好的都走了，天怎么把你留下了。没有人例外，我们都带有原罪，每个人都可以有个假设如果，如果怎样就好了。可是真的有怎么样吗？大家在悲痛中互相责怪舔舐伤口。

（三）13 岁少女对死亡的恐惧

13 岁的我当时是被忽略的，因为看起来更悲伤的还有我的妈妈和爸爸。在一片悲伤中，夹杂着 13 岁少女的恐惧和害怕。我不明白生命为何那么脆弱，为什么头天见还好好的人，第二天就不见了死了？当时的我极度地害怕，这种害怕有太多的原因，我怕自己不小心也死了。如果我真的死了怎么办呢？这样我就什么都不是了，要不了多久尸体也不存在了，连一个完整的坟都留不下来。再次，我真的好怕我身边的人离我而去呀。如果他们离去了，我该怎么办呢？要如何生活呢？如果我爸爸不在了，谁会给我挣钱花呢？那我的书还能读得下去吗？还有我的外婆外爷他们似乎也不年轻了，会不会突然得什么病？此后在很长的岁月里，我都梦到我外爷死了，我在梦中哭得非常伤心。想着小时候外婆外爷对我的好，我却没有尽一点孝心他就死了，这是多么恐怖的事，我也不明白具体我害怕的是什么？那大概就是对死亡的恐惧，它整日围绕着我，这么多年过去了我并没有释然多少。总是怕听到哪里又死人了，死的是谁。很多时候我没见过的人经过别人一说，我都能想象出那人的生平面容，过早接触和懂得死亡是一件非常痛苦的事。

（四）说不

1. 往事入梦不散

事情已经过去了近十年，但在我的脑里，在梦里，这些事从未远去。

大概是亲身经历的人很难忘记那种痛，这么多年过去了，我从来没有真正地忘怀那一刻。死亡的缄默在至亲的人之间流转，害怕从未停止。当日的困顿，今日的苦楚历历在目。昨天晚上我做了噩梦，噩梦中我小弟弟死了，死的时候是在夏天。我阿姨给我说我弟弟的尸体放在我外婆家，梦中我似乎特别害怕见到尸体，我跑去了我舅舅家。可是刚到他家的门口就发现原来我弟弟的尸体是在这里面放着的。恐惧无处不在地笼罩着我。我瞬间就醒了，这么多年了，我以为有些事应该淡了，可是没有，那些绝望、恐惧、害怕、伤心，在一个人的深夜里跑出来，在我潜意识的梦里肆意撕咬。我们家的伤痛从未愈合，那些云淡风轻的只是表面。爸妈一定会记得他们有一个白白嫩嫩的小儿子永远离开了他们，我弟弟也一定记得那个和他形影不离，同吃同住的弟弟永远地离开了。弟弟离开后的一个月爸爸头发很快全白了。在中国这样闭口不提死亡的国度，在一个男人有泪不轻弹的文化里，他的伤心泪一定没有地方可以流。我曾在好多年中听他沉痛的叹息，直到今天，小弟弟都是我家无法提及的痛，隐藏在岁月深处的伤疤。

2. 不，不，这不是我的故事

我知道这不是全部的故事，不，不，原本就不是这样的，这是谁的故事，为什么我会记得它，看起来像我的。但是，不，不，这不是我的故事。幸运的是我在大二接触了后现代，学了叙事治疗的课程。让我在黑暗中看到了希望，在主流故事中看到旁支散叶，也让我看到原本不是这个故事中的故事，我忽然觉得我有义务来梳理这段悲伤，也有责任来改编这段历程。这是希望，是我们从不可改变的过去里的泡泡，拾起它，我的生活、我家的生命历程才有可能改变。我们不能一直沉浸在失去亲人的痛苦中，也不能生活在别人闪闪躲躲的眼神中，而是应该好好地活下去。

五、凝视

（一）传说

1. 鬼叫

自从我家出事后，关于这件事的传说扑面而来。有人说，早在一个月前就感觉到出事那个地方的不对劲，哪里有鬼在拼命地叫。还有人说他出去串门曾看到我弟的鬼魂在村里游荡，他当时大声地喊是谁然后突然就消失了。还有人说他的灵魂早就走了。那个和我弟玩得很好的同伴的妈妈说他儿子听到我弟叫他的名字，那是他出事的第七天，她让他的儿子没有答应。当地流传如果听到死人的叫喊千万不能答应的，要不然被叫之人也会很快死去。在零散的闲话里，还有很多会巫术的人说他早就算出来了我家要出事，原因有很多，总结起来有：一是我家修建的房子在以前埋早亡之人的乱坟上；二是我家的大门的朝向是爸爸没有看阴阳私自建的，正好那个方向是迎鬼的方向；三是我二弟弟的八字有问题：克兄；四是我爸妈服侍三外爷为捡便宜做了亏心事。

2. 害人

在这些众多的传说里有两个比较恐怖。一是我弟的灵魂会再次出来害人，害的人不确定，但肯定是年轻人，他要给自己找替死鬼。二是我家会再次出事，要死三个人才能够把整件事停下来，于是有太多的人绕道我家，连门口的路都不过了。

3. 污迹

在这些谣言中带有污迹并且以无法阻挡的方式加在了我们身上，好像我家已经不是正常的人组成的家庭了。一家人都是和别人不一样的，在村里也很少有小孩和我二弟弟玩，如有小孩来玩回去就被家长训斥，有的当着我们的面就会教训她家小孩，让孩子离我们远一点。

4. 早亡的诅咒

早亡的原因被归为不孝顺父母；或是其祖上做了亏心的事；或是活着的人生辰八字有问题，是个凶人；或是死者生前做了亏心事遭报应；等等。总之何种谣言都有。流言蜚语一时传遍十里八乡。早亡者的家人做事都是低着头，在村里重大决议前往往没有发言权，取而代之的是被很多村人欺负。原本正常的生命事件因为以上的原因变得不再正常，随着时间流逝而淡忘的伤痛也会随着这些流言被时刻提起。于是我们成了这套文化体系的受害者，往往无法忘怀伤痛和死亡事件，只是掩埋悲痛，麻木生活。死者已去，生者苟活。

（二）丧葬文化之痛

民间传五福之人享受祭拜，死后入祖坟。据《尚书》记载五福是：一曰寿、二曰富、三曰康宁、四曰好德、五曰考终命。而我弟弟是意外早亡，当时出事的时候我们全家都陷入了一团乱中。在我们老家，老人死了是停几天，要请娘家看日子找佳穴等一系列的程序再安葬的，并且亲人能见最后一面。我爸爸那天下午就被人拉离了现场，后来发生了什么我们到现在都不知道。但我那可怜的弟弟听说走得很惨，没有什么黄道吉日，也没有什么棺材之类的，随便被临时钉的木板卷了，大概葬在十分寒薄的过山水的沟里。当时正当夏季，只要下大雨山水一汇聚就会把尸骨冲走。当地流传死娃娃应该放在过山水的沟里，这样发大水他就会被水冲走，不会出来害人了。在当地丧事是由村人一手操劳的，这也是大家一致认为早亡的人该有的安排。可怜了我们一家人为着这事又是伤心了好久，奈何众意难为。外婆每每提起都会说怎么那么糊涂没有给孩子卷点白布，没白布也好把床单拿一个给孩子呀。

（三）“喜事丧事”

1. 没资格欢乐

在最初的三四年中家人情绪都不怎么好，其中爸爸的情绪最差，他基本断绝了所有的社会交往，每次让他出去转转他都不去，他说：“我有什么心情欢乐。”好像欢乐是给正常人的，而我们家不是。如果我们欢乐那是要被人耻笑的，会被人说：“你看那家人，也不看看自己什么情况，是我的话……哼！”其中的话不言而喻。于是我们就这样被隔离出欢乐之外。所有一切欢乐的事都与我家无关。比如，出嫁女孩子的时候会找村子里的人去送嫁，这么多年直到现在我家都没有被抽中过。但是经常会有白事如请娘家就会想到我家。（请娘家是指村子里的女孩子嫁出去以后很多年老死了，死后老人家的儿子会请村子里的人过去说孝理，以此来表示老人生前的成就。）

2. 哭

当地流传人死后家人一定要哭，但哭又有很多种。如果是刚刚死的人，那是万万不能哭或者放肆地哭的。因为如果是刚刚死的人，家人哭得太猛死人的灵魂就会留念世间，对亲人有所牵挂，死人就会附身在亲人身上或者他人身上或者成为孤魂野鬼无法转世投胎。但人死了没人哭，特别是在发陵的时候，那么他的灵魂就没有活人的哭声作为指引，那么他就找不到他应走的路，从而迷失方向。那么到底如何哭才是好的哭呢？这太过讲究了。让我们看看，如果是善终的老人死了，村里人都是可以去哭的，哭的声音越大越好，表示这家人脉兴旺。但是去哭的人并不是哭那刚刚逝去的人，而是哭自己的喜怒哀乐，借此来舒缓生活的压力。若哭的人哭得过于伤心并且实在有太多的苦无法诉说、无处发泄这是会遭到村人特别是主人反对的，因为这是不吉的象征。这不吉中又以哭凶死和早亡的人最为忌讳去别人家哭，主人会非常不高兴，认为会带来厄运。老人死了会有很多的机会哭，比如说孝理的时候、发陵的时候、头七的时候。而早亡的人死了刚得到消息便哭，别人会不高兴，不过过后基本就没有哭的机会了。首先是没有地方也没有合适的方式给早亡的家庭哭的，于是这样的家人就只能默默地偷偷地哭。

3. 不好的姐姐

我有太多的自责和内疚。记得出事前的一天，我们放学回来。路边的苹果刚刚开始成熟，看到了我弟弟在摘人家的苹果，我被校长委托要看管沿路的孩子，不许让他们乱玩乱跑摘别人家的东西。我记得很清楚我大声地吼了他，还骂了很难听的话，甚至还把他推倒在了路边，当然还说了很多咒骂的话。这么多年过去了，那一幕在心里仍没有抹去，我十分介意最后一面我怎会那样对他。说真的，小时候我不喜欢我两个弟弟，他们太调皮了，并且我非常地嫉妒他们那么调皮爸爸妈妈也不管他们，可是我只要有一点点的错，我外婆或者舅舅就会很严厉地对我。小时候的我很没有人情味，什么是对的、什么是错的分得一清二楚。我也一直记得最小的弟弟非常的调皮，我总会管管。这些故事一直告诉我，我是一个多么不好的姐姐，一个不负责的姐姐。我没有做过姐姐应该做的事，如照顾他们两个，给他们做饭。小时候我学习比较好，又在外婆家，和爸妈整家人关系都不好，对他们很有敌意。所以对两个弟弟也是。后来，深夜里经常做噩梦醒来我心都无法安宁，都会想自己当初怎么会那样。特别是我最小的弟弟，那最后一面我怎么就给他留了一个那么坏的印象。他只是一个9岁的小孩，对路边的苹果垂涎，这又有什么特别值得打骂的呢？

六、看看这个“妖魔鬼怪”

（一）传说到底是什么

这些传说以迷信的方式在中国存在了很久。人们害怕相同的事情降临在自己的身上，对于死亡的天生恐惧，这是在无知状态下的迷信。巫师背后，是村庄里掌握话语权的人对弱势群体的欺凌、报复，是对不听话者和独自对抗迷信权力的人的报复。巫师本就是村里村长等家族的人担任，村人供奉，平时算黄道吉日、看期等一系列事都涉及钱，再加上隐藏的买香买纸都是钱。爸爸做事磊落，修大门不看这些，这危害了他们的利益。他们说看到我小弟弟的鬼魂，以及我大弟弟的生辰八字有问题都少不了要做法事等。做法事少不了他们的钱财，也会杀鸡杀羊请村人大吃，这是一整条的产业链，迫使我家屈服，如果不理则会以家里再出事的理由来压迫，村人得不到便宜也会认为是我家不祥。

这些谣言还挑拨家人关系，让死亡的罪过归于个人，细思极恐，这才是谣言的本质和真正原因。

（二）早亡为什么会被诅咒

从早期狩猎文化开始，人们为了生存下去，防止野兽的袭击和相互支持，必须群居，群居的人数越多其部落就更有优势，后来到农耕文明，人口数量作为劳动力对于家庭至关重要。人口越多，其收成越好，家庭或者家族生存更加保险。越是在现代半农耕工业化的农村，对于人口的概念还是没有转化。人们对于家庭失去年轻人和劳动力带有深深的历史和文化烙印。这些烙印被村子里的别有用心的人掌握。谣言传说便是封建迷信，仇恨的结合物，从整个社会学的角度来看它有特别的意义和价值。为什么早亡者死后成为僵尸或者变成鬼，无法直接考究，究竟是人们对死亡太过于恐惧，还是对自然现象无法接受。我们看到大多数的人并不是和我家有仇，或者为了针对我们，而是整个观念如此。可是，从例外角度来看，对于出现突发事件的家庭还有个人，我们更需要支持。现在在商业化的冲击下，传统的支援系统已经崩溃，而新的正式支持系统又未建立，于是整个家庭在经年累月中任伤口淹没，任往事尘封，任伤口在深夜撕裂作痛，夹杂着社会对死亡本身的建构，当事人不得不面对文化烙印，从而深受其害。

（三）早亡如何影响家庭

自此我家没有了欢声笑语，也没有了邻居亲戚。有的只是那清冷的家和父亲深夜的叹息声以及妈妈时不时的哭声而又不能大声的哭声，于是慢慢的压抑，变成陈年的酒，越来越苦。这就是主流故事，在这个故事里我家是悲伤的，被遗弃的，是被诅咒的和不幸的。但事实真的是这样吗？多年后我学习叙事治疗课程，在老师的带领下，寻找主流之外的旁支故事。借用戈夫曼的（Goffman，1961：127）话：“我将这些失落在主流之外的生活经验称为‘独特的结果’作界定的时候，以将这些空化视为某一社会范畴的成员基本要穿越任何人生活历程的社会纤维共同的东西，虽然是独立地发生在每一个人身上”。发生在每个个体身上的事都带有其群体的特性，都有其共享性的东西，也不是说我们一家面临的是这样的结果。在整个西北地区，整个风俗和丧葬文化都有其相似性。

（四）文化中的糟粕

这是一套完整的文化，并且被不明显的传承发挥着作用。首先是复杂的利益群体，人们在各种事件中的不满，在乡村中并不会被直接地表现出来，但是被表现的机会总是有的，并且在一个家庭最脆弱的时候也是落井下石的好机会。只要在有些话里面稍微地添油加醋就可以达到想要的效果。在赤裸裸的报复面前有始作俑者，但是他们隐藏在暗处打太极，不会受到任何的惩罚。比如，那些传说我家会继续死人的人，是希望我家还会出事，至少他们是带着幸灾乐祸的心情看着别人家的痛苦，然后来消释在漫长岁月里的仇恨和自己所受的苦；还有一种人是看别人过得差自己会幸福安慰的人，他们在这种谣言中属于煽风点火的人。估计他们与我们并没有任何的牵扯，只因自己过得也不如意，于是也不希望别人过得好。与鲁迅在《祝福》里那个翻山越岭走了很长的路就是为了听祥林嫂说自己多苦，然后留下几滴看似真诚的泪，回去后觉得自己生活无限美好的老太婆一样，人们无限庆祝悲剧没有发生在自己身上，又无限看着别人的痛苦无动于衷，在别人的痛苦里汲取活下去的力量。这是一个冷漠的民族和文化，很多时候就算是亲兄弟姐妹之间也在比较谁活得好，谁家的房子修得漂亮，谁挣的钱多，至于那个人活得怎么样，开不开心，从没有人关心。这种事自古存在，但是在现代经济社会越发突出。

（五）入不了祖坟的灵魂飘向何处

无论什么人都得死，为什么会被分为三六九等呢？何种死更高贵呢？为什么我的亲弟弟被人随便地丢在了山水沟里，而有些人就可以有自己的坟，还可以祭拜呢？为什么哭也要被分成很多种呢？这一切都加重了悲伤。而我弟弟的死是不祥的，是不允许被提及的，社会为何会如此呢？究竟是谁建构了这样的事实？这背后的污迹为什么可以被人们普遍接受呢？为什么我们的丧葬文化如此呢？这些为什么没有人挑战？试想如果我弟弟的葬礼隆重一点，我爸妈还会对后事那么愧疚吗？如果他们有正大光明哭的机会，恐怕也不会把悲伤掩藏在心底多年，殊不知到底是天灾还是人祸呢？

（六）如果的如果

我们之所以那么内疚，都在这件事中怪自己。除了亲人之间真实的感情外，还受到了别人的影响。在我们的聊天中，总有人说：就是……如果……也不会？那么真的不会吗？我们是神吗？不是，那么谁也不知道会发生什么，那么为何要为发生了的事负责和怪罪呢？这源于我们文化中对别人的过度负责，中国人历来被教育成利他主义的人，却没有人来告诉你应该满足自己基本的需求，才可为别人负责。我们真的能为别人负责吗？我们大概是做不到的，那么为何还有利他主义的倾向呢？做不到会怎么样？我们会内疚，会折磨自己，自己怎么会那样？为什么我的爸爸就不能快乐呢？就因为别人觉得他不能快乐，他没有快乐的权利。

七、新的故事

（一）雪洗耻辱

记得当初我考上大学的时候我爸爸妈妈扬眉吐气的样子，那是我家七年后第一次觉得非常喜庆的时刻，我的二弟弟同年被验收当兵，这对多年来的阴影造成重大的冲击。大家都喜洋洋的，很多亲戚都开始了走动也开始送一些礼给我们。村里大部分人都开始请我们家过去吃饭，那是一个封闭的小山村，从山村记事起就没有出过大学生，所以作为村子唯一的一个大学生冲刷了太多的“霉运”和不吉祥。人情如此，世事也是如此，再也没有人说我家任何不好的闲话。

（二）来来，我给你讲一个新的故事。

我家有三个小孩，最小的弟弟非常的聪明可爱。他本来就是躲避计划生育生的，又是最小的，所以深受家人的喜爱。他从小长得白白嫩嫩的，一点儿也不像是农村的小孩。记得小时候，我们三姐弟经常去雪地里滑雪，每年过年的时候基本上我都会被爸妈接回家，回家后我们在一个陡陡的地方，拿一根木棍防滑防摔，然后从上面滑下来，再爬上去滑下来，乐此不疲。那真是一段快乐的时光，地上都是洁白的雪，天地在一片雪中。记忆中的老房子沐浴在冬日的阳光下，妈妈做着鞋，我们在不远的地里跑着闹着。大概那个时候我还很小很小，后来两个弟弟被带过来读书，记得刚刚来的时候村里很多妇女还叮嘱我让我多照顾弟弟。关系好的时候她们会说是姐弟，和别人就是不一样。

（三）我的家，我们的家

在偶然的一次看最小的弟弟写的作文，那个时候他才上二年级，题目是“我的家”，那么小的他写出的话满满的都是爱。他写了一些细小的事，似乎也有写到我，他说为自己可以有一个那么优秀的姐姐而骄傲。最小的弟弟本来就可爱又聪明，所以外婆们和爸妈其实是很爱他的。家人有给他做过鞋、新衣服。那个时候家里比较穷，基本上不会搭车，大家来回都是走路，爸妈又忙于生计，而爷爷奶奶对他最好，所以一放假他就回去，没有人可以阻拦他。而我们不同程度的内疚以及责任感加重了失去的感觉，有点和注定的事讨价还价的感觉，好像其中发生一点什么就可以改变结果，其实不是这样的。民间说：“生死由命”，我们又怎能改变什么呢？每个人又何必给自己一个枷锁，锁住自己呢？近年来，随着我家发展越来越好，特别是今年弟弟还带他女朋友回来了，爸妈渐渐地在各方面好转了起来。

（四）好姐姐

其实一直以来，在我的内心深处我都希望自己做一个好姐姐。虽然从小和他们没有在一起，因而有一些距离，小时候又是被标杆成模范学生，并且也很少和同龄人以及两个弟弟接触。小的时候我在外婆家，后来我们有机会住在一起了，在这样一个家庭氛围里我非常的懂事听话，并且隐约中也觉得作为大姐姐教育小的弟弟是应该的，特别是在他们做得不对或者不好的时候。而我的两个弟弟他们从小在爸妈的身边，也吃过很多的苦。但是无论是爸爸还是妈妈对他们的言行举止都没有太多的控制，除非是一些重大的错误他们会管教，平时很少有人去管教他们。爷爷奶奶又是特别的护小，所以在他们的骨子里是不受约束的，也是自由的。不管是我还是我外爷外婆说话他们都不怎么听，甚至爸爸妈妈安排的事情也经常不做。在这样一种冲突下，小时候的我总是想着要让他们听话。虽然他们也没有调皮到闯祸，但是也不让人省心。特别是一些行为让我非常地难接受，比如经常掏鸟窝，那些小鸟看上去非常的可怜，而且爬树也不安全。在这种情况下有时候我会非常严厉地对待他们，甚至呵斥。其实我真的想做一个好姐姐，姐弟之间和睦相处，相互之间团结友爱，姐姐经常照顾弟弟，弟弟们也很疼爱姐姐。这么多年过去了，现在我越加后悔，其实我的弟弟比我想象的要可爱。虽然我们之间不知道如何沟通，那是由于从小在外婆家的我和他们相差太多了。这些年小弟弟走了以后，我回到家，有时候还是会很心痛。如果弟弟不走我回家的机会非常的少，而且因为那件事的原因爸妈对我和我弟非常好。我们虽然在农村，家里也很穷，却很少吃苦，什么事都是爸妈担着。如果人生可以再来一次，我想我有可能会和弟弟们好好相处。但是学习了这么久叙事治疗，我在心中放下了自己对自己的审判，当年的局限性毕竟是客观存在的，也许不是我能改变的。我们身在其中，根本无法脱身，在观念以及文化的冲突下，我也是牺牲品。在我的心里，从来没有说要让弟弟们难过，而是希望他们可以成为一个有用的不让别人讨厌的人。这大概是中国所有姐姐对弟弟的期盼和美好的寄托，所以在某种程度上我也是一位严厉的好姐姐。在这样的思维背后，我终于和自己讲和。

八、总结

个人的故事在大的背景下显得微不足道，我们在社会及文化的影响下，那么的软弱无力。是叙事治疗给“理智”“科学”、过分效率的社会注入希望。书写论文的过程也是我发展新的故事的过程，我希望看到不一样的故事。叙事治疗中，我们都是主角，我们是故事的书写者，而不是别人眼中的我，或者我家。我在支线故事里看到了人性的美，也看到了早亡者家庭遭遇的一系列不公平，生活在其中人的痛苦。本人作为一个社工，在自己身上看到了改变，我们社工就是挑战不合理的先驱者，通过我的故事希望能给同样困境中的人希望，让他们知道事实到底是什么，是谁建构了怎样的事实。读书是一个认知的过程，社工也是建构和铸就新故事的群体。

“自疗”行动四：

我与“娘娘腔”的故事[①]

★ 故事新读

在我认为这篇论文即将永久“尘封”的时候，却在此机缘巧合下再次翻出。我反复阅读，不禁感叹当时的“直抒胸臆”，亦感叹当时的文笔拙劣，但所幸的是，我的初心却从未变过，我想要，书写有力量的文字；我想要，传达有力量的情感；我更想要，成为一个有力量的人。

再次翻看论文，不得不感慨第一次接触叙事治疗时的感受，永远都不要把人等同于问题，两个都是相互独立的存在，只不过有“纠缠”。通过各种形式的表达，鼓励自己跟自己对话，以达到疗愈的效果，这个真是让我倍感“熟悉”。我的性子慢热，自我防卫很强，在没有了解对方性格之前，我是可以一直保持沉默的、冷淡的，甚至还落下过一个“阴沉沉”的名号。熟悉我的人都觉得荒唐，我却觉得着实如此。所以很多时候，遇到一些不想让他人知晓的问题，我会通过脑补一大堆的场景，甚至自言自语，仿佛在跟他人商讨解决对策，实则是自行解决问题。方法着实诡异，但非常有效，若是怕遭人非议，那就躲在自己舒服的空间里，畅所欲言。所以呢，当时对叙事治疗这门课就异常感兴趣，现在觉得真的受益匪浅，我也好像是找到了救命稻草，原来“自疗”并不诡异，它是一个拥有专有名词的高级词汇，且不只是我一个人在使用这种方式。

现在我长大了，出来工作了，却又再次被推到了舆论的中心。周围的人开始关心你的交友、你的未来、你的婚娶。“你现在要交女朋友还是男朋友啊?”“那个是你的女朋友还是女闺蜜啊?”或者还有那些碍于情面不敢问却又忧心忡忡看着你的人，让人厌倦又好笑。若是朋友询问，我就回答“不关你事哦……”陌生人来掺和，我也回答“不关你事”。以前我会

① 作者彭彭（化名），岭南师范学院社会工作专业2013级本科毕业生，部分内容摘自作者毕业论文。

顾及别人的情面，不好意思回答，可是现在想通了，你连我的面子都不顾及，我亦是不需要客气了。况且这等闲事连我本人都懒得聊起，希望旁人也别拿我来做茶后闲聊的谈资。

总觉着写了一大堆不着边际的话，但归根起来就是，自己要变得强大，才不会被打倒。永远相信自己是有力量去改变的。俗话说，改变世界很难，但是改变自己也不容易，只不过比起前者，可能性更大。我曾经亦意志消沉，抱怨过这个声音给我带来的麻烦，甚至尝试去逃避这些麻烦。但我终究还是醒悟了，这个被称为"弱点"的声音，是馈赠，是力量，是我与这世界为之抗衡的武器。

彭彭随想随记

2018 年 11 月

一、提要

本文运用叙事自我疗愈的方法，通过回顾自己的漫漫人生路，采用访谈法收集资料，以建构主义为研究视角，叙事自疗为实务框架，把自己的生命故事作为个案进行研究。通过分析主流叙事对自我叙事的影响，启发笔者对个人叙事的思考，从而解构旧叙事；通过问题外化发现生命故事的独特事件，帮助自己重构新的生命意义和行动蓝图。最终，作者从充满着阴暗的主线故事中解脱出来，重新书写新的生命故事。

二、缘起

每个个体都是这个世界上唯一的、无与伦比的存在。可有时候，为了让这个世界变得更加绚烂多彩，造物主故意让一些个体与芸芸众生不一样，为这个世界添枝加叶。但事与愿违，大家并不买账，他们看不惯这些"不一样"的存在，强迫这些"不一样"变得跟大众"一样"。

"娘娘腔"就是如此，他被社会上绝大多数人所不认同甚至是厌恶。因为他不符合社会期望，所以人们看见"娘娘腔"就会对他指手画脚，强迫着他改变，要求他摒弃自己的个性，引导他走上"正轨"，回归社会的"主流"。很不幸，笔者本人就是这些"不一样"群体中的一员，"娘娘腔”就像是笔者的孪生兄弟一般，与笔者如影随形，常伴我身。所幸，后来学习了叙事治疗，了解到叙事自我疗愈给予每一位困顿的生命以宽容，让笔者最终打开心扉，找到了那个颤抖哭泣的身影，安抚了那颗无处安放的心。

三、“娘娘腔”与他的故事

（一）懵懂

我是一名拥有着女声的少年。

“他是男的还是女的啊？”“哇，他的声音好像女生哦，是个娘娘腔。”“哇，好恶心，声音好难听。”“哇，我们不要靠近他，连个男生的样子都没有，一点都不阳刚。”这些声音一直都不绝于耳，因为当时大家都只是孩子，在大家当着我面说出这些话的时候，我没有任何其他想法，都是笑嘻嘻地就过去了。小学六年级，大家都开始进入了变声期，我的声音也开始发生了变化，只不过说话比以前大声了、声音更尖了一些，就是从童声变成了女声吧。有一天，我堂弟很认真地拉住我，告诉了我这些，我还是笑嘻嘻地没有过多理会。但是随着声音的变化，周围的人对我的非议也越来越多。还有一些不嫌事儿大的同学直接当着别人的面问我：“哎呀，你怎么还是这把声音啊？你不用变声的吗？”我回复道：“我变了，就这样了。”便引起哄堂大笑，突然有种跳梁小丑的感觉，问话的同学也用戏谑的眼神注视着我，让我更加明确到了这点，但我还是抱着无所谓的态度觉得大家笑笑就算了，也下意识地减少了与这些同学的接触。既然他们这般待我，我又何苦热脸去贴冷屁股呢。

当时的我对于这些嘲笑并没有太大的感触，我觉得大家都是小孩，童言无忌，无须过多追究。现在回想起来，也只是觉着大家好像对我声音过于关注了，他们甚至不认识我、不了解我，就对我指指点点，评头论足。好像大家生来就有一个刻板印象，只要跟大多数人不一样的，就是“不正常的”“病态的”。我认为这与孩子从小接受到的教育息息相关，幼小的他们缺乏自己的思考，很多价值观都是从大人们的口中得来，大家都不想成为人们口中的“不正常”群体，所以不由自主地排斥身边的这些“病孩子”。但所幸的是，幼时的我只是觉得困惑，依旧快乐地生活着。

（二）彷徨

直到后来连同我身边的长辈们也说起这些话时，我感到十分惶恐。

“你/他应该更阳刚一点，更有男子气概一点。”我的师长也不止一次向我和我的妈妈说过这些话。后来，甚至连我的妈妈也妥协了，语重心长地对我说，“你讲话的时候要硬气一点”；我的爸爸也说，“我希望你做事大胆一些，要像个男子汉一样”。渐渐地，这些话听多了，我好像也妥协了。一种异样扭曲的自卑心理产生了，我变得异常讨厌在陌生人面前讲话。因为从小到大，好像只要一开口说话，就没法避免“惹人注目”这件事。

那些奇怪的眼神，那些紧蹙的眉头，那些止不住的笑意，那些模仿我而发出的声音，真的太糟心了。我又不是什么怪物，你们这般打量我是哪样？我又不是什么跳梁小丑，你们这般讥笑我又是哪样？我又不是什么名人，你们学我惹得周围人发笑，难道就不觉得扮演着跳梁小丑的那个人是你吗？

没有的，他们从来都觉得丢脸的人是我。

后来，我实在是太害怕了，甚至恐慌到不敢随便说话。在陌生人面前不得不讲话的时候，比如外出去买东西或者面临其他必须说话的事情的时候，我都会拼命压低自己说话的声音，甚至扯着嗓子去尝试发出那种男声般低沉粗犷的声音，然后再恰似不经意地观察对方脸上的表情，没有异常我就继续装下去。这些经历带来的影响甚至演变成了一种怯懦胆小的性格，这种性格加上这种声音让我这个男孩子变得更加糟糕了。

好痛苦，这些“悠悠众口”把我推入了无边的低谷，让我陷入无尽的彷徨中。我在疯狂地思考，我只是个普通的人类，我做错了什么？

这些本在我爸妈眼里并不觉得是问题的事情，或许一开始他们确实觉得我的声音是太温柔了，但现在不一样了，当周围的人都在讨论“我的声音”的时候，他们认为这是个问题。非常荒谬，我的声音被当作问题不断地放大，大家不顾我的感受肆意讨论，仿佛这就是我的弱点一般，一直拿它来攻击我。社会一直教育和鼓励女孩变得勇敢坚强，要敢于跳出性别带来的先天桎梏，可对于阴柔的男孩子，他们的态度却完全不包容。人不可貌相，这五个字早就深深刻进了我们每一个人的脑子里，可它背后蕴含的意义，大家却似乎从未参透。光凭一个人的声音与外表就直接来评判一个人的品性和好恶，实在让我无奈。但无可厚非，我确实也受到了这些影响，整个人的状态糟上加糟，这种强迫性的改变没让我变得“正常”，反倒是更加怪异。

（三）醒悟

这种负面的影响一直持续到高中。

那时候我突然开始疯狂追星，一发不可收拾地喜欢LADY GAGA。尤其是她发行“Born This Way”（生来如此/天生完美）的时候，她的歌词让我听得十分有感触，她的行事作风完完全全吸引住我。她在这首歌里唱道过一句歌词让我印象十分深刻：“Don't be a drag，just be a queen.”（不要变成累赘，要做一个王者。）我开始在专访中了解到这个穿着大胆、举止怪异的女人，她怎么可以这么勇敢地站在远离主流文化的“异端”，丝毫不畏惧呢？其实不是的，她坦言道，因为从小她就特立独行，经常遭受欺凌，甚至还被同学丢进自己家门口的垃圾桶里，但是回到家后从不跟家人抱怨、诉苦，她不能够让步，她想做自己，坚持自己想要的。

渐渐地，我心里开始发生了一点变化，我开始觉得这个声音其实没有那么糟糕，我只是跟别人不一样罢了，这并不是一件值得让我感到恐惧的事情。我又猛然想起，我的姐姐曾经对我说过一句话：“彭彭，你的声音只是跟一般男孩子粗犷的声音比起来稍显温柔了些，这并不是一件坏事。”我怎么能忘了？我爸妈那时候苦口婆心对我说的话其实是这样的：“你要表现阳刚一些，说话要硬气一些，这样别人就不会觉得你好欺负；你做事要放大胆些，什么都要去尝试一下，不要稍有困难就选择逃避，以后走入社会你终究是要靠自己的。”尤其是我妈对我说的一句话：“永远都不要把你脆弱的一面给外人看到。”我牢牢记进了心里。一字一句关心的话，我竟然全都只记成了指责。

“I'm beautiful in my way，cause god makes no mistake. I'm on the right track. Baby，I'm born this way.”（我以我自己独特的方式美丽着，因为上帝从未亏欠过谁。我走在正轨上，我生来就完美。）

渐渐地，我变得自信，我脱下伪装，虽然并非是所有的伪装，但是我努力让自己变得真实。在陌生人面前，我不再需要扯着嗓子说话，虽然有时候脸还是不自觉地一下子通红，被人家盯着我还是不自在，但是我是真实的，我在认真地做回我自己。对于被人恶意嘲笑，我亦不再逃避，我也跟着笑，笑到他们笑不出来，笑到他们抱歉为止。我性格越来越开朗，我认识到了更多的朋友，交到了更多掏心的好朋友。从小，我身边就一直环绕着许多女性，跟我相处最亲密的也是女性。我没有很多称兄道弟的男性朋友，倒是有许多以闺蜜相称的女性朋友，尤其是当别人问到，知道我有三个姐姐之后，他们就会不自觉露出“噢，怪不得你这样”的表情，因为有些人管不住自己的想法就会说漏嘴。真是莫名其妙！什么叫“怪不得你这样？从我自己的家庭角度出发，我的父母对我们是放养式教育，从来不偏爱任何一个孩子，即便我是独子。而我的姐姐也全都是坚强的女性，她们从未教导我懦弱地活着，我从她们身上学到的只有自强、自立。在我的印象中，撒娇就像是女生的天赋技能一般，可是我从未看到过我姐姐撒娇，她们总会架起浓浓的保护色，想要的都靠自己去努力争取，而不是像个孩子一样哭闹。但是我能看到她们藏在内心深处的脆弱。虽然我是她们的弟弟，可我总是对她们有强烈的保护欲，不想她们被任何一个人欺负，这是我自己的男子气概。我身边的朋友虽然都是异性居多，但是这些朋友都是真心朋友，她们一直鼓励我做自己，她们从不拿我的声音开玩笑（虽然有时候还是会，但是是我自己带起的玩笑），她们站在我身边跟我一起对抗欺负我的人，我不再是孤立无援的了。

现在的我很坦然，不会再过分在意别人的眼光，不再过分计较别人不好听的话语，不再为了迎合别人而委屈地伪装自己。也许是长期以来的压抑，终于得到了释放，让我的性格也产生了许多变化。我一直都很喜欢设计感十足的衣服，以前我不敢穿，即便已经买下来了也不穿，因为怕引起关注。现在不一样了，我选择勇敢地做自己，穿自己喜欢的衣服，昂首阔步。即便有时候有些天真烂漫的小孩还是会口不择言地对我或对他的母亲说出：“哇，这个哥哥的声音非常像女孩子的声音。”一般家长都会非常抱歉地看着我，然后跟孩子说：“不可以这样说话，不礼貌。”但我也只是笑笑，摸摸他的头说，“哥哥只是说话声音太温柔啦”。倘若是以前，早就脸红并低头迅速离开。现在这种坦荡荡的态度让双方都不尴尬，我很愉快。

在大学课堂上接触到叙事治疗之后，我更是幡然醒悟。我看到了一束暖光照射进了自己灰暗的心，我找到了那个躲在阴影之下颤抖哭泣的身影，我上前拍拍他的肩膀。是的，他是“娘娘腔”，他害怕、他逃避，他只能痛苦地蜷缩在角落里。我握住他的手，告诉他无须再恐惧，无须再隐藏，你不用再孤独地面对这一切了。拭去这些无谓的泪水，站在我身边，对于世界的不理解，我们一笑置之。

我并未做出一些事情让这个社会对我这类人有所改观，我只是从心境上完全地改变了。尽管还是存在许多不理解、不尊重我的人，要去改变他们根深蒂固的想法确实非常困难，但是我们可以从改变自身开始，如果连自已都放弃了自己，那就是真的成为人们口中说的“不正常群体”。我绝不妥协，绝不让步，叙事自疗让我重新认识了自己，让我知道这些所谓的“不正常”都是社会建构出来的，我要将其解构，不再让它将我禁锢。

四、主流文化的桎梏

（一）何为“娘娘腔”？

世界上存在千奇百怪的物种，有着各种各样的形态与特征，但哪里有正常与病态之分？有的只是个性与差异。病态都是社会建构的结果。人们总是不可避免地深陷于文化制造出来的惯性思维和逻辑中，甚至将建构之物当作“真理”，给我们带来思维的限制。对于“娘娘腔”一词，这很明显也是社会建构出来的结果，大多数人都对他深恶痛绝，何故？且，究竟何为“娘娘腔”？

根据查阅到的资料，当前“娘娘腔”多用作贬义，因为男性温和、胆小、体贴及决定事件颇犹豫不决酷似女性而得称。娘娘腔是指男人像女人那样细声细语的声音和腔调。行为举止与古代中国“娘娘”相似，故得名“娘娘腔”。现多指男性的行为举止女性化，而很不幸笔者本人就是一个典型的“娘娘腔”。

他们说，人们之所以这么不喜欢“娘娘腔”的原因有二：一是来自生理上的厌恶与瞧不起，认为明明是属于女性的特质却在男性身上出现；二是有一些男性会通过贬低“娘娘腔”以此在异性面前彰显自己的男人魅力。

社会上大多数人认为，男性就应该勇敢、刚毅、豁达、有进取心且能够自立自强。男孩从小就开始被灌输，“要做一个顶天立地的男子汉”“男孩流血不流泪”“不能哭唧唧的像个娘们儿一样”等思想。摔倒了不敢哭，挨揍了也不能哭，看催泪大片更不能哭，有时候只能攥紧拳头，强忍着泪水不让落下。因为只要流泪了，就会被嘲笑是“娘娘腔”“没出息”。在我看来，这完全是胡扯。男性也是人类，也需要情感的宣泄，凭什么不能流泪？流泪难道是女性的专属？男性只能用“男人的方式”去发泄吗？这真的很无奈和讽刺。

“男权社会下、女性污名化后，对一切带有女性意味的特质都有一种侮辱的敌意。”“娘娘腔”一词就是因为这种思想被建构出来的，社会的包容度太低，人们不尊重、不理解，导致处处存在偏见，但偏偏几乎所有人都不觉得这其中存在问题。

笔者只是希望“娘娘腔”不再是作为一个侮辱性的词汇而存在。

（二）性别角色的禁锢

传统的性别刻板印象弥漫在社会的方方面面：家务活就得女人来做，男人就应该在外努力赚钱；女生就是学不好数理化，男生学不好英语完全情有可原等。大家墨守成规，不敢站出来推翻这些错误逻辑，生怕自己被排除在外。而这些陈腐老旧的思想就稳稳当当地扎根于此，影响着一代又一代的人。

无论是对男性还是女性而言，这种思想的存在让人变得十分苛刻。以笔者自己为例，为什么笔者只是有着一种特别的声音就要遭受他人的讥笑嘲讽？也会有那些所谓深谙世道的大人不停地劝诫笔者不要像个女孩一样小声说话，要像一个男人一样大声说话；也有所谓“我是为了你好才对你说这些”的朋友。如果那是真心实意的关心，笔者真的很感谢，但是这无疑又是另一种道德绑架，那些并不真诚的表达真是让人难以听进去。星河（Shinho）曾经在他的《被尊重的榴梿》一书写道，“我们喜欢自己在心里，给别人挖好一个坟，然后放上棺材，别人还好好地活着，我们就自己盖棺了。”这本是一件连自己都不以为然的事情，他们偏偏要将其放大化、严重化，让其觉得这件事情真的不妥，如果他再不改变就只会遭到社会的指责。他们就像是刽子手一般，想把别人身上不一样的地方全部都切除干净，保持与大家的统一。

这究竟是什么强盗逻辑？偏离常态就是社会异端吗？社会上这种所谓的常态不也是自己建构出来的吗？这种常态难道就一定正确、正常吗？现在，社会一直在追求、宣扬多元化，一些人看似不正常的行为并不是真的

“不正常”，而且正是因为有了这些不一样的存在才让这个世界更有趣。“人和人之间如此不同，为什么我们整个社会都要去磨平这些棱角，留下大片丧尸一样的存在？”笔者希望每个人都能够坚持自己的个性，对于存在的这些“不一样”，你不认同没关系，但请你尊重。

但是事情总不能如愿，为何大家从未想过要去尊重、理解、接纳这些“不一样”？现在，笔者学习了社会工作这个专业，认识到接纳并不等于认同，所以直至今日，笔者都一直努力保持着一种开放、和平的心态。无法理解，为什么所有人都一定要按照一套性别体系里的事情去做自己？为何女人不能够选择自立自强，选择霸气一点，这有错吗？男生就一定得粗声粗气地说话、特别爱运动吗？如今，大多数人总习惯性把一个在事业上非常能干的女人称作“嫁不出去的女强人”，把一个擅长做家务的男人叫作“吃软饭的家庭煮夫”，这究竟是怎么了？甚至发一张自己喜欢的照片到朋友圈去还要三番思考，稍微女性化一点就会被评论“果然是女生”，发一张男性化一点的，就会得到“这不是我认识的你”。

“我们生而无法选择性别，但是我想，我们可以选择自己活着的方式。”笔者虽然是一名男子，但有时候真的宁愿像女人一样精致过活，也不愿强迫自己去附和别人，不愿强迫自己去做一些无法达到的事。“女人都应该这样”“是男人就应该那样”，这真是一句十分让人厌恶的句子。生而为人，不好好过自己的生活，反而对于别人的生存方式耿耿于怀，何故？不如就去尊重，即便不认同，但也能够把这些与众不同的人当成一个独立的人去看待。一个人，重要的不是他是谁，而是他曾为这个社会留下过什么。

我们喜欢女生文静、可爱、乖巧，但我们也喜欢女生能干、独立、坚强，那么，我们为什么不能接受男性温柔、文静、内向呢？每个人都有自己的性格，我们欢迎果敢的女性，那为什么不能包容阴柔的男性呢？

五、重新活过来了：结为同盟

叙事治疗中坚信人并不等于问题，问题就是问题，当人与问题分开时，人才会有力量去面对问题。“娘娘腔”是社会上存在的一种现象，是人们强行贴在我身上的标签，认为“我就是娘娘腔，娘娘腔就是我”。而笔者自己亦深知，“娘娘腔”确实与我一体，它是烙进骨子里的刻印。可笔者作为自己的治疗师，却从不把自己看作有问题的个体。通过叙事治疗的外化技巧，笔者把自己当作一个独立的人，"娘娘腔"同样也作为一个独立的个体，作为故事中的另一个主角。

我在面对他时，我与他结成同盟，我感激他的形影不离，一直坚定地守在我身边，教会了我如何察言观色，做事必先三思谨慎的性格。然后"娘娘腔"也终究成为我与众不同的武器，不再是那个只会逃避哭泣的小孩了，他是我爸妈赠予我的礼物，我非常珍惜。即便现在每次在公众面前说话还是会有点小惊慌，但是转念一想，既然注定是不平凡、无法改变的，而且惹人注目早已成为习惯，我还有什么畏惧的呢?

叙事治疗一直强调要寻找例外，对于故事要有足够细腻的回放与介入，去挖掘内在的力量，从而达到自我觉醒。但这些例外，这些零碎的片段总容易被抛之脑后，藏匿于角落之中。

我总是喜欢沉溺于消极的情绪当中，那些不好的事件总是频频地闪现，对我造成极大的冲击，反倒那些快乐的片段总是转瞬即逝。所以我一直受困于悲伤的主线故事中，但所幸我找到了精神支柱，更幸运的是我遇上了叙事自疗。我找到了我生命中的闪亮时刻，第一次没有因为我的声音而受辱，反倒是被夸赞；第一次有人告诉我不需要改变，现在的我真的很棒；甚至第一次有人羡慕我身边有那么多交心、支持我的朋友……真让人欣喜，这样的我也有人羡慕着。

现在，笔者已经从苦痛的主线故事中挣脱出来，已然涅槃重生，从低谷中一步一步往上爬，是真的，重新活过来了。

六、结语

正是通过对叙事自疗的进一步认识与学习，我重新书写自己的生命故事，并对自己又有了一个新的认知，宛如认识了一个全新的自己。学习了叙事自疗之后，我才清楚地认识到，我不是一个有问题的人。在这些被忘记的、遗失的片段中开启了另一条支线故事，不断挖掘，不断汲取力量，从而取代原本黑暗的主线故事。每一个人的人生都不是只有一条单薄的主线故事，而是由诸多色彩缤纷的支线故事交织在一起而形成的。大家都曾经历过迷茫、无助甚至绝望，但如果永远一味地纠缠着问题故事不放，那么迎来的只有无尽的深渊。但凡自己肯往前迈一步，或往后退一步，只要不是原地踏步，你都会发现不一样的世界。别人总是习惯于把苦难当作绊脚石，我却将其化为我的武器，我感受到是它给予我源源不断的力量。正如泰戈尔在《飞鸟集》所写道："The world has kissed my soul with its pain，asking for its return in songs."（世界以痛吻我，我要以歌报之。）我已经无所畏惧。

"自疗"行动五：

告别怨恨[①]

★ 故事新读

毕业后第一次重看自己的论文，感触良多：第一，从选择毕业论文导师时开始，我就已经决定了要写自己的故事作为毕业论文的素材，也意味着我要重新再经历一遍伤痛；第二，这让我想起了我在研究生入学考试的复试面试阶段，面试官一直在质疑我这篇毕业论文的学术性，那些对话让我至今难忘，但毫无疑问，从我自身的成长来说，这无疑是人生的一大转折点。重看论文，脑海中依然浮现那些"悲伤故事"，但更多的是除了"悲伤故事"之外的好故事，这些故事并没有改变，改变的是我看待这些故事的视角。因为叙事自疗，让我人生中的"不幸"，都变成了今天切切实实的幸福。我很庆幸自己有机会接触到"叙事治疗"，它就像黑暗中的那道光，给了我温暖与方向，照亮了我余生前进的路。

叙事自疗让我相信所有的经历都有它的意义所在，只要你换个角度看待，挖掘人生中不一样的时刻。我能够经历这一切并看破其中的"捣蛋鬼"，才能使我的人生朝着正向发展，在人生的戏剧舞台上演绎自己的新故事。我现在的生活说不上很精彩，但比起以前，倒也过得安稳，生活更多的是被感恩和快乐包围。真不敢想象，若没有接触到叙事自疗，也许我会像一只惊弓之鸟一样，害怕又无助地走完一生吧。

叙事治疗最大的魅力在于它能够让我看到处在不同故事脉络中的我，看到一个"完整的自我"，而不只是充斥着问题的我。当我能够认为自己是一个完整的人或被别人当作一个完整的人来看待时，改变就会发生，自我的力量就会慢慢迸发，人生的轨迹就会发生变化。

叙事能够让我反思社会上许多看似很正常的事情，也让我对许多人和事

---

① 作者小蚯蚓（化名），岭南师范学院社会工作专业2014级本科毕业生，部分内容摘自作者毕业论文。

有了不同的看法和更多的接纳、包容，特别是当我面对所谓的“问题群体”时，我会带着叙事的眼光去看待他们，追问究竟是谁的问题，谁定义了问题？让我更多地关注问题背后的“罪魁祸首”，更关注人的“完整性”。

叙事的魅力在于不经意的微妙变化。若你现在正被一些“问题故事”困扰，不妨用叙事治疗的方法与“问题故事”对话，也许精彩人生就开始了呢。

小蚯蚓

2018 年 11 月

一、提要

叙事治疗是通过说故事，促使人们得到对生命中发生的一切“再经验”与“再理解”。本文以生命中充满怨恨的故事为研究材料，运用叙事治疗的方法介入有问题的故事中，从而摆脱文化的束缚和怨恨，走向理解。在叙说故事中，通过运用说故事、问题外化、寻找例外、重构等技巧，逐渐将带有问题的怨恨故事解构，从而发现生命中被遗忘的支线故事，将其组成新的故事，达到疗愈的目的。

二、缘起

叙事治疗作为后现代主义的一种个案工作模式在当今社会流行，而笔者刚好对叙事治疗产生了较大的兴趣。此外，在笔者过去的生活里，发生了很多不愉快的事情，影响着当下的学习生活。笔者从小就喜欢写日记，四本日记都记录着我的不满、怨恨和自卑，这很好地成为本研究的素材。因此，笔者毅然选择了用叙事治疗的方法探讨产生怨恨的社会文化、制度等根源，将过去“迷路的自己”找回来，重构自己的人生故事。

三、有问题的故事

1. 我与我的母亲

我的童年是在母亲的打骂下度过的。因为家里穷，我从小就要干很多农活，砍柴、种田、割猪草、养猪、放牛等农活伴随着我长大，然而我的付出并没有得到母亲的喜欢，她会因为我弄丢了一把锄头而呵斥我，骂我几天；她会因为我经常感冒而骂我是“扫把星”，是包袱。我从来没喝过母乳，家里也没有钱买奶粉，我是吃米糊长大的，所以身体一直比较差，经常都会身体不舒服，需要去看医生，而家里本来就没钱，所以母亲更加骂我。不仅如此，母亲还骂我父亲。母亲心情不好就向爸爸发脾气，甚至举起刀来对着爸爸骂，这一骂就是8年。

母亲常挂嘴边的一句话：“要是没有你，我们家就不会那么困难，养大你不容易，你还不懂得感恩，叫你多做一点就‘关公脸’……”我觉得在家里面自己没有地位，对于母亲来说，我不过是一个任人使唤的仆人罢了。慢慢地，我也觉得自己是一个包袱，连累了家人，强烈的自卑感油然而生。我时常会问自己，为什么我的生活那么惨淡？为什么我的母亲不像别人的母亲一样爱我？当我干活累了或不开心的时候，母亲从不关心我，还对我说：“整天不开心给谁看？”当我受委屈难过到哭的时候，母亲不是安慰我而是不问缘由把我推出家门，并用毛巾堵住我的嘴巴，让我哭不出声来，任由邻居像看戏一样看着我。当我受不了的时候也会和母亲吵架，而我总是被母亲的话伤害。母亲常大声对我说“你再斗嘴，我就把你赶出家门，从小把你养大，你这样对我？怎么会有你这种没心没肺的人，你有本事你以后都不要回这个家……”我的内心是多么的害怕与无助，我是多么的想得到母亲的理解，可是现实是那么的残酷，母亲只会责骂我，这是她给我的唯一印象。随着责骂的积累，我开始怨恨我的母亲，抱怨世界的不公。我恨自己，连累了父亲，让他一直饱受责骂；我恨母亲一直骂我；我恨自己为什么要来到这个世界饱受痛苦？慢慢地我也觉得自己是一个包袱，带给身边的人负担与难过。

这些经历让我觉得人生只有痛苦、怨恨，而我不想成为一个满怀怨恨的人，但我又做不到原谅我的母亲，她深深地伤害了我，对我的人生产生了不可磨灭的影响。由于被骂得太多，我失去了反抗的能力，不管对错，我都会选择沉默，独自承受难过。因为社会告诉我，作为一个女儿，和父母吵架就是不对的，你应该要对父母言听计从，逐渐地我在文化的束缚下迷失了真正的自己。但是我不想要这样的自己，这样的我活得好累。

2. 我与我的小伙伴

从上学开始，村里和我一起上学的小伙伴就开始嘲笑我、排斥我。

我清楚记得村里读书最棒的那个小伙伴，她故意问我：“你喜欢吃芹菜不？”我说不喜欢，话音刚落，她像是抓到了把柄一样，立刻说：“难怪你那么蠢，不吃芹菜的人都是很蠢的。”紧接着其他的小伙伴也一起来笑话我、排斥我，不和我玩。当时我感觉是别人故意挖坑等着我跳，故意看我出丑。虽然我当时没反驳，但内心的“炸弹”早已爆炸，我非常委屈，我不明白他们为什么要这样对我？我不断抱怨这个世界的不公，时常问自己：为什么所有的不好都发生在我身上？她们还会一起想办法糊弄我，故意让我丢脸，孤独、自卑、委屈和憎恨充斥着我往后的生活。

以前从来不觉得这样的事情是有问题的，我很庆幸自己学了叙事治疗，让我开始反思自己过去的生活。在这个过程中究竟是谁造就了问题？而这又是谁的问题？不喜欢吃芹菜也会被嘲笑？叙事告诉我要去了解问题的根源，于是我想到了是社会文化和权力在背后作怪，导致问题的产生。

3. 家人的不理解

我姐姐好面子，因为我长得不好看，她觉得把我带出去玩很丢人，所以从小到大我都不受她欢迎。每当亲朋好友相聚时，总会讨论“学习和审美的话题”，而我总是受伤的那个。以前我学习成绩不好，逢年过节，家人、亲戚都会拿我和其他小孩比，而我总是最差的那个，母亲也说我笨死了；表姐妹之间我是长得最不好看的，姐姐也当众说我丑，因为这件事，我难过了很久，我不明白为什么长得不好看也有错？不理解他们为什么只拿成绩来定义我？

2016 年 7 月 1 日，突然接到姐姐的电话：“爷爷走了，你赶紧回来。”我顿时不知所措、手脚发软，只是沉默。姐姐却说：“你为什么没有哭？为什么？爷爷去世了你不伤心吗……”在姐姐看来，我的不哭是不孝的，也是不正常的，听到这种悲伤的消息，你就应该用哭来表达对爷爷的哀悼和不舍。爷爷在临走前总是挂念着我，想我回去，但是爸爸却怕影响我考试，一直没告诉我，直到他走后我仍然没有见到爷爷，这让我愧疚和自责至今，我恨我自己不能见上爷爷最后一面，即使是现在回忆起来仍充满愧疚和自责。

2017 年我因备战考研而选择留校复习，哥哥却和我说：“国庆 7 天假你都不回来看看父母，考研有那么难吗？考研很容易的。我看你就是太过紧张……”话音刚落，我流下了委屈的眼泪，我觉得哥哥不理解我，我为了自己的理想而选择在校复习，不但没有得到关心与鼓励，反而背上了不孝的罪名，所有的这一切都让我觉得没有人理解我、关心我。于是，我恨，我恨父母没有给我过上好生活；我恨家人不理解我，责骂我；我恨自己出生在这样一个没有爱的家庭。

经过叙说故事后，我有了新的反思。何为美与丑？当别人说我丑的时候我为什么会难过？这种美又是谁定义的？为什么大家都喜欢用成绩来评论孩子？于是，我在叙事中发现原来我们都深受中国教育体制的影响，它规定了成绩好的学生就是优生、成绩不好的学生就是差生，于是问题就产生了。老师告诉我们“高、瘦、白”的人才是美，而“矮、肥、黑”就是丑，于是我被定义为“不好看的人”。同时，我也看到了哭丧文化和中国孝道文化对我的束缚，要想找回自我的力量，必须对这些文化体制进行解构。

4. 考研失败

我在大学四年里的表现还是不错的，大家对我的能力深信不疑，而我也相信自己可以成功，也许是因为有了这样的预先设定，最后没考上就会异常地难过。因为考研失败，我觉得自己整个人生都是失败的。我害怕别人笑话我考不上，我对自己失去了信心，我总觉得很丢脸、很失败。我时常偷偷落泪，问苍天问大地为什么要这样不公平？我恨自己为什么初试不考更高分？恨自己在准备复试的时候为什么不再表现好点？我恨学校为什么在今年改革而导致名额缩小？我恨社会的不公平，为什么同样申请调剂到湘潭大学，别人录取了我还没有收到通知？为什么失败的是我……我一直在考研失利中走不出来，我觉得我的人生真的好失败，似乎考研失败就意味着整个人生的失败。

直到现在我依旧对考研落榜一事耿耿于怀，仍然会伤心难过，但是，通过运用叙事让我明白了一个道理：人生漫长，考研只是里面的一个点，我们又怎么能用一个点去定义整个人生的成败呢？失败了没关系，最重要的是要有面对失败的勇气和明白自己真正想要什么，过去已经无法挽回，只能往前看。

四、解构主流文化和制度

（一）教育制度

从小我们就被灌输一种思想：成绩好、听话、勤奋的孩子就是好孩子，于是我们从小就活在父母、老师的期待里。我们努力学习，争取第一；努力干农活，才会获得夸奖；能够经常得到别人称赞的孩子才有人喜欢，才是好孩子。于是，为了能够获得别人的赞美，我做着很多自己并不喜欢的事情。但老师告诉我们，回家要帮忙干活，分担父母的责任；作为子女不准和父母吵架；学生就该好好学习……长辈们告诉了我们很多规定，规范着我们的行为。但是他们从没有考虑过我们内心的感受。我家人多地也多，有八亩田，很多山，我从小就跟着父母上山种田，插秧、割禾、晒谷、砍柴、放牛、养猪……即使再苦再累，我也任劳任怨。我总觉得要多付出，才能够让妈妈更喜欢我一点，自己才能够活得更有尊严。但现在，我会说不。当我累了的时候我会和母亲说，而不是默默地承担一切，我不会为了获得赞美而委屈自己，不会牺牲自己应有的权利，我要活出我自己。

成绩并不能代表一切。考研失败也仅仅只能说明自己在备考方面的不足。我之所以会那么难过，是因为社会教会我考研成功才有出路；社会的主流文化告诉我考研失败会很丢脸，所以我会很在意考研这件事情。考研本来就是一种收获，也是一种提升自己的机会，但是附上成败一说，就会失去其本质。我们都习惯以“金钱、荣誉、成绩、地位、权利”论成败，拥有这一切就意味着拥有成功的人生，若没有，就是悲惨的人生，但真的是这样吗？当然，拥有这些人生会过得更好，但没有也不一定过得很卑微，最重要的是能够活出自己，能够做自己喜欢的事情，哪怕粗茶淡饭，这不也是一种成功吗？

学校教育和家庭教育教会了我们认识真善美，而美的定义是社会公认的标准，这些标准是社会上有钱有权的人制定的。姐姐因为我不是美女而不喜欢我，可见是美的标准使她不喜欢我，而不是她不喜欢我，这就使人和问题分开。

权力与知识总是交织在一起，拥有知识也就拥有了话语权。我们会产生问题，无非就是我们缺乏知识，或者说我们的行为不符合社会的主流价值或标准。

（二）孝道文化

孝道文化是关爱父母长辈、尊老敬老的一种文化传统。孝道是中国古代社会的基本道德规范。一般指社会要求子女对父母应尽的义务，包括尊敬、关爱、赡养老人，为父母长辈养老送终等，具体可概括为：敬亲、奉养、侍疾、立身、谏诤、善终六个方面。而在善终方面，又存在哭丧文化，这种文化是儒家礼仪之一，是中国丧葬习俗的一大特色，以哭的形式寄托亲人去世的哀思。哭丧仪式贯穿在丧仪的始终，而出殡时的哭丧仪式是最受重视的。

出殡的时候必须有全体后代尤其是男人们哭，否则按照民间旧俗就会被视为不孝。另外，哭的音量大小也非常重要，如果哪家死者在黄泉路上没有响彻天地的哭声相伴，便在方圆数十里传为笑柄，其子孙后代也要被人们视为不孝，大逆不道。

正是在这样的孝道文化中，我才会因为留校而不能回家履行尽孝的义务而被责骂，也因为在知道爷爷去世的消息时没有哭而被姐姐责骂，但是反过来，哭就一定能够代表孝顺吗？这不过是一种仪式罢了。在今天，多少人为了获得孝子的美誉而请人哭丧，哭丧成了一种职业。所以，我们不能以哭来定义孝顺与否。叙事倡导差异、多元化，我们不应该用统一的标准去看待生命中的事情，否则就会产生问题。

五、新故事诞生

（一）寻找例外

1. 家人的关爱

高一我开始寄宿学校，很少回家。记得有一次，夜晚的时候我发烧了，打电话回去告诉了父母，看完医生回来已经凌晨 1 点了，我就没有打电话过去报平安。但是我母亲她整夜未睡，一直在等我电话，母亲给我打了一晚上的电话，我却因为手机静音和嗜睡没接。第二天早上，我赶着去上课还是没有接到母亲的电话，母亲以为我失踪了，准备报警找我。

这是让我最感动的一次，我第一次深深地感受到母亲是那么的在乎我，那么的爱我。虽然母亲在我小的时候时常责骂我，但是她终究把我抚养成人，我还有什么理由去怨恨一个把我养育成人的母亲。我在外求学的这几年，我开始感受到母亲的爱：每次回家母亲都会给我做好吃的；她会担心我钱不够用，自己省吃俭用也要给我费用；叮嘱我出门在外要小心和照顾好自己；为了让我安心学习而自己扛着生活的压力和烦恼……这些小事情就像一股暖流一样，温暖了我的整个人生。我现在非常感谢我的母亲，我觉得自己很幸福。

我的人生除了委屈、怨恨，还有很多不一样的时刻。虽然我从小就要干很多农活，但是和爸爸在一起的日子很快乐。记得每到秋收的时候，爸爸就是用箩筐装着我和姐姐，用扁担挑着我们到田野去收割，那时候我觉得非常幸福；妈妈也有不骂我的时候，小时候我经常去上山砍柴，邻居们会夸我勤奋，妈妈也会吝啬地附和一两句赞美的话语；我在家里得到的关爱越来越多，不再是一个无人关爱的孩子；我现在有很多的朋友，当我诉说这些经历时，她们不但不会嘲笑我，反而会夸赞我那么坚强、勤奋；小时候的苦难磨炼了我的意志，锻炼了我的性格，使我养成了勤俭节约、勤奋好学的品质，我的人生不再是黑暗，而是越来越明亮。我现在学会了感恩过去的一切，包括好的和坏的，它们共同造就了今天勤奋、努力和善良的我。

2. 我的小成就

除了考研失败，回看我这些年的求学经历，我发现还有很多小成就。在大学四年我连续拿奖学金，也当了三年的学生干部；在整个求学过程中，我不仅努力学习，还结交了很多好朋友，我们一起度过了美好的青春岁月。我的人生是丰富多彩的，而考研失败只是里面的一个“小插曲”。以后，我将不忘初心，继续前进，用光亮填满以后的人生。

3. 没有怨恨的我

我的母亲，在那个经济拮据的年代将我养育成人，是多么的不容易。我十分感谢我的母亲，尽管她没有给我太多的关爱，但她终究还是养育了我；我还有很爱我的爸爸和哥哥，爸爸对我的疼爱多于对哥哥的爱；我的学费都是哥哥给的，我能够上大学甚至考研，都离不开家人的鼓励和支持；因为我有很爱我的哥哥，所以同学们都很羡慕我；我感谢曾经嘲笑我的小伙伴，是他们让我学会了宽容；我深知被人嘲笑的感觉，我也更懂珍惜有人爱着的幸福。所以，这些年来，我乐于助人，尽量带给身边的人关心与快乐，我会发自内心地尊重每个人，并给他们鼓励和关心。小时候干的农活造就了今天勤奋、勤俭节约和懂得感恩的我，这是我生命中最宝贵的财富，我感谢这些经历，让我成长。

4. 找回真正的自己

主流文化告诉我，母亲骂了你那么多年，你不应该原谅她；当别人说我长得不好看时，我应该要自卑，恨别人；家人不理解我的时候，我应该要生气……但是叙事告诉我，生命不应该是"应然"，而是"本然"，符合主流标准的我活得很累，很不开心，所以我不想再被主流文化禁锢，我要摆脱这些桎梏，做回那个自信、感恩、快乐的自己。

（二）见证

1. 写给妈妈的一封信

母亲，过去我一直对您怀恨在心，觉得您不爱我，但是在这些年中我慢慢去理解您，理解社会文化下的您。您把我们养育成人确实不容易，也难免会因为生活艰辛疏忽对我的关爱。尽管您以前常骂我，但您还是含辛茹苦地把我养大成人，如今也能够自己工作赚钱，我在此想对您真挚地说一声"谢谢!"我会将过去的您忘掉，记住现在的您，母亲，我不再恨您，而是原谅您。

2. 写给过去的自己

每当你被责骂的时候，你就会心生怨恨，恨这个世界的不公；当别人嘲笑你时，你像个受伤的孩子一样惶恐、自卑；你怨恨自己不够努力而导致失败，认为自己的人生都是失败的；慢慢地你也认为自己是一个没有人爱的孩子。但是，我现在告诉你，你是一个有很多人爱的孩子，你也是一个值得被爱的孩子，你能够长大都是爱的结果。过去的自己，我们分手吧，我要去找回那个充满爱没有恨的我。

3. 写给未来的自己

我不知道未来的你是怎样的，但是我知道这是一个积极乐观、懂得宽容、充满爱的你，你不会受主流文化的束缚，不会在意旁人的眼光，只做开心的自己。你会很爱你的父母，无论他们怎样对你；你会很爱你的孩子，无论美丑；你会很爱你自己，无论贫穷富有；你会笑看人生的不如意，不会为了一时的得失而否定自己；未来的你一定是最棒的你。

六、结语

本研究以叙事研究的方法对笔者生命中的怨恨故事进行了剖析，在叙述故事中看到了社会制度及社会的主流文化对人们的束缚，在这些所谓的“标准和真理”下，从而迷失了自己。本文从叙说人生故事到制度、文化的解构，再到新故事的诞生和自我疗愈，在这个过程中笔者敢于直面过去的伤痛，拥抱内心那个受伤的小孩，并接纳她、宽容她。此外，叙事让笔者学会了对生命的反思，看到故事背后的根源，从而学会原谅生命中对笔者造成伤害的他人，使笔者不再怨恨，更加懂得珍惜家人和美好的生活，找到人生的新方向。

“自疗”行动六：
“可怜”如我——做更好的自己①

★ 故事新读

不知道你有怎样的过往，才成为今天的你；或者你在生命的小圈子里兜兜转转，又或许你走了一段幽暗又无助的路，直至遇到叙事自疗，生命成为另一种新可能，重新萌芽、生根、发展。人的一生很长，有时候需要适当地停下脚步，看看脚下的风景，从而更好地展望未来。人的一生很短，应当有趣地度过。回顾往事，明白事件的来龙去脉，解构主流文化，重构积极而有力量的故事。

Michael White一开始就假设：“不论是自己发明或别人代替发明的，人的生活故事如果不能完整地呈现真实的生活经历，就会遭遇问题”。重写人生经历的这一过程是一种治疗方法，叙事扮演了治疗过程的主角。在书写过程中，我明白了我的人格是如何形成的，我也懂得了主流文化如何支配着我们，那些不利于个性发展的主流文化理应被解构，重新塑造新颖而有益的故事；解构过程是充满挑战的，需要重新揭开以往的伤疤，敷入药物，并配合相关治疗方式愈合伤口。叙事治疗不是让我们忘掉过去，不管怎么样，过去的伤痛依旧存在，叙事治疗让我们清晰地懂得为什么伤痛会存在，我们该怎么做才能更加有力量地前行，而不是在原地踏步。伤痛即将变成一股前所未有的力量让我们成为强有力的个体，更重要的是，在书写中，我看到了自己的未来，我清楚自己想要的未来是怎样的，我也清楚我该通过什么途径去获取，这是叙事自疗给我最大的力量。若被主流文化与制度牵着鼻子走，如同行尸走肉，人就会没有了方向，而一旦明确了方向，一步一步慢慢走，总会到达顶峰。

我很感谢社会工作专业带给我的一切改变，特别是我的叙事治疗启蒙

---

① 作者小章（化名），岭南师范学院社会工作专业2014级本科毕业生，部分内容摘自作者毕业论文。

老师，如果没有这个专业、没有老师的教导，我将成为主流文化的“牺牲品”；同时，该理论也让我更加懂得要站在多元视角看问题，积极向上地生活，建构有意义的生命故事。以往或许充满悲痛，但是没关系，我们慢慢来，一步一步来，终究会走出伤痛，成为强有力的个体！

小　章

2018 年 11 月 29 日

一、提要

本文运用后现代叙事治疗理论及方法，对笔者在童年时期遭受的痛苦和错误定位进行叙说、分析、解构与重构，以此来建立崭新的故事。在这个过程当中，笔者运用问题外化、寻找支线故事或遗漏的情节、挑战真理、重构故事等叙事治疗方法进行疗愈伤痛。笔者从 2017 年开始回忆童年故事，回忆中有很多故事模糊不清或是真假难分、难以琢磨。经过半年多的思考与自我疗愈，产生了新的故事。此文通过叙事疗法解构了被排挤后产生的错误认知，并释放了笔者的负面情绪，肯定了叙事治疗模式，并对叙事治疗模式进行思考与展望。

二、缘起

“这个社会把我圈在一个小圈，这个小圈叫作‘可怜’”。

每个人都有自己该有的地位和角色，我曾一度认为自己的角色只是可有可无的、可怜的。社会中有强者、弱者，而我只配当弱者，不配拥有令人骄傲的成绩，甚至与“优秀”擦肩而过的机会都没有，于是我把自己当成了弱者；我是一个可怜的女孩，除了可怜，我一无所有。这样的我活着真的很累，我很庆幸有机会与后现代主义的叙事治疗结缘，让我意识到：原来我还没有完全沦为现代社会的“牺牲品”；原来我也可以努力去争取自己想要的东西，而不是单纯地依靠别人的施舍；原来我也可以掌握自己的命运；原来我也可以像别人一样优秀。主流文化与制度把我困在“可怜”这个圈子里，我也任由自己被困其中。我希望叙事治疗可以协助我走出这个圈子，让我懂得要跟随自己的内心，找到有意义的生命故事。

三、“可怜”如我

（一）可怜的我

1. 兄弟姐妹的“冷嘲热讽”

人生在世，对于大多数人来说，身边的人是最坚强的依靠。家庭作为初级群体，兄弟姊妹是个人存在于世间最长久的陪伴和依靠。他们几乎在同一个时间来到世间，自小一起生活，当遭遇困难时，兄弟姊妹总会义无反顾地支持和帮助你渡过难关。然而，我的哥哥和姐姐在我未成年时给予我的并不是关爱，更多的是厌恶。他们就像大人说的坏心眼的孩子，他们讨厌我的一切，讥笑弱小的我；回想过往，哥哥和姐姐给我的只有伤害，哪有什么亲人之情可言？弱小的我就像他们的玩具一样。

搬进了新家，父母买了一个新的电视柜，左右两边共有六个大大小小的小柜子，我跟妈妈商量能不能给一个专属于我的柜子，里面只能放我的东西，妈妈答应了。于是，电视下面的那个小柜子放着我最爱的物品（大部分是关于学习的），我还在里面写上“一年级小小小（化名）”六个大字，以此为烙印，因为爸妈希望我能考上好的大学。后来我在柜子上很满意地写上“我要上大学”五个大字作为自己的目标。然而，这却成了哥哥和姐姐讥笑我的事情，“就你那样，还考大学，哈哈……”“你就是个多余的，考什么大学啊”，这种嗤之以鼻的言语也许占据了我们平时说话内容的百分之八十。每当他们讥笑、排挤我的时候，我又气又恨，本想大大方方地用语言来理论一番，但我一个人怎么可能让他们全军覆没呢，他们比我年长，语言能力比我好很多，而我语言各方面都比他们差，还有点口吃，实在是没有能力说一些让人很生气的话。我羡慕邻居妹妹生活在一个充满爱的家庭，所有人都当她是宝，都是同一个年代的，同样是家里最小的孩子，为什么我得到的满是失望与伤痛？

我每天都担心自己做错一些“蠢事”，这样就相当于“自投罗网”，因为他们会以此事来讥笑我。我记得有一天姑父来我家吃饭，我很喜欢这个姑父，他能过来我真的很开心。当时家里只有我和妈妈、爷爷、奶奶，吃完饭之后，妈妈说做糯米糍，于是我跟姑父一起拿刀削皮做馅料，但是我一不小心把手割破了，我立刻用另一只手捂着流血的手，还逞强地跟姑父说没事，然后跑到后院里，偷偷地流眼泪，还想起电视上面流血而死的场面，觉得自己可能会因流血过多而死掉，因为衣服上都是血，地上也是血，但是我不可以让别人知道，我只能忍着。最后也忘记了这件事后来怎样了。

2. 原来我是多余的

20 世纪 90 年代，正处于紧张的计划生育时期，这个时期对于没有生到男孩的家庭充满着痛苦与无奈。我的家是一个非常传统的宗族家庭，我的爷爷出生于战乱时期，凭借着自身的知识与能力，当上了中国共产党党员，他的一生都在学习毛泽东同志的思想，紧紧跟随毛泽东同志的步伐。毛泽东同志的“人多力量大”观念以及爷爷的传统男女性别思想，影响了这个宗族家庭的繁衍。

在我很小的时候，我被很多人告知本来我可以不存在于这个世界的，但是由于我爷爷的坚持与传统的思想，我爸爸妈妈还是把我带到了世上。按照亲人的描述说：“你爸妈一直想要一个男孩子，在生了你三个姐姐之后，第四胎终于是你哥哥了，本来想不生的，但是你爷爷说再多生一个男孩子吧，于是才有了你。”这也许就是哥哥和姐姐用冷言冷语说我是多余的原因吧，他们可能不希望有我，因为有了我，他们得到的爱会相对少一点，他们要承担的责任也会更多一点。可是，你们以为我很想存在于这个世界吗？我每天遭受到各种不合理的对待，我也不想出现在这个世界上，可是面对自身的生与死，人类几乎无法控制。我常想，如果我没出生，该有多好，这个世界就少了很多很多不愉快的情绪，至少我不存在，也就没有痛苦可言了。

3. 原来父母如此偏心

当他人问起我的家庭，他们总是感叹而羡慕地说：“那你岂不是集宠爱于一身，家里最小就是你，可以得到那么多爱。”人的内心往往存在一种渴望被仰望、被羡慕的驱动力，我也不例外，当听到类似这种语言的时候，我总是假装真的得到很多爱，然后立刻装作不经意地换话题。因为那种爱变成了恨，以至于不想回忆。因为爸妈也如此不分青红皂白对待我，总是以“你还小”的话语阻拦我得到想要的东西。

记忆中，爸爸出现的场面非常少，因为他要工作养家糊口，很少在家。也不知道是第几次被哥哥姐姐讥笑与排挤了。我们准备吃晚饭，我爆发了，破口大骂哥哥姐姐，说出了一肚子的委屈，似乎所有泪水都要流出来了。但是爸爸并没有站在我这边，只是轻言轻语地安慰了一下我，也没有说哥哥姐姐的不对之处，然后喊我们吃饭。我看到他们嬉皮笑脸的，我更加不满了，不肯吃饭，爸爸却因为这样打了我一巴掌，我的泪水更加止不住，摔门而出，躲在一个角落偷偷地哭，所有的委屈都只能自己默默忍受。我真的想不明白我哪里做错了，本来就是他们先惹我的，为什么挨打挨骂的却是我？

4. “一波未平一波又起”——萌生自杀念头

妈妈说要外出一趟，我嚷嚷着求她也带上我，但是她觉得我还太小不好照顾，觉得带哥哥姐姐去比较好，我不同意。刚开始，哥哥姐姐就开始数落我，我试着跟他们理论，然而，妈妈却也加入他们的队伍，我无话可说，安静地坐在角落里，没有流泪，却在心里演了一出戏：我要让他们回来的时候发现我的尸体，我要用水果刀插进我的肚子里，他们一定会后悔，后悔这样对我……那是我第一次有了自杀的念头。我真的受够了这种没有依靠、没有爱的日子，我想结束自己的生命。我想：我不在了，我的痛苦也就不再了，我的家人可能会更加开心吧，特别是我的哥哥姐姐。

5. 我都这么可怜了，你们还要雪上加霜？——可怜形象的定型

遭受亲人的排挤、厌恶后，我很想上学，但也很怕上学。因为害怕学校的小伙伴也用同样的态度对我。果然，这种事情我还是无法避免。

我在学校一直很谨慎，生怕别人发现哥哥姐姐对我的不满与厌恶，总是刻意回避与家庭有关的聊天问题。但也尽力去融入这个班集体，我不知道我做错了什么，几十个人会对我产生恶意与厌恶，他们算计我的小金库，那是我妈妈给我的一张五元钱，那时候的五元钱对于我来说已经很多了；他们把我的凳子故意弄坏从而让我摔跤，全班人回过头哈哈大笑；他们向老师打小报告，互相串通说我偷东西，老师竟然相信了他们的一面之词，那一刻我恨那个不分青红皂白的老师，我永远都记得她说的那句话：“可怜之人必有可恨之处”。她的这句话使其他同学继续无止境地排挤我，她根本不配当一名人民教师！当学生不再是学生，他们往往会想念以前的

老师，而我，记忆中除了对她的恨，我完全没有任何想要感谢她的念头，我恨不得她马上消失。

多年后（高中），我与朋友谈心，谈过去，谈未来。当谈及未来，我既害怕又期待，当谈及过去，我丝毫不想回忆。

当天谈心写下的日记——

2012 年 10 月 13 日

阿猪是我最好的朋友，虽然我们才认识一年多，今天说起以前的事情，我说，我不喜欢回忆以前的事情、也不想回到过去，她说："为什么，我超想回到小学的，那时候天真无邪，多开心啊，不像现在，越长大越会遇到有心计的人。"我也只能点点头回应，随口说了句："因为人要向前看啊，以前都过去了，就不要管它了。"

（二）是的，我就是如此可怜

我总希望得到身边人所有的爱，我认为爱就是得到别人的可怜；我会用自己的弱势讨到他人的友善对待，我不断地弱化自己的地位，刻意吸引他人的关注，使他们看在弱势的我的份上，对我施加关怀与爱，而不是欺凌我、排挤我。在很长的一段时间里，我认为，我就是这么一个无力的人，我就是一个弱者，所以你们不应该排斥我，而是加倍地对我好，以此作为一种方式替那些欺凌我的人弥补我；我甚至认为这是一种理所当然的事情。在悬崖上，我面向悬崖的中心不断后退，以此获得所谓的爱与关注；每后退一步，却把自己逼向了悬崖的边缘处境。我尝试了无数遍的后退以获得肯定与认可，都以失败终结，不是我不努力，是我努力的方向错了吗？不是所有人努力都有用，像我这种人，生来就是让人厌恶，让人觉得可怜而又可恨，所以我不奢求通过努力得到相应的公平与温暖，我就应该站在可怜的这个位置上活着。

在主流文化当中，衣食住行堪忧者是可怜的；流浪在外的乞讨者是可怜的；遭人诬陷者是可怜的；缺爱者是可怜的；遭排挤者是可怜的……这些人被认为是弱者，无能为力。尽管如此，人们并没有因此而"放过"这些"可怜人"，反而认为他们之所以可怜是因其有可恨之处。同时，可怜人在主流文化之下手无寸铁，行尸走肉地活着，却希望得到他人的可怜让自己活得更像一个"正常人"。在这样一个死循环的环节当中，人们被困在主流文化与制度中无法走出来。

四、解构主流文化和制度

（一）可怜的定义

可怜是人与人之间的差距产生的同情心，是人们面前浮现的往事，是记忆中留存的痛楚，是人们经常议论的话题，可怜之事一定有可恨之人作俑，可怜之人也许有可恶之处隐藏。“可怜之人必有可恨之处”更是深刻地说明了现代人的价值观念，使人类去批评这些可怜的人，并使人们认为，一个看似可怜的人，肯定是由于之前的过错或是咎由自取造成的，知道自己错了还有不改的人即是此类人的可恨之处，但人们并没有去反思“可怜”这个词是怎么来的？可怜的背后隐藏的可怜文化是什么？更没有人去反思可怜也是人们建构出来的。人类建构一种文化使自身受困，本就是一个不明智的决定，但是人类却乐于这样活着。

（二）生育文化与家庭辈分排行的文化

从生育文化角度来看，中国人一直崇尚“多子多福”的观念。古代名诗：“十四为吾妇，羞颜未尝开”“忆为居家妇，生来十三五”，这是早婚早育观念的反映。在旧中国，十六岁才出嫁的女子非常罕见。另外，汉族非常看重“四代同堂”“五世其昌”，认为这是有福之人。由于早婚观念浓厚，一个妇女在其一生当中可能的生育的时间长达三十多年，因此，生育子女的机会自然多。这一观念经过时间的冲刷依旧根深蒂固。新中国成立之初，国家鼓励人们生育以扩大国家力量更是响应了中华上下五千多年的多子多福的传统文化。这么多的子女，自然需要一套文化制度把子女之间的关系固定，以符合社会主流文化的和谐稳定。家族当中都是男孩和男孩排序，女孩和女孩排序，排序最前的就是辈分高的，自然话语权就大一些。比如“长幼有序”，出自《孟子·滕文公上》：“使契为司徒，教以人伦：父子有亲，君臣有义，夫妇有别，长幼有序，朋友有信。”也就是说，人伦中的双方都是要遵守一定的“规矩”。再如“三纲五常”的束缚，让人们深刻地认为：长辈永远没有错误，晚辈才有错误。但是，人生在世，哪有人会一辈子不犯错呢？“长幼有序”提倡的是在礼貌上有长幼之分，而人格上，不应该有尊卑之分，但现代文化却把它扭曲了。

在这种文化之下，社会确实会相对稳定和谐，毕竟一个社会的发展以家庭的发展、个体的发展为基础，这三者之间是互相渗透、互相支持的。我的父母也是第一次当父母，他们谈不上受过高等教育，但也深受传统文化的影响。“长幼有序”的文化在他们的内心已根深蒂固，并且在他们那个不富足的年代，大部分时间都用在解决温饱问题上，几乎没有时间养育、教育孩子，自然而然会让老大管教老小。我想：为什么我不是老大，如果我是老大，那么我会不会也这样欺负我的妹妹？如果我是那个年代的父母，我会不会也这样深受主流文化影响？或许是会的。

（三）重男轻女的文化观念与制度

20 世纪的农村，人口生产力不足，急需劳动力，特别是男性劳动力，加剧了浓厚的重男轻女传统观念。传统的“大家庭”观念，男权社会的影响，加上国家政策的支持，人们都趋向于多生育，即使家庭粮食不足，也要继续生育。有些家庭已经有儿子了，却还想要多个儿子，没有儿子，生了七八个女儿也要继续生，不然女性就会遭受大众的鄙视和冷漠。同时，大多数农村的教育水平低，由于受到物质限制，他们几乎不注重子女物质以外的需要，认为只要孩子物质满足即可，能下地干活补充家计即可。90 年代计划生育政策的实施，让多数中国人受到了很多痛苦，人们生育的权利也被国家控制，人们对性别意识的认知被社会文化掌控，社会只给了人们浅层的文化认知；国家与政策只顾着灌输生硬的文化观念来控制人口数量、控制生育，却从来没有告诉如何精准地养育孩子、如何优生优育。

处于重男轻女的时代下，我可以理解当时爷爷的思想，相对女孩，他更加喜欢男孩，因为男孩是坚强的劳动力，是家族的延续，更有一种说法，认为儿子最好有两个以上，因为人生在世，难免会有不测之风云，如果一个儿子没了，还有另一个儿子可以延续香火。更可怕的是我的父母也深受传统重男轻女观念的影响，这也是我来到这世上的原因之一。那我应该感谢这样的文化观吗？尽管我可以理解，但我还是忍受不了人格上男女有别之分、区别对待，因为这是社会的毒瘤，这种传统文化无限地循环让人们受困于其中。

（四）应试教育文化的缺陷

应试教育片面注重学生的智育发展，轻视德育、体育、美育和劳动技术教育的发展，培养高分无能的学生，教师会以分数的高低区别对待学生。家长、教师都喜欢学习成绩高的学生，只要期末考试成绩好，你的所有优点都会被放大，你的所有缺点都会消失得无影无踪。

在我读小学的那个年代，年轻教师非常少，大部分都是父母那个年代的中年教师；老师喜欢的学生往往是那些学习成绩好的学生，在他们眼中好学生与坏学生的分类以成绩为标准，好学生偶尔做错了一件事，老师看在他成绩优秀的情况下，往往不会责怪他，相反，若是成绩不好的学生，则会大发雷霆，让他写检讨，甚至叫家长来学校。他们的心思往往放在“好学生”身上，对“坏学生”不但不理不睬，还以一种轻蔑、鄙视的态度去管理。“坏学生”不但没有提高学习成绩，而且心灵也受到了伤害。我常常问自己，小学教育让我学到了什么？除了认字、简单的英文、数学运算能在生活上用得上，其他到底去哪儿了？除了看到同学和教师对我厌恶、排挤，其他所谓的培养良好品质，相亲相爱、团结友爱等，我拼命寻找也找不到。

小时候谈论梦想时，大部分同学都会说想当一名教师，我也如此；但是我绝对不会以分数区别对待学生，也不会与学生对立。同时，我也害怕处于这样的文化下，我会不会也会变得跟我的小学老师一样根据成绩把学生分成高低不同的等级？

不可否认，在主流文化下，我是一个弱者、可怜者，我既没有得到长辈与兄弟姐妹的关怀，也得不到同辈群体的关心，反而是一个令人讨厌的人，主流文化似乎给我贴上了一个标签：可恨的可怜者。

五、重构人生故事

（一）寻找例外

寻求例外的故事即在对以往的主干故事做历史检视时，鼓励人们回想一些与问题产生的影响互相矛盾的“事实”或事件，在此基础上开始寻找新的意义，让人修正自己的个人史和关系史。

1. 父母也会偏爱我

某天放学回家，发现妈妈正在洗一套新衣服，那是买给我的衣服，妈妈还很开心地说：“跟君君（我同班同学）妈妈逛街去了，给你们俩一人买了一套衣服"，那时的我真是开心极了，急忙问妈妈衣服什么时候会晒干，因为我想马上穿上新衣服。爸爸每次回家都会买一大袋水果回来，有一次我特别贪心，拿了两个大大的苹果，爸爸并没有怪我吃得多，眼里满是宠溺，送我出门上学。

2. 哥哥也会为我打抱不平

我小时候总是被人欺负，但还是第一次被人暴力袭击。某天放学，我路过一户人家，被一个男孩用小石头砸我，脚被砸破，头部也很痛，我只能踉踉跄跄地跑回来，妈妈见我狼狈的模样问我怎么回事，我把事情经过都告诉了她，她立马说要去找那家人讨理。我哥哥一言不发骑着自行车拿着一块石头到那家敲门问责。我当时不在场，但听妈妈说："从来没见过你哥哥这么生气。"

3. 姐姐也会为我挑衣服

印象中的姐姐很不喜欢我，不愿意和我睡同一张床，觉得我头发很脏，嫌弃我的一切。但是，有一次临近春节，她跟妈妈出门逛街，姐姐挑了一件厚外套给我，我本来都不期待她会给我买衣服的。妈妈说："你姐帮你挑的，说你一定会喜欢。"我那天开心得像个喜鹊，觉得自己得到了一件宝物，那件衣服至今都还放在衣柜里。

4. 同学们也有喜欢我的时候

我们学校每年都会响应市里的运动会，挑选一些广播体操做得好的学生，集中训练，然后去参加运动会。在小学高年级时，我也很幸运地被老师选中，那几个月里可以说是我小学时期最开心的时候了，因为同学们开始尊重我了，跟我一起培训的几个同学还会等我一起放学回家，即使他们之前因为各种原因不肯靠近我，跟随大流排挤我。老师也开始对我有了耐心，刚好那段时间换了一个数学老师，这个老师对我非常好，教学很耐心，我从"坏学生"变成了"好学生"，而曾经那个看不起我、轻蔑我的班主任，也只是对我不理不睬，这对于我来说，已经有了很大的改观，即使我对她仍然怀恨于心。

（二）我的新故事——肯定自己的价值

1. 我有改变的力量

主流文化下的故事把我定义成一个无力的可怜人，所以我不应该得到好的东西，除非别人施舍给我。但事情并非如此，我从来没有想过我会考上一个二本大学，我一直认为成绩优秀是属于别人的，二本大学的录取通知书是属于别人的；我没有想过我行尸走肉般地坚持也会取得成功。

2. 原来我也会被别人羡慕

我永远记得大一的时候，上体育课的时候，一个同学对我说：“哇，你的眼睛真好看，好羡慕呀。”这是我第一次被人明目张胆地羡慕，后来越来越多的同学会夸我眼睛好看，或者说我身材比例好，我才发现原来我是可以被别人羡慕的，我以前觉得自己无论是样貌还是能力都是一无是处。

3. 原来我也可以当主角

大一的时候我大胆地走向讲台竞选当班委，那是我第一次尝试当众讲话，在上台竞选前，我真的无比害怕，我没有任何经验，也害怕控制不住场面，害怕别人不选择我会很丢脸，但是我发现只要站上讲台，原来一直当配角的我也可以当主角。当上班委后，原来我也可以像个管理者一样管理班级活动、维持好班级秩序。

4. 原来我也可以变得优秀

大学四年我很遗憾没有拿过奖学金，前三年我还是把自己定位为弱者，自暴自弃地认为这本不应该是属于我的，所以我不必去争取，但是自从接触了叙事治疗，我发现并非如此，我开始认真听课，开始追求更多的学习机会。虽然在大学的最后一年我还是没有拿到奖学金，我却一点都不遗憾，因为分数无贵贱，如果我不努力，那么成绩就更加低了，学到的知识就更加少了。成功地获得学业进修的机会让我感受到，原来我可以成为学弟学妹的榜样，原来我可以变得优秀，原来我可以得到别人的肯定，而不是可怜的施舍。

（三）我们的新故事

我一直把罪魁祸首推给我的家人、同辈群体和老师，认为是他们导致了我的可怜，但是仔细想想，不了解事情真相的人们从来没有反思过理性主义。理性主义下的人们认为主流文化和制度必定是对的，大家都要遵守，他们也不过是理想主义下的“奴役”，相反，我更要原谅他们，重构彼此的美好故事。

我会选择原谅我的父母，如果没有他们，我根本不会存在于这个世界，更不可能谈生命故事，我能理解和体谅他们的思想与行为，他们本身没有任何错，是主流文化的影响才导致问题的产生，所以我更要体谅他们，感恩他们赐予我生命，抚养我成长。我会选择原谅我的兄弟姐妹，如果没有他们，我可能会被更多人欺负；他们也教会了我应该如何去爱一个人。未来的日子，我们会更加相亲相爱。

我会选择原谅我的小学老师与同学，他们教会了我应该平等对待每一个人，尊重每个个体；他们让我懂得不可以欺凌任何人，而是应该与人友好相处，体谅尊重他人。

六、摆脱要挟——重获新生

主流文化之下，我一度认为自己处在弱势地位，我生来就是为了衬托他人的光辉伟大；我一直都胆小怕事，认为所有令人骄傲的事情都不可能与我相关，甚至与其擦肩而过的机会都不可能。我注定是一个小人物或者连小人物都不如的角色，在这个角色里，我无能、无力、懦弱、不配得到他人的丝毫关心，我就是那个轻于鸿毛的人。

过去，我只看到可怜的自己。但第一次导师见面会时，我曾说过“我一直不愿意回忆过去，在外人面前我会说是因为过去已经过去了，人要向前看；其实我是不想面对可怜的自己”。原来我一直都在原地踏步，没有正视过自己。我为什么会觉得自己可怜巴巴，不肯接纳过去的一切；我不愿意跟别人讨论过去，害怕别人会以过去的事件来考察我，不但不会同情我反而会嫌弃我的遭遇，害怕他们都认为可怜之人必有可恨之处。然而，叙事治疗和建构主义让我知道了问题故事的根源，让我看清楚了到底是什么造就了现在的我。作为社会人、成年人，在这种情况下我有责任去重新认识故事、认识自己，重构自己的人生故事。

七、见证——我的信

“这个社会把我圈在一个圈子里，这个圈子叫‘可怜’，但我还是勇敢地走出了这个圈子”。

（一）写给自己的信

我不是一个可怜的人，更不是一个可恨的人，我是一个有自己想法的人，而不是跟着别人的想法去生活，我应该正确看待自己。曾经无能的、自认可怜的自己，如今也开始不断地挑战自己，我并不是一个注定当配角的人，我有变优秀、令人感到骄傲的资格，并且在优秀的路上不断前进，让自己变得更加优秀。

（二）写给家人的信

感谢你们抚养我长大成人，曾经令人伤心难过的事情我会选择忘记，现在的你们一直支持我追求自己想要的生活，感谢你们的爱与支持，我会向你们说的那样：做一个独立自主的人！

（三）写给我的教师和同学

曾经伤害过我的教师与同学们，我感谢你们让我懂得了尊重和接纳，让我看到不同的人性，伤痛虽然还在，我也的确恨了你们很久很久，但是如果我继续恨你们，我会更加地难受，所以，我会宽恕你们，也谢谢你们，祝你们一切安好！

八、新思考

1. 为什么总有人成为"牺牲品"

福柯终其一生都在研究现代社会如何利用"理性主义"的机制使理性、真理、权力这些概念成为对人的另一种奴役。同时，福柯本身也成了现代社会的"牺牲品"。主流文化把人分为了几个等级，这种制度下的人们把自己的棱角磨平以适应文化对他们的定位，困在僵硬的文化制度下甚至也没有察觉到不妥之处，从而成了文化与制度的奴役。

2. 主流之外的非主流

束缚于主流文化与制度下，我们无法看到真正的自己，被主流社会牵着鼻子走，如同机器般存在，不再是一个完整的、有认知能力的个体。适当地停下脚步，看看脚下的风景，放下主流文化与制度，拾回个性与认知，重塑生命故事，才能更好地走向远方。

每个人都应该是自己生命的专家，寻找生命的潜能，欣赏百分之一的例外与独特，让非主流的故事取代主流故事，从而重写生命故事。

3. 做更好的自己

人生来就是渺小的，只是人的心是无界的。人可以有远大的理想，在别人不理解你的时候潇洒地抛出：燕雀安知鸿鹄之志，人也可以有无数的欲望。所以，任何一个个体都无限地期待自己不是那芸芸众生中渺小的一个存在。然而，在建构的社会、文化背景下，人为了适应主流生活不可避免地违背内心，叙事治疗给这个主流时代宣扬的文化、权力注入了新知识、新力量。在叙事自疗中，人本身是主角，是书写自己人生故事的作者，回顾人生轨迹，看到主线故事的同时，更要看到支线故事所带来的人性美，拓展“许多可能的世界”，重新定位人生故事。在社会工作服务中，服务对象往往只看到了主流故事，忽视了支线故事。我们要挑战不合理的事实，让他们知道事情的根源是什么、为什么以及怎样做，这也是一个重新建构服务对象人生故事的过程。

“自疗”行动七：

迷茫与回归[①]

★ 故事新读

我没有想过有一天会去重读本科论文。它对我的意义不仅仅是本科毕业论文，而且是畅所欲言地和自己的内心进行对话。这让我想起还没定下毕业论文时不知所措的自己，也想起那个写完论文后感觉如释重负的自己，更想起现在重读论文落泪的自己。落泪不是因为感动，而是因为过去太多牵绊自己、不能理解的悲伤故事不再成为我生命的主角，我终于可以坦诚地面对这样不完美的自己，做一个快乐而自信、勇敢而幸福的女孩。

我知道过去的生命太沉重，我一直没有学会给自己的生命做减法，而叙事自我疗愈的历程，让我惊喜地发现，我从悲伤的故事里面解放了自己，也重新去认识了我自己。

我想我们每个人活在这个世界上，总会经历一些我们总想去逃避的生命故事，而随着年龄的增长，我们的故事也越来越沉重，直到有一天，我们被这不能诉说的故事击倒在前进的路上，这才开始意识到：生命需要述说和聆听。但我知道，很多人是不愿意分享自己不堪回首的生命故事，因为它很可能意味着再次伤害，但请不要忘记，希望也孕育其中。如果你不曾揭开伤疤寻找受伤的原因，那外部再昂贵的药品外敷也无法治愈内部的伤口，但如果你能够勇敢一点去找到这个伤口发炎的根源，对症下药，那便有痊愈的可能。

我很感谢我的生命里遇到叙事自疗，也很感谢那个勇敢的自己。叙事自疗，让羞于表达伤痛的我可以做到倾听自己和接纳自己的不完美，这就是叙事自疗的力量，我愿意相信自己有能力治愈自己的伤痛，所以我见证

---

① 作者小粽子（化名），岭南师范学院社会工作专业 2014 级本科毕业生，部分内容摘自作者毕业论文。

了现在不一样的自己。

小粽子

2018 年 11 月

一、提要

人生总会经历各种生命故事，而当我们面对生命中难以启齿的故事时，我们可以通过叙事治疗的方式去讲述，使故事得以重新理解和诠释，给每个人带来成长的契机。本文通过叙事研究方法，对自身的创伤生命故事进行研究，通过与内心的对话，对问题进行解构，整合有意义的故事片段，重构新的故事，从而找到另一个独特的自己。笔者通过研究得出结论：要学会相信自己才是解决问题的关键，愿意拥抱过去自卑的自己，才能真正接纳不完美的自己。

二、缘起

（一）选题

也许一切都是最好的安排，如果当初我没有被调剂到社会工作专业，我便不会接触到叙事治疗这门课。我感谢社会工作专业选择了我，让内心一直充满悲伤的我找到了可以理解自己生命的那份热望。

老师在课堂上提到了叙事治疗可以应用于自己，可以通过自身讲述故事的方式去了解自己的过去，甚至可以治愈心灵创伤，这让我感到很新奇，也激发我对叙事治疗的学习和研究的兴趣。通过学习叙事让我意识到自己糟糕的人生经历有治愈的可能，它带来的治愈力量像一束温暖的阳光，使我的人生在绝望中点燃了希望，这让我开始正面思考自己的问题，第一次去关注自己的感受和内心，尝试在自己的身上去寻找答案。

现在的我总是带着一种焦虑和不安全感活着，迷茫、焦虑、孤独、怀疑、害怕等负面情绪渗透在我的生活，压迫着我，使我无法喘息，更影响我的生活，使我对未来也感到迷茫。而我也因为要强的自尊心无法向他人真诚倾诉，甚至慢慢走向了自卑这条路，自卑的感觉时刻折腾着我，让我害怕尝试，也无法接受自己的失败。

曾经的我随意地搁置带有伤痛的回忆故事，并刻意地将伤痛遗忘，但这都不是最好的处理方式。在长久的日子里，我发现伤痛不会因为看不见，藏起来就会消失，它依然存在某个角落，时常会出现。而我现在面临的迷茫和自卑也告诉我，这种伤痛依然深深地影响着我。自己内心的伤痛，谁又能比你自己更了解你自己呢？要走出这个梦魇，我想必须要依靠自己的力量去改变，不管这个过程有多么坎坷，至少我努力尝试过。

选择讲述自己的生命故事作为大学毕业论文的内容，我认为这是一种对生命的尊重和礼敬，也是对自己过去生活的总结和交代。讲述自己的生命故事，也意味着重新拾起过去被遗弃的故事和过去被忽视的感受。我渴望听见内心的声音，为自己的故事发声，我相信这也是一个很好的自我袒露的机会，让自己可以坦然地去面对过去，和那些不能说出口的伤痛故事说再见，也和自卑的自己告别，走向另一种新生活。

（二）意义与目标

1. 对个人的意义

首先，面对自身那些难以启齿的伤痛故事，我希望通过自由书写去讲述，这是一个很好的情感宣泄方式，使被遗弃的故事重新得到珍惜和接纳，让作为故事主人公的自己重新去感受自己的生命轨迹，找到改变自己的力量。

其次，自我叙事强调讲述个人真实的故事，而因为真实所以治愈效果会更明显。能够毫无顾忌地袒露自己的伤痛故事，忍受揭开伤疤的痛苦也要坚持走完这叙事疗愈之路，代表我想要改变的决心，我渴望心中的故事能够以书写的形式得以被看见，从中发掘改变自己的力量。

最后，选择故事治疗，是因为我愿意去相信故事治疗带来的疗愈力量。虽然我无法确认这个选择带给我的影响，但值得肯定的是我可以毫无顾忌地讲述心中的创伤故事，让故事通过自己讲述出来，伤痛得到述说和倾听，而不是埋藏在心底发炎。而对于我而言都是一种改变，也是一种经验和知识，转化为自我救赎的力量继续前行。

2. 对社会的意义

一方面，在本论文中，笔者大胆尝试将自己当成案主，注重发挥主体的潜能，尊重自身的主体性，将叙事治疗的方法应用于自身，强调通过叙说自己的故事来发掘力量解决自身的问题。

另一方面，叙事治疗作为一种注重主观经验的疗法，不同的人群运用有不同的治疗效果。笔者在论文中尝试讲述自身成长故事，借助叙事治疗的方法去发现故事的意义并使自己得以成长。通过呈现自我疗愈的过程，为有类似经历的朋辈们应对成长创伤事件提供参考。正如周志建在其著作《拥抱不完美：认回自己的故事疗愈之旅》中曾说“故事带出一种集体疗愈”。[①] 而本论文将呈现出真实的故事分享，期待在治愈自己心灵创伤的同时也能给他人带去点滴影响。

3. 目标

通过叙事自疗使人更加理解生命里的伤痛故事，重拾生命的本来样貌，并让受苦的生命得到珍惜和礼敬，为成长挖掘力量和希望。另外，在故事回顾与自我探索的过程中，这不仅是对自己的生命作一个完整的交代，还是一个为自己的生命故事发声的过程。

三、我的故事

古学斌曾在他的著作《凝视：生命与公益交融之旅》中说过：“当我们有机会去探索自己的身体，寻问自己生命的每个部分时，过去的回忆会渐渐涌现，一个人生命的形成与我们每个人的过去都是分不开的。我们的生命从胚胎着床的那一刻起就充满了故事，‘生命即故事，故事即生命’(life as story，story as life)，说故事就是一种生命的展现”。[②] 这段话启发笔者想更透彻地理解自己的生命，通过叙说故事，反复感受过去的经历，让充满困顿的人生看见希望，而我也相信讲述自己的故事，也是对自己生命的尊重和理解。

在开启我的叙事自我疗愈历程之前，我从来没有勇气和任何人说起我的过去，我也是纠结了好久才写下我的生命故事，我想这个世界上还有很多和我一样的人，也是经历沧桑，任何伤痛都埋藏心底的。我以为这是对自己最好的保护，但这伤痛它一直存在，不会因为别人看不见而消亡，反

① 周志建．拥抱不完美：认回自己的故事疗愈之旅［M］．北京：中国妇女出版社，2014.
② 古学斌．凝视：生命与公益交融之旅［M］．北京：社会科学文献出版社，2017：3－14.

而我们自己心里都明白，我们的心有一根深扎的刺，想起时久久不能安抚自己的心，遗忘时需要很长很长的岁月。我总在想，自己的心何时变得千疮百孔？大概是因为我从未正面关注过自己内心的感受，长期地压抑自己，最终让自己变得自卑。

既然选择走叙事自我疗愈这条路，我想我应该要全力以赴，我想找到长期困惑自己的答案，下面就是影响我生命的几个大事件，在此和读者们一起分享。

（一）容易被忽略的老二

我在家中排名老二，上有一个姐姐，下有一个弟弟。姐姐作为家里面的第一个孩子，她的出生充满期待，父母也把最好的爱都给了她。由于当时的医学条件较差，母亲怀第二胎的时候，并不知道我的性别，但是父亲当时一直以为第二胎是男孩，所以他也曾在产房外焦急地等待，但一听说二娃是个女儿，他二话不说，转身就走了。来到这个世界的第一天，我似乎没有太受欢迎。

父亲一直很渴望有一个儿子，他很希望自己的家业可以有儿子继续、延续，所以给我起个小名叫“连弟”，寓意是在我之后，凭借名字的寄托和祝福，能够给家里面带来一个弟弟。在农村，一个家庭将男孩看得很重要，一个家庭如果没有“香火”，旁边的人便会说三道四，尤其是在各种“人丁兴旺”观念盛行的年代，没有儿子的家庭在村里面压根儿抬不起头，甚至在家族里面是受到歧视的。相较之下，父亲的两个兄弟：大伯有两个儿子，四伯有四个儿子，而我父亲生了两个女儿，在各种压力的对比下，父亲对儿子的期盼更是焦急。母亲也在各种压力下听信村里老人的话，去庙里求子，尝试各种偏方草药，折腾好一番也不见结果。

在我两岁的时候，我的弟弟终于出生了，父亲很是高兴，摆了宴席和左邻右舍分享喜悦，这是生女儿没有的特别待遇。弟弟成功夺走父母亲的关注，我从很小的时候就知道，心里面也可以明显感受到父母对弟弟的偏爱。我开始讨厌自己是女儿身，更讨厌自己排行老二，因为这个位置让自己容易被忽略。

过年的时候，父母从深圳回来过年，给我们买了年货，也买了新衣服，三姐弟兴致勃勃地翻看新衣服，每个人都很开心。突然母亲把我拉到了一边，她摸着我的头对我说：“姐姐那里还有一些不穿的衣服，你先接着穿，别浪费了，今年就不给你买新衣服了。”我的心仿佛被浇了一盆冷水，心口第一次真切感受到刺痛，在那个时刻我很怀疑自己真的不是父母亲生的，捂住眼泪跑到自己的房间躲着哭得撕心裂肺。这种难过还没过去，年初一的时候，一向有点尖酸刻薄的四伯娘一早揪着我的衣服说：“大过年的，还穿着这些旧衣服干吗，有新衣服不穿要藏到什么时候。”我的尊严被踩碎一地，那种无助转化为愤怒，整个过年期间，我再也没有出门，父母叫我出门探亲访友，我也拒绝了。

躲在自己的小房间里，我哭得很委屈，无法理解自己父母对姐姐和弟弟的偏心，唯独忽略我的感受。有时候我觉得父母疼爱弟弟是理所当然的，因为他是家里唯一的“男丁”，自己在家庭的地位自然是无法和弟弟比的。

这是发生在我生命里的故事片段，家里的孩子较多，父母很难照顾到每一个孩子的感受，更多的关心也给了姐姐和弟弟，这使我时常会感到自己是一个外人，似乎自己成了家里多余的人。我变得越来越沉默，性格很内向，我的沉默承认一切，我无法发声表达自己的想法，也没有能力为自己的存在去争取关注。我痛恨我的父母的“偏心”，明明我也是他们的孩子，却受到这种不公平的对待，并伤害了我脆弱的心灵。长大以后，我与父母的关系也日渐疏离和紧张，我也曾很努力融入我的家庭，可我发现我做不到，我依然感到自己很孤独。

（二）童年寄居之殇

在一个不受待见的家庭里出生，还没能够与父母亲建立亲密的关系，我便被送到姨妈家寄养。说起我的童年，反复搜索记忆中，单调得只剩下孤独和痛苦。

在留守寄居的环境里成长，我没有感受到一丝丝家的温暖。最直接的感觉就是自己是寄人篱下的，无论在这里住多少年，都感觉自己是一个过客。姨妈只管一日三餐，指挥我干各种农活，其他的就不管了。而父母也只是偶尔来电话询问我的学业，以及给我一些生活费就匆匆结束了通话，而每当此时所有的心里话都哽在了喉咙，硬生生地将满腹的委屈咽了下去。

在学校里面，同村的孩子都不愿意和我玩，也经常欺负我，因为我是外来的孩子，他们总说我的父母不要我了。我经常和他们吵得面红耳赤，极力反驳他们的观点，我不愿意承认，可时间久了，我在心里面早已渐渐地怨恨我的父母。我恨他们不能陪在身边，我怪他们只记得挣钱却忘记陪我成长，甚至连我读几年级都不知道。难过万分的是每逢家长会，我是独自一个人坐在教室的最后，接受着别的家长和同学投来的“关爱”目光，这些都让我伤心不已。当我知道自己被所有人称为“留守儿童”时，我也觉得自己和身边的孩子是不一样的，所以我很害怕别人问起我的父母，不愿想起父母，带着那份被遗弃感在孤独的童年里挣扎着。

在这六年里面，在没有家庭温暖下成长的我也变得冷漠无情，我不喜欢表达自己，变得沉默不语。我不喜欢姨妈，也不喜欢这个寄居的地方，我一直认为这里是伤心、难过、被欺凌的地方，是我噩梦的开始，一直影响到现在的我。

大部分关于童年的记忆都是父母缺位，更多的是自己一个人孤独成长的片段。每当想起这些，我的心会很痛，如刀割般，久而久之，这种说不出口的伤痛日日折磨着我。我时常会抱怨自己的命不好，也变得沉默寡言，脾气也很暴躁，整个人变得很悲观冷漠，也活得身不由己。

长大后，我果然离这里远远的，我再也没有回去过，就算过年要去探望姨妈，我也是狠心拒绝，我知道自己走不过心里那个“坎”，还是很厌恶那个地方。可父母不明白，只觉得我太没孝心，连小时候一直“照顾”自己的姨妈都不去探望。每想到这里，我也会愧疚但很快就被自己的狠心压了下去，我宁愿戴上那个“不孝”的枷锁，我也没有勇气回到那满是梦魇的地方。糟糕的童年之殇，谁曾知道，那曾藏在心里的“地雷”，总有一天碰触的时候，把我自己毁灭了。

（三）我与“丑八怪”的故事

寄居他人屋檐下的痛苦还没能够好好“消化”，突如其来的“横祸”更是让我的寄居生活变得雪上加霜。小学的时候，班中总有一些男孩子是比较调皮的，喜欢在走廊推推撞撞地嬉戏。记得那天下午，我走路没留心就被一名男生推倒了，恰巧自己的脸撞到了旁边的水泥栏杆上。就这样，没有好好处理伤口，从此脸上多了一道疤，连门牙也遭殃了，这样的模样连自己都被吓到，“毁容”这两个字一直在我的脑海里回响着。

受伤后，我以各种借口赖在家里面不肯去学校，因为一想到以这样的模样去到学校，同学们会用异样的眼光看待我，甚至还会在背地里说我的闲话，我只想躲在自己的房间里面。但我还是被姨妈拖去了学校，一坐下凳子，围观的同学们真多，我看到他们捂嘴偷笑，我哭着钻进了书桌底下。

发生这件事情的时候，我的父母并不在我的身边，他们根本不知道我的遭遇，而所有负面的评价让我早已受伤的心无法负荷。暑假的时候，父母看到了我脸上的疤痕，不经意又一次戳中我的伤口，我冲着家人发脾气，将之前藏在心里的所有委屈都发泄在我的家人身上。父母也努力想办法帮我，找过微创整容，但担心伤及“人中”，这条路便放弃了；也试过涂好多的祛疤膏，最终都是没有效果；补牙之类的也是害怕越整情况越糟糕，所有的办法试过后还是没能改变这个现状，我感到从未有过的绝望。

后来，姐姐买回来一套化妆用品，当我发现化妆可以遮住疤痕的时候，我很开心。每天花很多心思放在化妆上面，用厚厚的粉把自己的疤痕遮住，似乎这样做会让心里好受一些。可自己的学习成绩一落千丈，而且过早使用化妆品也导致皮肤变差，长满青春痘，此时的我变得更加不开心，我觉得自己的人生与幸福没有交集。

对于一个爱美的姑娘来说，我觉得人生没有了希望，感觉天都塌了，这个丑陋的疤痕就这样嚣张地“躺”在我的脸上，它夺走了我的笑容和乐观，从此它让我变得十分沉默而自卑。可怕的是，这个疤痕越来越深植在我的心上。在家里，家人都把关于疤痕的事情当为禁忌。过年的时候，亲戚们七嘴八舌的问候，也把我折磨得遍体鳞伤。我就宅在家里，不爱和人交流，也不敢外出见人，小心翼翼地保护着自己容易受伤的自尊心。

脸上的“疤痕”，始终让我觉得自己很卑微。我不敢去争取什么，更不敢在公开的场合上露面，我对自己很不自信，装着不在意自己的样子。其实在我心里是很难过的，我渴望去表现自己，但我更害怕接触别人异样的目光，这一切的退缩表现让我更加自卑。

（四）讨厌分离

那糟糕的童年寄居生活，让我的童年变得不堪回首，我很想逃避，可现实没有因此过去。我越是躲避，被现实的残忍欺负得毫无退路。我像是一个被遗弃的孩子，没人管，时刻面临着被抛弃的风险。

第一次经历的分离是母亲送我来到姨妈家，陪我睡了一晚上，第二天早上便悄悄坐车去深圳了，当我醒来的时候，摸着床边没有人，我开始慌了，光着脚丫四处寻找。每个房间我都去过，每个角落都翻过，还是找不到母亲，我哭得撕心裂肺，感觉天都塌了，自己就像那被遗弃的孩子，从此在这个陌生的地方孤独地成长着。经历过这次无声的"离别"，使我对"离别"变得敏感，很害怕失去重要的人，更加畏惧的是被抛弃。

寒暑假是我最幸福的时候，因为父母会把自己接到深圳生活。我很开心可以暂时离开那个充满压抑和陌生感的乡下。尽管每天可以一家子开心地生活在一起，但我每天都在祈祷时间可以过得慢一些，默数那回乡下的倒计时，我变得焦虑，也害怕再一次面临分离的场景。

假期结束的那天还是来了，我又要一个人踏上返回老家读书的旅途。我望着越来越靠近的车，眼泪早已像断了线的珍珠失控滑落，我失声痛哭，拉着父亲的衣角，不愿意上车。此刻的我心里面仿佛被掏空，我感觉我要失去最珍贵的东西，用手紧紧拽着，只是想多留一会儿。从那以后，我的心里面住着一个小怪兽，每当我感受到分离的氛围，就会哭得厉害，情绪也会异常激动。可父母无法理解我此刻的想法，长大以后还经常拿这些事来当笑柄，说我是家里面最爱哭的，简直就是一个"爱哭猫"。

在求学的期间，总是经历各种车站送别，其实我害怕分离，可又没有能力改变这个现实，唯有含着眼泪挥手说再见，这样的场景在我的童年上映了无数次。我也因此变得很没有安全感，也变得很敏感和懦弱，任何负面的情绪我都不敢在家人面前暴露，小心翼翼地控制自己的情绪，隐藏自己的想法和内心，这难道是真正的我吗？我是怎么样的存在，这个答案需要我自己来回答。

（五）舞台恐惧

直至现在，我以为长大以后，以前糟糕的过去别人一无所知，所以我可以生活得很快乐，但我发现过去的生活故事时常在我意志消极的时候跑出来恐吓我。

大一的时候，好不容易鼓足勇气面试社团，想着可以在社团里面锻炼自己，第一轮面试我发挥得很好，唯独卡在了第二关的面试上。第二轮面试是书记亲自面试，盯着前面的领导，我慌了，说话哆哆嗦嗦，加上以前面试失败的经历冲上心头，使我紧张得忘记了思考。在第二轮面试中，唯独淘汰了我一个人，剩下的小伙伴都顺利进入社团里面。那段时间我真的很郁闷，我继续去面试了其他的社团，但都是以失败告终，我对舞台或者讲台产生了恐惧，内心对自己的评价也是糟糕透了，后来我再也没去参加学校任何社团。

因为我知道，我真的不行，真的很难在舞台上去表达自己，也会经常忘词，甚至认为在舞台上的我是“丢脸的”，内心的各种“我不行”彻底否定了我自己，但我依然是那个自卑的自己，我深陷在过去的阴影里不能抽身，甚至影响到现在的我。我变得自卑而不敢表达想法，对生活充满迷茫而害怕选择，也无奈放弃各种机会。我甚至不善于沟通、和他人合作，这也让我深陷糟糕的人际关系之中。我很想去改变，但性格自卑、内向的我真的能够改变吗？这么多年都是如此生活，我对自己很没有信心。

写于2015年10月　湛江秋

现在回想当初自己“一刀切”的想法真的是远离了令自己恐惧的舞台，但似乎我也把各种证明自己能力的机会拒之门外。以前自己真的不在乎这些，但看到自己的同学个个都出色并且能力超群，我在人群里面显得更加的自卑和逊色。我羡慕他们的好口才，更是嫉妒他们在舞台上充满感染力的演讲。难道这些真的是天生的能力吗？为何我什么也做不好，只会把一切事情搞得很糟，各种叩问心灵的问题我到现在都无法回答，但是心又不甘，就想找到自己舞台恐惧症的答案，大概一切都会得到解答。

四、理解内心的伤痛

（一）父权制下的生育文化

儿时对重男轻女的理解便是父母很“偏心”，他们总是把最好的和最优越的资源留给家里面唯一的男丁，在很多时候我是那个被忽略的孩子。我不明白为何我成了父母眼中的“盲点”，明明我也是他们的孩子，我曾在心里不止一次质问自己。到了现在，我开始从自己学习到的女性主义的视角去反观糟糕的童年经历，我明白父母的“偏心”和忽略是有原因的。

最罪大恶极的要数那套一直延续到现在的重男轻女的生育观。可以说中国人的防患意识从古至今都是很强烈的，“养儿防老”一直挂在每个老人家的嘴边。换句话说，一个家庭中养有儿子，等到父母老了能够有一个照顾的保障。再结合当时的“婚嫁礼俗”来看，女儿从来都是“嫁出去的女儿，泼出去的水”，是无法守在父母身边照顾他们善终的。这一套父权制度下对女儿功能的定义，久而久之，使女儿在一个家庭的作用形同虚设，"重男轻女"的现象也因为男女在家庭中的功能和分工而不断延续。这套文化得到家庭文化的推崇，而当时每个在家庭中处在核心地位的老人都是这套文化的主谋，最可怕的是我们女孩子们也深受这套文化的影响，也形成了畸形的生育观，认为生儿子能够"母凭子贵"，能够在夫家获得尊重和一定的地位，这种想法让千万女人成为重男轻女文化的帮凶。

我的父母也是在这样的文化环境中成长的，他们的意识里面也顺从那套重男轻女文化，于是他们也将这种有问题的教育方式和观念带到培育下一代中去，完全没有意识到这种文化带给孩子的伤害。反观，我的父母也是这种文化的牺牲品，他们的童年也遭遇过重男轻女的不公正待遇，原生家庭对他们的影响无法磨灭，也在后代的教育上延续了这套重男轻女的观念。

这种文化对我的影响是巨大的。我的父母将这样的思想带到家庭教育之中，贯穿我整个人生的成长，在它的压迫下，我变得"顺服"，也认同了重男轻女的生育观存在的合理性。但是当我发现自己童年遭遇到的忽视和"偏心"也是源于这种观念的影响时，我的内心开始抗拒这种文化。

没人能够为我糟糕的童年经历"买单"，造成的伤害已经形成，但我不希望在未来的生活里自己还是活得那么糊涂，也成为这种文化的帮凶。所以我很庆幸现在的自己察觉到并敢于和这种文化说"NO"。我可以理解父母为生存无心造成对我的忽略，也理解他们的"偏心"，但是我不能因为"天下无不是的父母"就原谅他们曾经对我造成的伤害。现在的我暂时没有办法做到给予他们宽恕，因为我不能给别人我自己没有的东西，但透过故事去理解生命里面经历的"偏见"，抛开那些强加给自己的偏见，我发现我也可以更加快乐地生活，只是当时的我看不到选择，也被怨恨蒙蔽了双眼。

（二）解构糟糕的童年

对于自己的童年并没有很美好的回忆，时间长了，我也渐渐避免和任何人谈起我的童年。对于我而言，糟糕的留守经历是一段不堪回首的过去，这段寄人篱下的生活，让我内向而自卑、孤僻。

对于我而言，最难忍受的是"留守儿童"这个称号一直贯穿我整个童年，让我意识到自己和别人的"不一样"，也让我看到自己的童年是缺少父母陪伴的。这个污名化的名号每一次从别人口中说出，便让我伤透了自尊，又再一次加深我对父母"抛弃"的怨恨，这让我与父母的关系变得很僵，也让我无法融入当时的朋友圈，他们排斥和我交朋友，甚至辱骂我，欺负我。我变得自暴自弃，感受到自己被所有人抛弃，对生活抱着消极的态度。

我开始思考问题到底出在哪里？难道因为我被称为"留守儿童"就应该遭遇这样的辱骂和欺负吗？到底是谁定义了"留守儿童"？我想罪魁祸首是语言，构建了留守的现实。在董辉、张凤莹的《从"污名化"视角看待留守儿童》一文中认为，学术界对于留守儿童这一群体多持"问题化"的研究思路，这无疑将留守儿童等同于问题儿童。① 我认为在这个污名化的过程中，所谓的权威专家们对这一弱势群体的各种研究成果引起了社会大众的关注，这给留守儿童群体带来更大的社会压力，甚至形成了社会歧视。外加上各种新闻媒体的负面报道，让这一群体成为"重点呵护的对象"，也造成了大众对留守儿童的刻板印象，加深了社会偏见的形成。

我原本并没意识到自己和别人的不一样，但来自社会的偏见让我感受到自己似乎是有问题的，这让我产生了对自己的负面评价，甚至进行自我污名，改变自身去迎合留守儿童的特征，成为真正的问题儿童。换个角度来看，在还没有农民工潮的时候，没人会关注农村里面的孩子，但随着所谓的工业文明发展，城市抢夺了我们的父母，社会大众没有怪责城市让我们变成了"留守儿童"，反而指责我们的父母对孩子不管不问，指责我们是一群有问题的孩子。我们可以看到表达言论的权力落在了少数人并且拥有权威的人手中，我们没有表达的权力，忍受着污名化带给我们的伤害，成为语言建构的牺牲品。

在我看来，"留守儿童"并不等同于问题儿童，是有问题的社会建构污名化了留守儿童这一群体，甚至来自社会的偏见和歧视也掩盖了真相，让人们认为留守儿童等同于问题儿童。而作为最有权利说话的代表成了弱势群体，他们表达的权力被剥夺，默认社会语言强加给他们的标签。

由此看来，我也成了遭殃者，在一套有问题的语言建构文化环境下，

---

① 董辉，张凤莹. 从"污名化"视角看待留守儿童［J］. 开封教育学院学报，2017，37（7）：269－270.

我成为大众眼中的问题儿童，甚至影响到我自身，让我进行自我污名的实践。这样理解，无论是童年寄居还是"留守儿童"，都不应该成为我一个人的问题，这更是折射出社会偏见的丑恶。而此刻的清醒更让我看清事实的真相，我开始放下对自己的偏见，不愿再成为语言建构的帮凶，我决定为过去受难的自己发声，摆脱污名化的束缚，找到那个真实的自己。

（三）对美丑主流文化的批判

我脸上突然多了一道疤，自此我变得更加自卑，我甚至很讨厌自己。我变得很敏感，害怕所有人见到我的时候都会问起我脸上的疤痕缘由，可能别人只是想满足他们的好奇心或者关心我，但这样让我时常想起自己是一个"丑八怪"的事实。

明明疤痕是长在外部的脸上，但很多时候我把疤痕种在了心上。所有人的高度关注，也让我不得不去在乎脸上的疤痕，我多希望这场小意外不是发生在我的身上，我多希望自己是一个完美的人，至少看起来是没有"缺陷的"、是完整的自己。

我讨厌脸上的疤痕，它夺走了我的自信，让我在人群中不敢露出自己的脸，甚至我还会经常戴口罩，不敢将自己的脸暴露。在这个追求颜值的时代，我很苦恼，我没有能力去改变自己的情况；我很无助，在外人看似乐观的自己在卸下伪装的面具后，心中难以抑制的痛一遍遍折磨着我。

这个内外不一致的自己，我再也无法真诚面对自己的内心，我再也不敢和自己的内心进行对话，戴着面具，小心翼翼地保护自己的自尊心，结果我发现迷失了我自己。到底是什么原因让我变得不自由、不坦诚？反复思考后，我意识到除了我自己的爱美之心在作怪，最不能忽略的是背后的主流文化在影响我们的审美观。人们构建起一套对美丑的评价标准，对美的定义是追求近乎完美，不容有任何缺陷。一旦多数人认同这套关于美的文化规则，人就有了美丑之分。但这种美丑文化从古至今表现不一：在古代，唐代女子以肥为美，但在现代，一种追求以瘦为美的文化十分流行，肥胖的人自然被定义为丑。由此可知，丑美文化的内容随时代而改变，受主流文化的影响。既然如此，那我对于自己美与丑的评价也受到了主流文化的审美观的影响，我以脸上有缺陷为由，理所当然地认为这是一种丑陋。原来我不是"丑八怪"，主要是我们所处的文化环境是一种"挑错的文化"在作祟，周围的人总喜欢议论别人身上奇怪的、不符合自身审美观的地方，因此我脸上的疤痕成为众矢之的。

这一切不过是人们语言建构出来的一个名词，很大程度上是我将自身的不完整、伤疤以及缺陷和这个名词联想在一起，说起“丑八怪”，就是在议论我的脸上有疤，慢慢发展成为在议论我这个人，到最后直接将自己和“丑八怪”等同起来。这是一个有问题的故事建构的过程，我的自卑感和无力感也伴随而来，让我整个人都失去了自信，走在人群里总是低着头。而现在，我开始质疑“丑八怪”，它没有真正地存在过，是无法坦诚理解自己的内心在作怪，也是自己没有真正从那段介怀的事件里面走出来，其结果就是我变成一个自卑的人。

丑美文化影响了我的判断，也让我介怀自己的长相，当看清“丑八怪”的真相，我开始慢慢去接纳自己的不完美，疤痕是我心里面的一根刺，也是我自卑的根源，而要拔掉这根刺，关键在于我自己的决定，而这一刻我决定丑与美的权利交给自己，不再听从主流文化的安排，我的美与丑应该由我自己说了算！

五、例外的支线故事

（一）陌生的父母亲

片段一：记得小时候病情恶化到支气管炎和鼻炎。暑假时，父亲见到我的第一眼，他一直紧皱着眉头，嘴里念叨着我骨瘦如柴，吃饭的时候拼命地给我夹肉。现在想起来，那双紧皱着眉让我记忆特别深刻，我知道这是父亲在担心我和心疼我。父亲带着我四处去求医问药，希望可以根治我的病。记得那是炎热的夏天，父亲带着我去挤公交，他背后的衣服我看着湿了一遍又一遍。我们去了很多地方，试遍了中药和西药，可是我的病情还没有好转，我晚上依然呼吸不畅，整个头都是痛的。父亲就这样守在我身边，我看到他紧皱着的眉，深邃的眼神充满了担忧和关心，此时此刻我感到很温暖。

片段二：母亲始终觉得女孩子脸上留疤“破相”，为了我的事情四处托人打听“祛疤灵药”，半夜还瞒着我上网查资料。我说选择微整容，现在技术那么发达。但母亲认真地叮嘱我，微整让她先去整（眼角有一个疤痕），就怕效果不好。我心微暖。

这样的父母亲和记忆中所讨厌的父母的形象不太一样，这也让我感到非常陌生，他们不再是我眼里的“偏心的父母”，甚至我在他们身上感受到父母的爱，很温暖很陌生的爱。最近发生的事情颠覆了我的想法，我的父母其实是一个很爱子女的人。突然发现，那么多年去埋怨父母偏心好像做错了，我感到一丝愧疚和不安，我似乎从未认真去了解过父母是怎么样的人。

想起父母默默为我做的一切，一直躲藏在心里面的委屈和埋怨被满满的爱暖化，曾经因为害怕伤害而封闭了的心房透入了一丝阳光。我想起那时自己有一种不敢相信但又害怕失去的感觉，但我还是选择性地把这段温情的回忆拒绝在脑后，继续按照自己认为的主线故事去发展。现在再次想起时，我发现过去不曾用心感受过的爱和温暖，现在感受到了格外的感动和幸福，我找到了遗漏在生活中的支线故事，也看到了另一个不一样的自己。

如果没有这段叙事自我疗愈之旅，我永远不会知道原来在我的生活里面有很多爱我的人，是我自己太过沉湎于自己的主流故事——孤独与自卑的自己，也把支线故事温情的一面遗忘在角落里。现在重新拾起这块故事碎片，我才慢慢拼凑出另一个和主流故事不一样的文本，在这里我的心灵可以得到解放，得到爱和幸福的相伴，其实我并没有我想象中的孤独。

（二）自信的女孩

在大学里，自卑的我曾跌倒在舞台，这个让我不敢靠近的地方。在努力说服自己再去尝试一次后，最后我还是做到了。2016 年，带着对公益的喜欢和执着，报名参加了大学生挑战杯。作为团队负责人，我必须反复练习如何自信地站在舞台上向观众完美地介绍我们的项目。这对我而言是一个艰巨的任务，以往舞台失败的经验一次次地打击我不要去尝试，“我不行”三个字又出现在脑海里，我开始变得胆怯。可再无合适的人顶替我，我只能硬着头皮上阵。那时候我很焦虑，但我不能辜负组员们的期望，暗暗告诉自己三个字“我不信”，心底想着我不信我做不到，再让自己尝试一次吧！倒计时五天，我把稿子背得滚瓜烂熟，在任何一块空地，人群里大声地即兴表演，直至省赛答辩，我也很紧张，但那时候心里面把所有的失败都抛在脑后，此刻我选择相信自己的努力。

这也是生命里的例外，原来我也可以克服自卑，我也可以摆脱胆怯，自信而又执着地坚定自己的选择，我并不是一无是处。当再次回头去看这些曾经难以启齿的故事时，我在这段想要忘掉的记忆里找到另一个拥有宝贵品质的自己，也正是因为能够去接受自己的伤悲，而不是把这种痛当作“敌人”看待，我才慢慢学会和谐地对待自己的痛苦。在被忽略的支线故事里面看到意义和可能性，更愿意接受自己的过去，当我的故事得到珍惜和丰厚，这段故事对我的影响和意义也因此变得不一样。

六、独特的结果

（一）需要勇气去找回自己

选择撰写自己的故事，我承认在写作前内心会挣扎甚至抗绝，因为我害怕将自己的脆弱而不堪的一面展现出来，但从开始到现在，我看到自己在发生变化，也慢慢地接受叙事疗愈的过程，而且尽可能将自己最真实的感受表达出来。叙事的过程就像一个和自己内心小孩对话的过程，需要一点勇气坦诚地面对自己的内心，拥抱受伤的内在小孩，找回那个迷失的自己。

这一点勇气很多时候来源于你的挣扎，你想挣脱悲伤故事的那种想法和冲动，会带着你走进叙事治疗的大门，从此你的生命故事得以重新看待。在叙事自我疗愈的过程中，我明确感受到自己去疗愈自己内在的伤痛是需要勇气的，因为在这个特殊的时刻，只有你一个人感受自己的伤痛，还要反复去揭开自己的伤疤，如果没有勇气在支撑着自己，也许早已放弃。

回看自己的疗愈之路，扮演主要角色的还是我自己，原来走出自卑的钥匙自始至终都在自己的手上，只是过去的自己没有意识到也或者是没有勇气开启这场感受伤痛的旅程。而现在，我一个人走在这条路上，偶尔会害怕和孤单，也想过就此放弃，但那种渴望摆脱迷茫和自卑的决心，一直鼓励自己前行。

（二）自疗过程痛并快乐着

叙事自疗的过程痛并快乐着，在叙述有问题的主流故事的时候，故事主角会因为想起自己悲伤的故事，完全投入到那种悲伤的情境中，而过去来不及处理的悲伤情绪也在这一瞬间爆发，这种揭开伤口的痛弥漫心间，也只有自己才是最清楚这其中的滋味。我选择书写来倾诉，自己在写作的过程中也时常会泪流满面。一直被遗忘在脑后的故事，此时此刻再一次去细想，仿佛这些创伤事件就发生在昨天，心中那无法克制的情感，此刻就在这书写过程中崩溃。

但我相信这个过程也可以带来更多的快乐和幸福。在我述说故事的时候，其实已经开启了自疗的大门。通过书写、叙述或者其他的方式表达就是一个体验悲伤情感的过程，让自己能够有机会去感受自己的伤痛，而结束的时候，可以清楚地感到自己的内心的负面情绪在这个过程中也得到释放，整个人也因此变得轻松。

这是我第一次拥有机会去和自己的内心进行对话，也让我意识到有问题的文本素材也成就了我有问题的故事。这些故事也慢慢变成了我的记忆，变成我不好回忆的一小部分，深藏在我记忆深处。这是我的痛，也是我愿意开始叙事治疗的动力，而这样的开始让我愿意接纳自己的伤痛故事，和自己不堪的过去握手言和，让我感到一丝丝放下的快乐。

（三）相信自己是最好的治疗师

与朋友倾诉，就会感觉自己沉重的内心变得轻松。但这是一种外在心情的改变，伤痛的内愈还没达到，像是顽疾一样，再遇到类似的刺激环境，还是会反复地发作。

叙事自我疗愈是一种由内而外的治愈，是一种自己疗愈自己，与自己内心小孩对话，将自己与有问题的故事文本分开的过程。最了解自己故事，最懂得自己问题的人莫过于自己，所以我说自己才是最好的治疗师。在这场疗愈的过程中，你可以尽情地表达自己的感受和述说自己的故事，抛掉述说的顾忌，洒脱地将最真实的你呈现出来，这便是最好的治疗状态。

我认为，在叙事里，通过反复叙述，我们把故事从"过去"带到"现在"，让我们重新理解它们，并赋予它们新的意义，人便从旧故事里得到解脱，这就是叙事所带出来的故事疗愈。

可能我们习惯处理伤痛的方式就是来不及伤痛就已经深埋心底，然后用时间去等待伤口结疤，可我们不知道，伤口会发炎甚至恶化，这样的疼痛让你无法控制，也让你无法很好地投入自己的生活。我们似乎忘记自己也是有潜能去处理自己的伤痛的，而唯独尝试去相信自己是最好的治疗师，感受自己的伤痛，让伤口结疤，这才能慢慢使伤痛痊愈。

七、自我疗愈的挑战和反思

（一）叙事自我疗愈的局限性

叙事自我疗愈带来的效果明显，但在这个过程中也有局限性，下面就我自己在疗愈过程中遇到的困难进行分点讨论。

第一，故事叙述面临时间的挑战。叙说的故事忠于真实，那么自疗的效果就越明显。笔者在书写的过程中，由于过去的故事是很久以前的，笔者通过模糊记忆对故事的细节刻画等方面都存在一定的困难，只能做大体上的表达，这就给笔者发觉闪光事件带来一定的困难。在叙述故事的过程中是带有强烈的主观性的，主体自己建构和主体从自己建构的生活经验中选择重写自己生命故事的情节，也联结到自己的未来，通过自己反复检查生命故事去寻找自己对伤痛的合理认同，以此达到合理化的作用，也就产生了对新故事文本的新的意义，最后达到解构问题故事的目标。

第二，叙事自我疗愈对叙事者的要求较高。最基本的是案主自身要具备叙事治疗的基础知识，熟悉叙事治疗的治疗信念和技巧，因此这种方法并不适用于所有的需要进行叙事自疗的人群。大多数需要用这一疗法的人员都是在专业咨询师的引导下进行的，但是这一方法特别适用于不愿意和他人分享悲伤故事的人群，可以在一定叙事治疗的基础上，通过自己去治疗自己。笔者在专业课程上学习过叙事治疗，然后将这种疗法用于自己，发现也会因为自己对治疗技巧的不熟悉而难以诠释和理解自己有问题的人生故事。

第三，这场叙事自我疗愈行动，是一个漫长的过程，所能见到的成效也是慢慢累积的。这就需要参与者要保持耐心和毅力去坚持到最后，也需要其全身心投入和认真地去了解自己的创伤事件，相信自己是疗愈自己最好的治疗师。我们可以知道叙事的起点，但是治愈的结束视个人情况而定，治疗的时间跨度比较长。很多人尝试去做，但最后的效果甚微，最主要是没有时间去理解内心的那伤痛，匆匆地、“囫囵吞枣”式地找到另一个安慰自己的借口就以为这便是叙事治疗，其实有没有达到治愈的效果，最清楚的人还是自己。

第四，叙事治疗方法目前还没有形成一套完整的体系，其影响力是有限的。体系的不完整，导致使用者只能使用有限的技巧去结构和重构自己的故事，但是面对复杂的故事文本，并不能有效地协助案主处理问题。笔者在解构自己问题故事的过程中应用已有的方法和技巧去处理自身的伤痛，发现其可以使用的技巧和方法目前比较缺乏。

第五，自愈式的聆听是否有效？叙事自我疗愈中，自己是讲故事的人，也是那个聆听故事的人。通过自己去聆听，其实做到理性认识自己不易，首先创作者就深陷故事的情节中，无论是思维还是情感方面带有对于个人故事的认同感和怜悯，很难做到"旁观者清"，从而影响到自愈的效果。

（二）对我的疗愈之路的几点反思

第一，叙述者需要坦诚面对自己。倘若对自己说谎，那便是虚假的故事，就算问题解构了，也没有彻底解决你心中的伤痛和困惑。而越是真实的故事，带给人以改变的冲动和力量，能够鼓励叙事者继续去探索自己的生命故事，直至找到自己困惑的答案。

第二，叙事治疗始终是一种可选的治疗方法，但不能唯方法至上，也要相信自己是有方法解决问题的。叙事治疗里面的方法和技巧知识提供解决问题的方向，并不是所谓的万能丹药，最好的治愈方法是要靠叙事者自己去挖掘和发现的，而适合自己的方法便是最好的方法。

第三，避免过度解构问题故事，使自己深陷于有问题的故事文本当中看不到改变的希望。在解构自己的生命故事时，要注意找准令自己发生改变的闪光点，而不是随便找到一个借口安慰自己解构成功了，这样便是在欺骗自己。但也要避免过度去解构自己的故事，使自己对自己的故事文本都充满质疑，甚至怀疑自己的记忆，这种过于固执的挖掘，只会增加自己理解生命故事的难度，也离真正的解构故事的目标越来越远。

第四，故事反映叙事者身处的文化，个体在述说故事的过程中受到所生活的文化的影响，即从社会、文化、政治因素来看，人们的人生经历是如何被这些因素所建构所影响的。当我们看到的是，不符合社会主流标准，就会组成一个问题故事。这个问题故事就会限制主体对人生的理解、追求以及现在人生的可能性。尽管这个问题故事非常单薄、非常狭隘，但是案主会把这个问题故事当作是他人生的主要内容。因此，故事决定了哪些人生经历被表达、被讲述、被记忆，以及哪些事件又是被遗忘、被忽略、被否定。这种文化觉醒不容易，这需要自己要跳出自己所在的文化和习俗来反观自己的生命故事，去思考二者的关系。

第五，故事有好坏之分，需要解构坏故事和重构好故事。以往我们没有意识到自己的生命故事当中会存在坏故事（有问题的故事），以为所有的伤痛都是当时事件发生的人和环境导致的，完全忽略了自己对事件的选择性记忆也会导致自己对故事的偏见。坏故事需要解构，需要我们在反复体验生命故事的过程中找到解构坏故事的钥匙，打开重写新故事之门，去建构真正属于自己的好故事。

第六，在寻找例外事件中也会面临自我认同的挑战，服务对象是否认同治疗师发现的"闪光事件"就是服务对象也认同的例外事件？在这个过程中都有待去讨论。更重要的一点是，在进行自我疗愈的治疗过程中，意味着要坦诚自己的内心世界，倘若欺骗自己找到的理由而达到自我认同或者让答案合理化，也很难达到叙事自我疗愈的效果。

八、新思考

走过漫长的自我救赎之路，到最后还是会回到最初出发的地方，又回到论文写作的初衷，我为什么在我本科最重要的时刻去选择用叙事治疗的形式去完成我的毕业论文。在我看来，自己的内心里一直住着一个受伤的小孩，她渴望被爱、被关注与呵护，也渴望被看见，而毕业论文也将是我倾尽心血对待的作品，我想给自己过去糟糕的童年和不堪回首的遭遇作一个总结，也是为了满足自己内心小孩对爱的渴望与追求，我知道自己对爱和温暖的需求一直都在，它不会因为我长大成人而消失。既然如此，我觉得自己过去的人生可以不完美，但它不能不完整，给自己时间收拾充满伤痛的心房，也是为了下一个人生阶段可以很好地出发。

现在的我之所以迷茫，也是因为自己在成长路上背负了太多的伤痛，这些伤痛一直无法痊愈，偶尔发作，便让我一次又一次怀疑自己的人生。没有明确前进方向的人生既困顿迷茫，也布满荆棘，让我在生活中处处碰壁。这不是我要过的混乱生活状态，我想要的是轻松上阵以及无悔过去，而抛掉伤痛的包袱就需要回归到过去伤痛发生的事件中去好好理解那未曾珍惜和对待受伤的自己。

说完故事之后，作为研究者，我并没有觉得自己的伤痛被完全解构，自己的状态也在慢慢改变，只能说故事是为了确定自己的存在，体现个体的主体性，厘清自己混乱的故事也给自己找到生活的方向，更重要的是帮助自己看见自己，将自己拉回初心。说完故事，人会产生新的力量、动力和新的决定。我不在乎自己写出来的故事在别人眼里是好还是不好，好或者坏都是来源于我自己真实的情感和想法。

叙事自我疗愈到现在，最大的收获是，整个人由内而外变得轻松，我承认自己的伤痛，也对自己更加真诚和宽容，让现在的我自信而阳光。我没有刚开始写作的排斥和逃避，也在这个过程中知道尽管自己的故事不完美，但这是仅属于自己独一无二的故事，它需要整合出完整的意义，让我回归真实的自己，继续重新出发。

九、写给未来自己的话

（一）写给自己的一封信

今天写下这封信，一方面是为了纪念自己独立完成了自己的叙事论文，另一方面是想记录下这个写作过程自己的一些想法和感受，告诉自己我是怎样一步步走下去的，而最后通过这样的叙事疗愈的方式，谈谈我的收获。

我记得2017年12月28日，我满怀希望地开始了自己写作叙事治疗历程，到现在回头看到自己敲下的每个字，在字里行间去体会自己的情感和思想的变化，对我来说，这个过程太重要了。从我的故事圈子跳出来看，它让我回到过去拥抱那个不完美的自己，它也让我重新看待现在的生活，找到那个连接现在和过去的力量源泉，让我今后的人生自信和勇敢。

叙事自我疗愈一开始很难。因为这是和自己的内心对话，反复质疑自己人生主流故事的每一个细节，可能因为自己曾经忽略了这些带有闪光点的细节，才导致脑海里剩下的是一些有问题的故事文本。要让一个人放下坚强的防线去承认自己的脆弱不容易，因为没人喜欢赤裸裸暴露自己的伤痛，所以一开始我的态度也是很抗拒。后来我发现，其实自己会有情绪抵触，说到底还是因为自己不敢承认曾经的自己是不完美的。认识到这一点，我也慢慢知道自己的局限性所在，明白目前混乱的生活状态，甚至是对未来的生活也显得迷茫，基于这样的状况，也给了我足够的理由去开始。

反复看待自己的故事的时候，急着去找到特殊事件，那种焦急想要找到的心情，与现实还没出现特殊事件形成了对比落差。所以，自我疗愈的过程急不来，需要叙述者沉得住气，静下心，细细地去思考和探索与主要信息不一致的地方，坚持下去总会找到主线故事之外的独特生命事件。

总体来说，自己一路走来，是一个收获的过程。自己有时间去整理那个混乱的记忆房间，这对我现在迷茫的生活状态是一个很好的机会，能够让自己静下来重新看过去的人生经历，好好对待自己的伤痛，也是想回归到最真实的自己。现在的我不再被过去的创伤生命故事所牵绊，也更能清楚地认识自己，带着自信出发，期待自己能够更快乐地生活。所以对过去的自己要学会宽容，勇敢地承认自己的不堪和伤痛故事，拥抱自己的内心。对现在迷茫的自己也要学会思考和接纳，多一份理解和关注自己的感受，才能活得更像自己。

（二）见证的意义

承诺书

小粽子同学承诺自此后做一个自信与坚强的自己，不再受过去的伤痛故事所影响，和伤痛的故事说再见，与自卑的自己好好告别，摆脱焦虑和迷茫，学会相信自己的选择，肯定自己的努力以及欣赏自己的独特之处，做快乐而真实的自己。

承诺人：小粽子

2018 年 3 月 5 日

十、结语

本论文讲述了笔者关于难以理解的父母偏爱、糟糕的童年、丑陋的疤痕、儿时分离和舞台恐惧事件等一系列发生在童年时期未处理的伤痛故事，通过叙事治疗的方式自由表达了笔者在父权生育文化下的无奈，以及对社会文化习俗的挣扎，以此层层解构了笔者胆怯、自卑以及冷漠等问题，让笔者意识到所经历的伤痛故事并非是个人的问题，也是整个社会、家庭、文化的问题和责任。同时在讲述故事的过程中给予笔者整理碎片故事片段的时间和机会，重新理解和看待自己的生命故事，在有意义的故事片段中找到那个独特而真实的自己。

“自疗”行动八：

我与自卑蛆虫的抗争史[①]

★ 故事新读

一开始选择叙事治疗作为毕业论文选题时，我的内心是极度忐忑的。这意味着我要去回想、不断回想不愿提起的往事，这与自揭伤疤无异。所以，我在初稿和二稿的撰写过程中并未真正花心思，文本也是避重就轻。当毕业论文定稿的最后通牒下达时，我陷入沉思：我当初为何要选叙事疗愈？而我现在的状态又是为何？我就此失眠了，因为真正要去面对自己时，真的需要很大勇气。

翌日我便早早起床，毫不犹豫地将前面的稿子删除，在键盘上敲打着新的稿子。我选择好好对待自己的决定。那两天，泪水伴着我写出了全新的文稿。手指在键盘上迅速敲打着，时而停歇。我拥抱着自己、也鼓励着自己。这个过程，其实就是旧故事瓦解、新故事重塑。也许你也正在经历着、感受着故事的困扰，我们的故事可能在看官眼里索然无味、不值一提，甚至是“无病呻吟”的戏份，但只有你我知道，它们真实地影响着我们。亲爱的沦落人，请你也别逃避，去面对它、接受它，因为你会发现自己比想象中强大得多。请你尝试看清困扰故事人物的结构，解开它的运作模式，代之以新的故事。其实故事重构的文本并未被篡改，只是说故事的人换了新的方式去表达。不知道你有没有发觉，所有伤口在愈合的过程，都伴随着难忍的痛、痒，你甚至会忍不住去抓挠它。可是只要你给它足够的时间，它最后都会愈合，即使它留下了或大或小的痕迹，那也是为了让你记住你曾经战胜了它。即便今生风雨交加不停息，你都是风浪中的掌舵人。只有你，也只能由你决定，你的故事将如何上演。

言　夕

2018 年 11 月

---

① 作者言夕（化名），岭南师范学院社会工作专业 2014 级本科毕业生，部分内容摘自作者毕业论文。

一、提要

在探讨叙事治疗理论下，以本人的生命故事为主线，回顾并梳理“我”之生命故事，深入了解本人对人生重要事件、生命与未来的看法和观念，分析其影响自我认知的事件、原因及变化过程。阐述“自我疗愈”等概念及其对本人尝试改写生命叙事的意义，探究其是如何在主人公的故事中发挥作用，又是如何打开自我疗愈的大门。将此过程中的细枝末节结合叙事行动方程式，剖析人生故事演变的原因和改写的可能性，以期从旧的故事中获得成长和蜕变，接受旧故事中的自我，迎接满载正面能量的新故事。

二、缘起

“自卑”这一话题由来已久，不可否认的是，它给人们带来矛盾感、愧疚感，而饱受其折磨的人们总会习得性将自己看作“无用之人”。在强烈自我贬低的观念影响下，个体逐渐扭曲自我认同，将他者、他物以及他境的现代性观点渗透进原有结构中。尤其在中国这样一个具有内隐内倾文化的社会，人们避讳自揭伤疤，更不情愿回顾充斥着伤痛的往事，这并不代表个体能借此方法得到解脱和救赎，甚至在不断独自承受一次次精神打击之后，个体将会默认结构中负面的自我。那么，自卑个体是否只能困囿于负面结构中，无法获救？当后现代主义席卷而来，现代实证主义地位被其反思性与批判精神所震撼，后现代视角为人们提供了新的可能性，为这群“自卑者”瓦解了“精致利己主义”的结构，并为其打开一扇重构的大门——自疗式叙事。

三、故事的开始

（一）女儿身的挣扎

1. 狼奶奶

为女者，我的到来并未得到奶奶的祝福。母亲总提起这样的片段：

“你刚出生，你奶奶看到你就整个脸耷拉下来（很是不满）。还没出院，你在婴儿床上‘哇哇哇’地大哭（应该是饿了），她就在旁边呼呼大睡，不管不顾……”

从我有记忆之始，便记下了我与奶奶之间的不愉快。她只送弟弟上学，不送我；弟弟发烧，她宁愿让鸡腿馊了也不给我吃。在我三四岁时，每次她要来，我都赶紧把家门锁好。甚至夸张到我梦见奶奶要来，就突然醒来跑去看有没有把门锁好。我是重男轻女的受害者之一，奶奶不喜欢我，也不喜欢我的母亲。因为我是女孩，因为我母亲生下了不是男孩的我，所以我总念叨母亲为何先生下我？

2. 她们也是帮凶

• 妈妈总说我是在垃圾里捡来的，她会拿藤条和衣架狠狠地打我，但对于弟弟，从未舍得下手。就连我总被弟弟咬到手出血，或是用手在我脸上捏出血印子，她也只是告诉我：“你做姐姐的，让一让弟弟，他还不懂事。”弟弟闯祸了，她就说：“男孩子调皮点儿很正常。”

• 远房小姨是负责照顾弟弟的保姆，她带弟弟外出期间，总会将我锁在家里。即便我竭力哀求也未能争取半次一同外出的机会。

• 从小到大，我被长辈们“劝诫”最多的话语是——女孩子读这么多书没用！

在女大人的世界里，区别对待并不是新鲜事。对于我而言，“儿子”才是她们做出家庭贡献的力证，“女儿”只是一个陪伴前者成长的物件。既然我的到来完全没有意义，我一出生就该被掐死或被遗弃荒野。

（二）孤独的屈辱

1. 饿狼要杀了我

记忆中最深刻的两次欺凌事件，至今让我毛骨悚然。

事件一：A表哥为了要五毛钱，竟然打赌从我家二楼的阳台跳下来，我还没反应过来，他就已经“挑战成功”了，按捺不住的他竟把我推倒在地，顺势拖着我的双腿绕路（如同拖拽着一具躺在地上的尸体）。我大声地呼喊着：“妈妈，小姨，快来救我！”我止不住恐慌的泪水，因为我才五岁，没有足够的力气反抗。我的母亲和小姨没有出来制止这一切，A表哥玩腻了便拿着我的钱走了，留下狼狈不堪的我，还有萦绕在空气中自豪的笑声。

事件二：2004 年的一个冬日，我像往常一样在饭堂洗餐具，突然有人猛地将我推倒在洗碗的大盆里。那个高年级的欺凌者眼里满是坏笑，而我又冷又无助，旁边没有人愿意拉我一把，大家只是看着像傻子一样的我。

在无数成年人眼里，欺凌不过是“小孩子之间的打闹”——这种认知直接把被欺负的孩子置于孤苦无助的境地。更可笑的是，受害者求助于家长、老师和校长时，居然被指：为什么别人就欺负你？被欺凌了是我的问题，还得自我反思，从自己身上找原因。自此，我再未寻求帮助，因为没有人会心疼我，因为我不够重要。

2. 班主任与“小偷”

2006 年的一个上午，班主任凶神恶煞地走进来，吼道：“……B 同学的文具盒不见了，你们几个凑钱还给她，现在出来罚站！”所有人都指指点点——他们是小偷。

为了完成兴趣班的画画作业，我和班里几个同学一起翘了舞蹈课，留在了课室。就因为我们的成绩一样不够好，班主任直接不分青红皂白判我们为小偷。是不是成绩不优秀就等于品行不良？为师者，你们觉得可笑吗？

3. 曲折的求学路

我念完幼儿园，却未能如愿入读公办小学。父亲奔走于各个小学，托人找关系，但均是徒劳。原因有二：其一，我只有五岁，未到读小学的年龄；其二，也是最重要的一点，我是生长在城市却持农村户口的人。我对不能上小学这件事一直耿耿于怀，被迫无奈又回原来的学校多读了两年学前班。我讨厌年龄限制，每个孩子的智龄发育有快慢，为何在教育上我们就不能真正做到因地制宜、因人而异呢？一视同仁应该体现在教育的起点公平、过程公平以及结果公平上。

但我更讨厌“农业户口”，户籍制度阻碍我的求学路——我理想的第一小学没有录取我，接二连三地报考了几个学校的入学考试，结果仍旧不变。作为一个孩子，我当时感到很难过，是不是因为我是一个笨小孩？正当我焦虑不安之时，万幸的是，市区出现了第一家私立小学。

我还记得那个招生老师说：“我们这个学校对孩子的年龄、户口都没有要求的。”然后我就有了着落。私立学校的费用比较贵，那个时候每个学期1200元左右，我属于日托生，而周托生的学费更达到2000元左右。

私立学校刚起步，在招生上没有公立学校那么多要求，所以大部分的学生都是镇上的或农村的孩子，比如父母外出打工或者跟随父母来到城市的。我和那群同龄人一样都很难进公立学校，但这样门槛低的私立学校汇集了各种各样的群体，有各个小镇的、不同方言的，有说脏话的、小偷小摸的、打架的，等等。

4. 羞耻的早熟体验

一个炎热的下午，我的下体突然流了很多血，我当时以为自己快要死了。我并未意识到十一岁的我迎来了新的人生阶段。突如其来的月经使我焦虑不安，甚至觉得很丢人。除了身体上的不适感（强烈的腹痛以及身体酸痛感），还有心里的难过。

同学们对我嘲笑："大胸妹，你真丑！哈哈，又把裤子弄脏了……"

我开始不喜欢上学，为什么别人都没有这样，我却这么倒霉？渐渐地，我为掩盖身体上的异样，而低头、含胸和哈腰等。我多么希望学校的老师可以告诉大家，我是正常的，和大家一样。

（三）你为何离我而去？

1. 外婆的离世

外婆对我的疼爱很好地冲淡了奶奶对我的厌恶。一次，她为了安抚我焦虑的情绪，六十多岁的外婆背着我去母亲上班的地方，可她根本不识路，坐车也错过了下车的站点。但在这个老人的背上，我感受到了踏实的安全感。然而她在我五岁时就因病离世。对于我而言，这是天大的噩耗。

2. 父亲的远走

我是父亲最爱的孩子，但为何他可以无良至此？抛弃糟糠、无视双儿，他尚未撒手人寰便如同一缕轻烟般消失在我的生命中。他是我最信赖之人，却可悲地变成了我最陌生的人。一个可以代替母亲照顾我的人，总是夜不能寐抱着婴儿时的我，又为孩提时的我早起准备早饭、接送上学。即便他自己饿着肚子，也要把手里的一瓶八宝粥留给我。虽然整个小学都没有父亲的陪伴，但是他一直是我最为尊敬的父亲。可他的婚外同居给了我重重一击，甚至在我跨过几百公里奔向他，企图挽回我的家时，他冷漠地偷偷溜走了。那年我上六年级，第二次感觉到失去亲人的切肤之痛。有些人活着其实早已像奔赴了坟墓。紧接着的一两年里，我一直尝试联系他，可是电话那头不是挂断就是“你打错了”。

是不是我不够优秀、不够听话，所以他连我也不要了？

（四）“黑猫”和“东亚病夫”

出生时便是偏黑且体质瘦弱的我，被冠以“黑猫”的称呼。我没有像弟弟一样，有着白白胖胖讨人喜欢的婴儿肥，我更像是一个营养不良的非洲儿童。在他人眼中，黑瘦的形象被当作一种没有福气的象征。直到现在，家里人都给我灌输一种观点：我吃多少都是浪费国家粮食。白净的肤色成了我的奢望，为什么我这么黑不溜秋的？照片中的我，总是蜷缩着身子，抬不起头来。

“我怀你的时候，吃得最多，补得最多。怀弟弟就没吃什么，可你从小就多病痛……”妈妈又提起了这事儿，我想起了我的几个“老朋友”。

常年的住宿生活让我养成了很多不良的饮食习惯，中午不吃饭代之啃面包。所以，才小学四年级的我就染上了胃病，没过多久又加入了“三低”（低血压、低血糖和低血脂）行列，成为贫血人群之一。“好事”接踵而至，作为一个女孩子的必经之路——来月经。我最害怕的是“胃炎叔叔”和“痛经阿姨”，它们让我生不如死——每次光顾，我像个落魄失魂的野鬼咆哮着，最后无力呻吟，直到晕过去。二位“老友”总能让我记住痛觉的感觉，不断给我下马威，于是我变成了一个“药罐子”。学校的课桌、家里的药箱和随身的书包都放满了我的“救命丸”。

（五）为什么是我

每个人来到这个世上，都是新的可能，为什么我被困住了？新的可能又在何处？我没有权利选择我的原生家庭，没有魔法让奶奶一眼就喜欢我，没有勇气反抗欺凌，没有力量改变我是农业户口群体的身份，没有办法阻止原生家庭的破裂。可我当时只是一个孩子，你们对我的高要求、高标准真的公平吗？在家里，我不是男儿身，就活该被忽略、被关押、被怒打吗？我也强烈地幻想过自己一觉醒来就变成了男孩子，这样也许就会得到奶奶和母亲的疼爱。在学校，我黑黄色的肌肤被嘲笑，过早到来的青春期也成为同龄人取笑我的把柄，老师和同学的欺负更加重了我“命本该如此”的观念。在社会，我是城里长大的农村人，努力考取公办小学是我的梦想，可是现实给我重重一击。难道农村孩子比不上城市孩子吗？上天赐予我慈祥和蔼的外婆和不嫌弃我为女儿身的好父亲，他们的陪伴让我短暂地忘却自卑的体验和伤痛。但好景不长，又让我失去这两位重要的亲人。是不是我真的很差劲？我真的是扫把星？爱我的人都不在了，老天爷你为何选中了我？我不被爱，亦要遭受长期的病痛，没有记忆的年纪尚且容易度过疾病的折磨，可是我却在有了记忆后的人生记住了所有的疼痛。不被爱的事实，加上难缠的病魔，让我深深地质疑自我生存的意义。我真的值得存活吗？生病时，母亲看到忍不住疼痛的我落泪，会把我臭骂一顿，说我没用。我的母亲，身为长辈的您，就不会有一丝丝的愧疚吗？我幻想过青春的叛逆，像弟弟一样闯祸，然后有人替我收拾烂摊子，可我未曾实践过，因为内心害怕——如果我不听话，母亲会不会扔下我不管了。我只是一个普通人，我渴望生命可以少一些折磨。生命中带给我的伤痛，除了身体上长期的不适，还有外在的负能量的输入，为何偏偏是我要承受这一切？

四、助长自卑的“营养品”

（一）传统印记

1.“重男轻女”的印记

儒家传统文化是中国古代统治阶级巩固君权的重要手段，它以“君君臣臣父父子子”“君为臣纲，父为子纲，夫为妻纲”为纲领，并执行严格的等级制度，不同等级的人有不同的礼节待遇。再者，在以小农经济为主导的封建经济社会中，有着先天力量优势的男性在家庭生产中有着至关重要的地位，“男强女弱”这种看似合理的说法，进一步削弱了女性的地位，使男尊女卑成了法律条文一般，顺理成章地成为人们重男轻女的依据。另外，“养儿防老”“嫁出去的女儿就是泼出去的水”等一系列生女养女是亏本买卖的观念，历久弥新地将人们驯服为权力话语下的行尸走肉。为了维持男性主宰的地位，权力操控者通过“传宗接代”“不孝有三，无后为大”的文化熏陶着人们，把生育男性后代作为孝顺长辈的依据，生儿子也就与孝顺画上了等号，进而构建了“男尊女卑”的存在合理性。从后现代主义的视角观之，权力掌控者高举“文化礼节”幌子，让人们相信这套“纲领”或“孝文化”的真理性，以更好地让权力在缜密的“文明世界”里暗箱操作。

我自呱呱坠地起就不受奶奶待见，她有着严重的“重男轻女”观念，其所作所为，让我打小就有这些念头：为什么我不是男孩？难道女孩就不能撑起一个家吗？

“重男轻女”的戏份大多数在身为女性的群体中上演，同样作为女性，她们为何为难女孩？我尝试去理解她们，去看清这些“合理性”是如何产生的——奶奶因为是女儿身，很小就被送给别人养育，她吃了很多苦；母亲在三十岁生了我，在那个年代属于晚婚晚育，但我的到来并没有让她获得婆婆的喜欢，反而更增不满的情绪。奶奶和母亲都是不被喜欢的，只因自身非男儿身或未能生下儿子，长此以往，她们也加入“儿子才能延续香火”的行列，有着或轻或重的“重男”的观念。

2. 中国人的隐忍性格

在“家本位”的中国古代社会，个人的主体性必须依附于整个家族，“舍小家成就大家”的精神和“集体主义”的原则，使坚忍的中国人学会默默隐忍。中国人崇尚忍耐，且能够忍耐的处事风格被世界所认同。从圣人孔子所言“人能百忍则无忧，小不忍则乱大谋”的箴言，到民间“忍一时风平浪静，退一步海阔天空”的话语，均备受人们追捧。

“不要哭衰了！”（母亲总不耐烦地对我说这句话）

这也就变成是先有了哭，后有了衰，此两者间无中生有的因果关系直接就给“哭”扣上倒霉的帽子。哭等于晦气，也等于丢人脸面。哭的这一举动，何时演变成霉运的象征？我很好地习得了“忍”的品质，不开心那就忍着，被人欺负那就忍着，痛那就忍着。不被允许的哭泣、大哭、痛哭，让满怀屈辱、备受折磨的我也学着隐忍、学着习惯，学着成为“隐忍国”[①] 的合格公民。

（二）社会建构

1. 户籍制度与城乡二元化

中国的户籍管理制度是中国对其公民实施的以户为单位的户籍人口管

① 隐忍国，此处喻指普遍隐忍成风的中国。

理政策及国家行政制度。现阶段的户籍制度是依据血缘继承关系和地理位置，将户口划分为了城镇户口和农村户口，此城乡二元户籍制度在城市和农村之间筑起了一面高墙，也是对公民身份的一种不公平的等级界定，带有一定的歧视性。

在社会主义市场经济迅速发展和社会生活民主化的今天，户籍制度依然与身份和福利挂钩。它曾让我无法入读优质的公办小学，最后我就读于一所住宿型私立学校。小孩子根本不知何为“自卑”“低人一等”，但是我记得满腔的羞耻以及对“非农业户口”同龄人的羡慕。

随着城镇化和工业化的新浪潮，城乡之间的人口流动也随之加速，由此形成的城乡二元社会结构改变了传统家庭形态，致使大部分农村走向式微、衰败。农民的身份从“面朝黄土背朝天”耕作者演变成极具现代化标志的“农民工”，很多农民不再踏踏实实地种植，完成符合该社会角色的权利和义务。但“农民工”进城了也未能享受城里人的待遇。这种夹缝中生存的角色，是什么造成的？这一中国特色现象的蔓延、肆虐，同样也影响着我的家庭——农村户口的父母在城市里，也成为双职工父母，兼顾照顾家庭和工作赚钱的任务，身份上的矛盾让个体备受现实打击。

户籍本应是户口管理和登记居住地的工具，但却成为“城里人”炫耀的资本。哪一种身份更高贵？手持农村户口的人们挤破头地进大城市，这背后又是哪一种权力体系的操作结果？就因为我不是城市户口，我连公平竞争入学机会的资格都没有。

2. 性教育观念的滞后

在物质水平极大提高的社会经济背景下，我国不断倡导儿童性教育，但实际上性教育一直处于“雷声大雨点小”的尴尬境地，快速发展的经济与落后的性教育观念形成鲜明的对比。中国长期处于一个性禁锢的文化环境中，性是一个非常敏感的话题，人们习惯避而不谈或者谈“性”色变。然而早期性教育对儿童的成长有着深远影响，认识自己的身体有助于他们更好地形成自我认同感、顺利度过青春期。承担着性教育任务的两大责任主体——家庭和学校，未能扮演好其中的角色。

经历早熟的我并没有得到这两大群体的协助，当大多数同龄女孩仍处于懵懂时期时，而我身体的变化让我非常不自在，以至于感到自卑。在十几年前，中国便开设了青春期生理课，但普及度远远不足，我所在的小学就没有任何关于青春期的课程，没有人告诉我——我不是特殊的。到底是什么建构了我的不正常？让我深深地厌恶自己的身体，大家都默契地遵守着“女孩子在月经期间不能踏进庙宇”的习俗，默许着“月经是不干净”的观念。

3. 特定时期的生育政策

20 世纪 80 年代，一胎制开始被强制执行，根据英国《观察家报》记载，1981 年的广东，有 4700 名孕妇被戴上手铐送到当地医院，进行强制性人流，并强迫其支付交通运输和看护等费用。直到 90 年代，中国依旧严格执行一胎政策。但很多主抓计划生育政策的人，在利益的驱使下，顺势让计生执法机构变成寻租空间的利益集团。

我见证了这样可怕的一幕——母亲被计生办的人抓走，次日也抓了父亲，二人都被迫进行绝育手术。我极度自责，为何我要来到这世上？如果母亲生了儿子就不用遭罪了。但普罗大众是无法主宰社会政策、社会制度，我也一样，所以我根本无须为这种事情承担着多年的罪恶感，总将制度所带来的恶果独自包揽。

4. 矛盾的宗亲关系和熟人社会

物欲横流的现代社会不断影响着家庭内部形态和家人关系。我也尝试理解父亲的离开，他在一个大家庭成长，上有一个哥哥和三个姐姐，下有一个妹妹。作为小儿子的他，并未得到与大哥同等的关爱，甚至被自己的母亲瞧不起；他好不容易与我的母亲自由恋爱修成正果，但又不被赞成和祝福。相较之下，母亲的家境更为优厚。父亲在原生家庭不被关注，在新成立的家庭中也因差距而抬不起头。在外闯荡几年后，父亲返家开办工厂，他感受到了前所未有的自主权。人在这种过渡期，很容易迷失自我，洋洋得意的状态让他逐渐远离这两个家庭，他可以在外面找到控制感，而这恰恰是他在家里感受不到的。最后他和他的原生家庭以及组建的新家庭越走越疏远。

在“差序格局”① 的中国，中国人是关系取向的，办事首先看与自己

① 差序格局，指中国的社会结构好比把一块石头丢在水面上所产生的一圈圈推出去的波纹，其社会关系是以“己”为中心，逐渐从一个一个人推出去的，是私人关系的增加，社会范围是根据私人联系所构成的网络，范围的大小根据中心的势力厚薄而定，关系的亲疏如波纹距离中心的远近。参见费孝通．乡土中国［M］．北京：三联书店，1985：21－28.

关系的亲疏。同等条件下，有关系与否的处境和结果便会不一样，关系深与浅也影响到事情能否顺利办成。人们在行事上已形成对关系网络根深蒂固的依赖和信任，关系至上以及关系支配性都已成为默认的潜规则。但现实中又有别的例外，熟人社会的运行规则同样分门别类，逐渐契合着现代化扭曲的变化节奏。当我家在开工厂时，家里会不时有人前来做客送礼。每逢年节，我和弟弟都会去数数有多少礼物——“一二三……”但我记得更清楚的是，房子里所有东西被搬空后的冷清和昏暗。亲友们的趋炎附势正如“富人身在山中有人寻，穷人游于街边无人问”。有着血缘关系的长辈们，可以看着你走向毁灭，昔日称兄道弟的朋友再也不进你家门。

（三）文化牢笼

1. 被妖魔化的病痛

算命佬和神婆[①]穿插于我的整个病痛史，只要我身上哪个地方有毛病了，就少不了他人的闲言杂语和“好心帮忙”。

- 我一出生就有一颗红色的痣在眉心（与《西游记》里的观音菩萨那颗红痣的位置一样），它是鲜红色的，旁人见到都说：“这孩子是不是被下了咒，人愈长，痣也愈大。”
- 婴儿时期的我特别闹腾，喜欢大半夜大哭，奶奶不知从哪里学来的老方子——天天往我头上套红色内裤，居然“颇有奇效”。
- 黑黄肤色的我总是接二连三地跑医院，有时甚至住院，往往这个时候，都有人在母亲耳边“好心建议”：“××的神婆很灵验的，我带你去算算，让她把那些东西给弄干净。”

大家都变着花样地想要证明“我是被诅咒的孩子”“有东西缠身”[②]“你们家风水不好”。因为他们的建议看似生效了，所以奶奶等人便主动地将这些所谓的生活经验赋予特定的意义——请神婆驱鬼、对我念“解咒语”[③]。对我而言的病痛，在他人眼里是鬼魂作怪的结果或是上辈子的余孽。一而再，再而三，我也被他们的经验观点同化了——我是不祥人，注

---

① 算命佬和神婆均为本人家乡对算命、看卦和风水一类职业的称呼。

② 因为当地人对鬼魂的避讳，此处的东西代指鬼怪游魂。

③ 解咒语，是代指奶奶、母亲等人给我涂抹神油、喝神茶时，一边在嘴里快节奏地念叨着各种听不懂的话语，有驱魔辟邪的寓意。

定被疾病缠身。随之我便放下了我的反抗，任他们对着我嗤之以鼻。"三姑六婆"和神婆一行人趾高气扬的专业姿态，反映了这背后处于主导话语地位的知识霸权。天平从一开始就倾斜，力量缺失的那一方逐渐也被另一方削弱，看似是力量稍微不足的一方被重视了，但实质上满载知识权力的另一方可以任意将前者牵着走。我真的相信是上辈子造孽太深，这辈子来偿还。我认为自己是个累赘，长期服药、打点滴，突发情况还要住院，这耗费家里不少钱，这让我更加难过、愧疚。于是我出现强迫行为：每天都打扫，不允许地板上有头发，早上洗漱完就开始，弄完才肯吃早餐；洗手一定要用香皂（一天多次，未用香皂会让我觉得很脏，且香皂的储量充足）。结果是，我看到垃圾会有焦虑感，手也一直脱皮。但循环往复的病痛，无效的强迫反应以及"占上风"的鬼神论让我妥协。

2. 标签文化的流行

我的诸多外号背后被他人赋予了特定的含义，"扫把星""克星""黑猫""东亚病夫"等都带着歧视的色彩，因我总是生病便被贴上这些标签，将我的疾病与其他毫无关联的事情挂钩，让我背负罪名。例如，母亲怀着我的时候，把门牙摔坏了；父亲载着我从老家出来，翻车受伤……就因为意外发生的时候，我在场但是毫发无伤，便给我挂上"扫把星"的罪名。人们习惯将长期生病的人当作携带霉运的"病原体"，我生病就是活该的吗？就是我心甘情愿的吗？是生活教会了我这些标签带着歧视，他们希望我被孤立、被边缘，这种烙印式的标签，让我痛恨自己的疾病。

我置身其中的主导文化对我编写故事有着深刻影响，我一度认同我就是他们口中的不祥之物，我甚至都没发觉诸如此类的"文化"不仅外在于我的生活，而且内在于我的生命。这就像是一个洗脑的过程，虽会耗费漫长时日，但知识体系背后的权力终会通过压迫或者建立一套真理体系而得逞。它们通过各式各样的话语，把我驯服。

五、原来我很重要

（一）母亲的好女儿

父亲刚离开那段时间，我几乎成了家里的顶梁柱。母亲多次出现要自杀的行为举动，我紧紧地抱住她，安慰她。我养成了一下课就飞奔回家的习惯，佯装做饭，实则为了“监控”母亲的举动。我整天想办法逗她开心，拉着她出门。

生活仍旧想方设法将我坠入谷底，户口簿失效、母亲再次意外入院……只有我一个人陪在她身边照顾着。虽然很害怕，但决不妥协，我相信我可以照顾好母亲，让她顺利出院。那个夏天，我成了妈妈最大的依靠。

隔壁病床的阿姨居然夸我是个好孩子，羡慕我妈妈有一个这么好的女儿。母亲也应道表示赞同。我听到时喉咙已经哽咽，母亲从未夸赞过我是一个好女儿。这一句“好女儿”对我而言有多么重的分量。原来我做的是有意义的，会有人记在心里。我也会被人需要，我也是有价值的！

（二）胞弟的好姐姐

一同遭受家变连累的还有弟弟。在家庭变故后，他性情也随之变化，一只迷途羔羊演变成虎威小狼。我已经忘了有多少个深夜、大清早跑去网吧找他。为了找到弟弟，确认他平安无事，我去过市里所有的网吧、游戏室。我明白家庭变故对弟弟的伤害有多大，虽然他从未提起，也不愿提及父亲。他不断出状况——沉溺网络世界、打架、聚众斗殴、逃学、辍学，甚至差点进了黑社会。在整个过程中，我觉得很煎熬，但终究陪他度过了，作为姐姐，我觉得这都是应该的。

有一次弟弟抱着我哭了，他告诉我说，他不知道是修了几世的福气，才换来我们姐弟俩今生的相遇。是啊，虽然小时候总被弟弟欺负，但是他的到来让我减少了许多的孤独，我们也算是健健康康地共同成长了。我不是多余的孩子，我是弟弟成长路上的同行者。

六、故事的转折

- 惊讶的班主任。为了雪洗耻辱，我在六年级努力学习，并考上了市里最好的中学。后来那个断定我为“小偷”的班主任，刷新了对我的认识，还自豪地说道：“她是我教过的学生。”那时我便暗下决心，用提高成绩的方法出现在班主任的视线中，让他为此震惊一番。
- 和善的奶奶。弟弟辍学了之后，奶奶开始改变对我的态度，她也许被我顽强的求生欲给动摇了——我坚持读书，并且这么多年一直对她毕恭毕敬。

- 我是好朋友。从同学朋友口中得知，我是个善良真诚的人，有人真心地欣赏着我。
- 我的三口之家。我们现在一家三口和和睦睦地生活，一切风浪过后都归于平静。

……

七、小蛆虫，我们该分道扬镳了

自卑，你这个可恶的小蛆虫！不知道你是如何进入了我的生命，影响着我，但你不能摧毁我。我现在看清楚了你的把戏，慢走不送！日后再相遇我也不再怕你！正如 Adler 所言，自卑感是人类的正常心态，也是人类奋斗向上的原动力，这并非是我认为的脆弱或者病态。因为自卑所以追求，所以向上。

八、总结

以弗洛伊德为代表的精神分析流派，高举“过去决定现在”的旗帜，过度放大早期童年经验对个体发展的影响；以巴甫洛夫、华生、斯金纳和班杜拉等人为代表的行为主义流派，秉承着“环境决定论”的原则，强调通过控制外部环境，运用强化和惩罚等外力作用，对个体行为进行塑造。以上二者都忽视了人的主观能动性，“人”在问题解决的过程中失去了力量，而后现代主义下的叙事治疗让我重新审视了“问题与人”之间的关系，重新掌握自我成长的权力。

无论是家人对我的忽略，还是他人对我的标签，几乎都把我推向问题取向的一边，因为我是女儿身所以被忽视？不，因为这个社会文化的根基让人们认为男性至尊。这是文化的传递，而我不要传承这种所谓的文化。在叙事自我疗愈的征途中，各种新观点、新视角晃动着我的大脑。尤其是写故事时与自己的对话，你会拾起故事中被遗漏的情节，你会发现故事中有力量的自己。当我们的偏执、疯狂，被放大和凸显的时候，才会显得触目惊心，犹如陷入噩梦一般的恶性循环。与“恶龙”缠斗过久，自身亦成为“恶龙”。当你注视着深渊时，深渊也在注视着你。我被牵引着走上“自卑”这条路，习惯性地将所有不好归咎于我自己的问题，进而陷入无力感的境地。

如果我把眼光放置于这些年我与忽视、痛彻心扉的抛弃以及慢性疾病的积极抗争中，其实我收获了很多，至少我没有被这一件件破事击倒。写故事的步调没有那么低沉了，那些宝贵的支线故事一直都在，只是故事里的主角被负面的主线牵着走，忘记自身的独立性。目光所及之处便是你的高度，你信奉什么你便得到什么。不要真的以为自己无路可走，我在没有选择的余地之时，为自己寻求了自由选择。如果我一直与奶奶纠缠不休下去，怨念会伴随着我一生；如果我也就此（未离婚的“单亲家庭”）一蹶不振，或许妈妈真的会抑郁自杀，或许弟弟真的堕落到坐牢，而我则混沌一生；如果我真的向慢性疾病缴械投降，我可能就一辈子与医院“交好”了。我很庆幸自己敢于承担、待人以善和不斤斤计较。我感谢自己所做的一切，没有让情况变得更糟糕。

当你对故事的记忆还在，但是故事不再困扰你，你便是疗愈了。

第三部分

回看治疗

本书第一部分、第二部分着重介绍了“叙事自我疗愈”的概念、程式、方法以及多个自我生命叙事的案例。本书第三部分希望通过社会工作专业本科生基于毕业实习所撰写的叙事论文作为拓展部分，带大家由第二部分“自疗”重新回看“治疗”，摸索叙事治疗如何结合“自疗”的理念和方法，在不同群体中具体应用，引导实务工作者重新看到来自案主身上的疗愈力量，同时反思临床介入过程中社工的角色定位、价值理念、介入手法和技巧等，思考如何保育和激发案主的主体性，来协助案主处置问题而不是解决问题。

与传统处遇模式不同的是，“叙事自疗”更愿意以“案主为中心”，将解决问题的权力交给案主，注重激发案主的潜能，鼓励案主积极主动地去解决自己的问题。自疗的理念鼓励羞于向他人开口诉说自己生命故事的案主走近自己的内心，倾听自己的声音，找到了更加适合自己的出路。叙事自疗的理念也让社会工作者更加深刻地去反思其助人模式。社会工作一直都在强调“助人自助”的价值理念，但事实上传统临床社会工作处遇模式因为受到心理分析等技术的影响，视案主为问题，将服务看作一个“诊断—治疗”式解决问题的过程。这种专家咨询式的服务，案主从主角变成了配角，甚至是专家在唱独角戏，案主不知如何“配合”。这是一个本末倒置的过程，案主由问题的主人变成了等待帮助的客体，这是一个客体化的过程，更是一个去权的过程，更剥夺了案主“自助”的机会，和社会工作助人自助的价值理念相去甚远。

当我们在此引入“叙事自疗”的理念，我们会发现案主才是解决自己问题真正的专家。以当事人为中心，看到案主的力量，而不只是从一个病态的角度，去处理人的问题，这是社会工作通向助人自助目标的开始。“自疗 > 治疗”，对案主而言就是希望强调来自其身上的这样的一股力量，对于社会工作者来说就是我们专业助人应有的理念。

但强调“自疗>治疗”，是否就意味着可以否定治疗的存在和意义呢？在本书中，我们一直在强调自疗的力量，并不意味着我们摒弃治疗。在叙事疗愈中，我们把自疗看作来自案主身上的能力，而“治疗”则是社工协助案主重新找到这种能力的方法和技术。我们必须承认人都会有自己的盲点，“自疗”也存在自身的“盲点”，本身就是处在复杂问题中的“案主”，迷茫而缺乏改变自身的动力，一下子进入自疗的程序对于案主而言是一件十分困难的事情。当“自疗”“走投无路”的时候，就需要外在“治疗”性的理论来帮助自己实现自愈。

基于自疗的目标，治疗作为激发个人疗愈能力，促进个人找到平衡的技术，如何应用于具体的实务中？在本书的第三部分，我们希望通过这几年社会工作专业进行毕业实习所撰写的叙事实务论文，来带大家认识如何将“自疗”的元素应用于治疗当中。在这一部分，请大家结合第一部分的理论自行研习。由于书写同学的实践和文笔都显得稚嫩，所以请大家多以包容的态度，从同学成功的经验中吸取有益的知识，从挫败的经验中获得更多的提醒，这是本书的另一层意义。

叙事研习一：

叙事疗愈在精神病患者家庭中的运用

★ 篇前语

在查阅文献的时候，我发现很多学者关注的重点都放在精神病患者身上，对于其家庭的研究比较少，很少有人去关注他们，难以理解他们的无奈与苦楚，家庭也较少得到帮助，而我正好就是这一群体中的一员，所以我想通过书写，运用叙事疗愈的方法获得改变，处置伤痛。希望通过我的故事能够为有相似经历的人和家庭展示一种处置伤痛的可能。

再次翻看自己的毕业论文，我又想起那时候在开始书写时的伤痛，自己内心很抗拒去回忆伤害发生的经过和伤害带来的影响，拖了很久才开始动笔，书写出来的论文内容也很混乱。我的导师告诉我书写的过程也是一种自我疗愈的过程，也许不会完全疗愈，但想要书写新的故事，获得力量继续前行，那么我们需要认识清楚是什么引起家庭的痛苦，解构伤痛，才能够进行建构。我在查阅文献的过程中认真地思考引起家庭痛苦的原因，究竟为什么这么害怕伤痛以及伤痛带来的影响。伤痛产生的原因有两个，一是传统孝道文化对我们思想的束缚，二是精神病患者和家属被标签、污名化。

不能让父母安度晚年、生活有保障是一种不孝的行为；社会对精神病患者的包容度偏低、存在不少的偏见和刻板印象，如精神病患者会伤害别人或者患上这种疾病都是患者自己、家庭的不好造成的，对精神病患者的歧视和偏见也折射在其家属身上。双重原因致使许多的精神病患者及其家庭害怕会遭受很多的歧视和排斥，从而选择隐瞒和逃避。大众会认为家庭和家人是造成精神病患者患病的原因，由于家人的照顾不周致使患者病情加重。但是在责怪家属的时候并没有想过，精神病患者家庭成员长期以来承受的各种生活以及精神上的压力，有谁能够体谅、理解他们的不容易和艰辛？真相可能并非如此，不是所有的精神病患者家庭没有尽心尽力地去照顾患者，我在想既然难以得到别人的理解和帮助，那么精神病患者家属能否通过叙事疗愈的方式获得改变呢？

在建构的过程中，我发现一个人的力量是有限的，无法让自己看到被遗漏的故事片段，这时候家人就成为新故事形成的重要推动力。通过与家人的交谈，能够了解到他们对伤痛的认识和处置，他们的生命故事由他们选取的故事片段组成，在他们讲述的过程中发现被遗漏的故事片段，因此获得建构新故事的可能。在与家人共同回忆、讲述伤痛时，他们还是会情绪激动，但是能够完整地陈述出来，我的家人也在用适合自己的方法去处置伤痛，虽然他们无法原谅奶奶带给他们的伤痛，但是还是能够理解患病的奶奶。每个人都会选择用不同的故事片段来构成自己的生命故事。

重新看自己写的论文，我发现我的内心很平静，通过书写，我在自我疗愈，现在伤痛带给我的影响变小了。我很感谢我的导师带我走进叙事疗愈的大门，让我获得力量以及获得改变。

知　晓

2018 年 11 月 30 日

叙事疗愈在精神病患者家庭中的运用①

摘要：家庭中有精神病患者，对其家庭来说是一种沉重的负担，家人将面临众多的压力，然而社会把更多的关注投向精神病患者，却较少关注家属的感受，他们无处宣泄、无人可以诉说、无法得到理解，生活充满了压抑和痛苦。笔者从精神病患者家属的角度进行自述，通过叙事疗愈的方法探究和解构精神病患者对家庭带来的伤害背后的深层原因，通过家庭沟通的方式寻找遗漏的故事片段并重构新故事。在书写的过程中对精神病患者所带来的伤害有了新的认识，从被伤害的痛恨到原谅的认知转变，获得治愈的力量，放下沉重的心理包袱，以积极的姿态继续前进，为处于相似困境中的家庭带来前行的动力。

---

① 作者：知晓（化名），岭南师范学院社会工作专业 2014 级本科毕业生，摘自作者毕业论文。

关键词：叙事治疗；自我疗愈；躁狂症

一、引言

（一）研究背景

根据我国疾病预防控制中心卫生精神中心统计的数据显示，截至2009年，我国各类精神疾病患者人数已达1亿以上。2015年全国最新流行病学大调查结果显示全国至少有1.8亿人口患有精神障碍。我国正处于社会转型期，由于多种原因导致人们的心理问题不断增多，如患有失眠、抑郁、焦虑等常见疾病症状，严重影响着人们日常的生活，精神疾病成为一种越来越普遍的疾病。但72.3%的患者不知道自己已经患病或者病发，患者家属亦没有察觉，因此没有得到及时的心理辅导和治疗，从而导致家庭矛盾不断增加。

随着精神疾病患者人数的增多，公众对精神疾病认识的不断加深，社会对精神疾病患者及其家属的关注和研究逐渐增加。我国学者对精神分裂症病人及家属受歧视状况的调查研究显示，42%的患者遭受到各方面的社会歧视，50%以上的患者家属为了避免社会歧视选择隐瞒患者的病情，75%的人相信歧视给患者家属造成很大的心理压力并且减弱他们的社交活动（高士元，2005）。精神病不仅对患者的身心健康造成伤害，而且还给患者的家属带来各种影响，如沉重的治疗费用、无可避免的社会歧视、沉重的精神和心理压力、紧张的家庭关系等，由此可见精神病患者的家属也是一群需要帮助的群体。但是现阶段能够给予他们帮助的条件和力量有限，在外部条件支持相对缺乏的情况下，运用叙事治疗来进行自我疗愈是减缓心理压力、缓和家庭关系的一种选择。

（二）研究目的

A奶奶是一位精神病患者，其家人包括笔者已经多次因为她的发病而承受了很多的伤害，A奶奶以往带给我们的伤害，我和家人都能够努力地迈过去，然而这一次A奶奶对我们造成了沉重的打击，伤害是由自身和所处的文化环境共同造成的，直到今天我们依旧无法从伤害中恢复，这成为我们无法言喻且不可触碰的伤痛。我一直在逃避伤害对我造成的影响，想要通过遗忘把伤痛抹除，因此我仍旧被伤害带来的影响束缚着无法大胆前行，无法书写属于自己主线的故事。但是我不想再逃避了，我想要勇敢正视伤痛，安置它，减少伤痛带来的影响，在自疗中获得勇气继而在人生道路上前行，并且为有相似处境的人群或家庭摆脱伤痛提供一种选择的可能性。

（三）文献综述

1. 国外研究

叙事疗愈是以后现代主义为基础形成的理论，深受社会建构理论的影响，有众多学者对其做了深入的研究。叙事疗愈理论认为权力和知识建构了人们所认为的客观事实，运用问题外化、解构等叙事技巧认识问题或伤痛被建构的原因，才能通过自我的自由述说和重构新故事，获得改变和成长。作为后现代主义的代表人物，福柯认为权力让规训运作，规训是为了驯服，而驯服是为了让权力的运作更缜密，因此我们需要反思由权利建构起来的理性的规则，这究竟是一种真正的文明还是另一种疯癫。马克思·韦伯的社会学研究向我们揭示了建构主义的一个道理，人类生活的多样化和改变，不仅由客观因素如权力决定，还深受个体自身的解释和赋予的意义。Bruner 也提及叙述者所叙说的故事是被所处的主流文化过滤后的客观事实。麦克·怀特在《故事、知识、权力：叙事治疗的力量》一书中对叙事治疗做了详细的解释和理论的积累，着重展示了书写文字在治疗中的运用，展示了书写的力量。

在国外，叙事治疗的研究领域比较广泛，如家庭暴力、婚姻冲突等方面。叙事治疗在精神健康领域的研究较为丰富，如青少年阿斯伯格病症的治疗、吸毒患者妻子的心理健康的有效性研究、成人抑郁症的改善症状和人际关系等，但是这些研究更多的是关注精神疾病患者本身，较少关注患者的家庭成员。

2. 国内研究

国内的学者认为，运用叙事疗愈的技巧解构故事背后的主流文化，能够使人从“理性的规则”禁锢中解脱出来，理解故事的真相，并且在通过寻找遗漏片段的片段重构生命的主线故事的过程中，能获得改变的力量，以积极的态度去面对伤痛。学者施铁如认为，在书写的过程中就是对故事的一种整合和重构，能够对事件有一种新的认识和领悟。钟耀林老师在《癌病与持续性的痛——我的叙事疗愈行动》一书中提到过，叙事自我疗愈是一种通过个体内在的自我调节从而实现自我心理平衡的方法，而在自由书写中这种充满主体性、自我话语权的叙事过程中能够获得更多改变的可能性。

现阶段，叙事治疗融合社会工作手法介入精神疾病患者家属的心理问题、压力实践等研究，取得了成功的经验，但同时存在不足之处。叙事疗愈在精神疾病领域方面运用的研究仍不多，众多研究的重点多数集中于患者本身，对患者家属家庭的研究较少。

（四）研究方法

本文采用实践取向的叙事治疗作为研究方法，以笔者及家人为研究对象，通过回忆精神病患者带来的伤害故事作为研究材料，再次感受、理解伤害带来的困扰。通过查阅文献，分析精神病患者带给家庭伤害的影响状况，解构并反思伤害故事背后深层次的原因，从家庭的无结构访谈的记录和整理中获得新的认知和感悟，在自由书写的过程中获得改变的动力。

1. 资料收集

通过家庭会谈形式回忆、了解伤害事件发生的整个经过，收集和整理伤害事件给家庭成员带来的影响、家庭成员对伤害事件的看法等材料，记录笔者在每一次会谈中的感受、收获以及情感变化。

依据以上材料，回忆前后发生的伤害事件作为本文解构的故事文本。

采用行动研究方法，记录并且整理笔者在家庭会谈中的情感变化和收获作为新故事的撰写材料。

通过中国知网、百度以及阅读书籍途径，查阅和收集叙事疗愈理论、精神疾病、中国传统孝道文化等相关文献作为研究的理论和数据支撑。

2. 资料分析

以叙事疗愈理论作为研究框架。

运用叙事疗愈理论探究并且解构伤痛背后的深层次原因。

整理家庭会谈的记录，寻找被遗漏的故事片段。

重构新故事，作出新选择。

（五）创新点

现阶段我国在精神疾病以及叙事治疗在精神疾病领域方面的研究更多集中在精神病患者身上，对于精神病患者家属的研究和关注比较少。本文笔者以精神病患者家属的角度出发，运用叙事疗愈的方法，解构精神病患者带来的伤害背后的主流文化，反思我国的孝道文化、社会对精神病患者以及家属所贴的标签，从而获得摆脱伤痛的力量，在人生道路上继续勇敢地前行。

二、伤痛故事的开始

（一）奶奶又病发了

2014年10月11日，奶奶被关在隔壁房子已经快半个月了，那天中午，我们一家人正准备吃午饭，听到外面吵吵闹闹，出去后才发现是奶奶出事了。父亲母亲在了解情况后很生气，因为邻居家的二儿子向市里的电视台举报说这里有人在虐待老人，记者已经结束对举报人和受害者的采访，正打算采访我们这些家属。原本一件家事变成了一条负面性的新闻，风言风语正在不断地扩散，我突然感到很害怕，因为我预感到家人会因为这条新闻而要承受难以想象的后果。当父亲母亲追着邻居家儿子打的时候，奶奶突然对父亲母亲破口大骂，弟弟妹妹也忍不住和奶奶吵了起来，为了阻止事情闹大我上前劝阻，当我转身的一瞬间奶奶在二楼突然扔了一块石头下来，大喊让我不要管。那时候我蒙了，因为那块石头就扔在我的脚旁，只要我再往前动一厘米，我将会被那块石头砸得头破血流。

（二）镜头再现事件始末

事件发生后的第五天，新闻报道出来了，在采访视频的开头我看到了一个陌生的奶奶，一眼看上去与正常的老太太无异，却像一个演员一样，表情神态到位，语言表达清晰，很激动地向记者展现着自己的凄惨境况，午饭是一碗粥，只有少得可怜的米粒在里面，对着镜头诉说着我们对她做的“恶事”，把她关起来，不给她吃，可我知道事实却不是如此，至少母亲每天送过去的饭菜是丰盛的。在接受采访时母亲和姑姑隐瞒了奶奶患有精神病这个实情，当我看完采访视频后心很凉、很绝望，因为这则新闻留给大众的印象就是，奶奶的子女是一群不孝的人，他们在虐待老人，而我们同样也是一群不孝的子孙。

三、伤害事件带来的影响

（一）信念的破裂，对爱的否定

当奶奶把石头扔向我，当我与死神又一次擦肩而过的时候，生命受到威胁的恐惧再一次涌现。我感到前所未有的恐惧，原来奶奶发病的时候是真的六亲不认，她是真的想伤害我这一念头不可抑制地在滋长。

过往奶奶疼爱我的回忆瞬间变得支离破碎，我的脑海里一直回响着这些问题：她不是很爱我的吗？为什么能下得了手？她真的是爱我吗？真的爱一个人会下如此狠手吗？她在向我扔石头时还知道我是谁吗？我在不断地质疑她对我的爱，不再相信她。

（二）正常生活受影响，害怕情绪如影随形

新闻播出的那段时间给我们的生活带来很多的不便和困扰，更多的是精神压力。姑姑不敢出门，经常以泪洗面，因为一出门便会有人追问她，那段视频里接受采访的人是不是她，那位老人是不是她妈妈，姑姑承受不住这样的精神压力；母亲外出买菜时也遇到相同的情况；而妹妹在学校被同学追问着视频中的老人是不是她的奶奶，父辈和母辈是不是相互认识的人等一系列问题。

因为事情发生时我是一名高三的学生，处于高度紧张的学习状态下，周围的同学较少关注新闻，所以我没有像妹妹那样被追问以上的问题，但如果我不是一名高三的学生，我想我同样会遭遇相同的经历，如今回想起来也觉得可怕。

虽然我没有经历过妹妹所经历的遭遇，但是事情发生后的一段时间里，我的情绪非常低落，经常害怕有同学看到这个新闻，害怕被他们质问视频中的人是不是我的奶奶，我和我的家人是否真的在虐待老人，害怕被人在背后指指点点，更加害怕被人知道我的奶奶是一名精神病患者从而疏远我。恐惧笼罩着我，让我害怕与人交往，害怕会被讨厌或者被鄙视，所以我逐渐变得沉默起来，害怕这件事在班级里曝光，这样的担惊受怕让我变得焦虑，无法专心学习，导致成绩退步。

依旧有人好奇这件事后续的处理情况，他们不会随着时间的流逝而遗

忘所发生过的事情。我上大学以后，每当寒暑期放假，村子里总有人一直追问我“你奶奶最近怎么样了”或者“你奶奶现在在哪里啊”，虽然无法得知他们是抱有好意还是恶意去询问，但是我总是觉得很烦、很困扰、不知如何去回答，并且下意识地去回避关于奶奶的一切信息，回避有关她的一切问题，因为我害怕再次受到伤害。

（三）性格的转变

我原本是一个有点内向的人，在经历过这件事以后我变得更内向，更加沉默寡言，畏惧与别人交往，警戒心非常强烈，害怕他人会窥探自己的秘密、再次触碰我的伤口。即便与人交往我也很难敞开心扉，很多时候都畏首畏尾不敢有过多的深交，因为我害怕别人知道这件事，被人误会我是不孝顺的人，被人知道奶奶是一个精神病患者而遭到歧视、排斥和疏远。所以我选择少开口，这样就没有人能够从我这里获知一切，而我依旧能够融入人群当中，但是我也失去了很多有趣的经历以及交友机会。甚至我发现自己越来越害怕镜头，只要有摄像机镜头在我的面前，那种害怕所有秘密都会暴露的情绪立刻涌现，让我不知所措并且想要逃离。

（四）家庭争吵激化，怨恨渐生

媒体曝光的事件虽然过去了，并且逐渐被大众所遗忘，但是这对我和我家人已经造成了实质上的伤害，只要一提起这件事情除了父亲和姑姑以外，其他人都会非常的激动和愤怒，不想提及有关奶奶的任何事情，对奶奶的憎恨显而易见。但是父亲毕竟是奶奶的孩子，不可能对奶奶不闻不问，所以当父亲处理奶奶相关的事情时家里都引发激烈的争吵。例如，父亲和母亲为了避免再次发生类似的事情，奶奶最后被送进了养老院。在探望奶奶的问题上家里经常出现冲突和分歧，父亲总希望我们做孙子的能够在放假期间经常去看望奶奶，但是弟弟妹妹的反抗情绪非常激烈，经常和父亲发生争吵，导致亲子关系变得紧张，而我也陷入迷茫，不知道是去还是不去，去了也不知道如何面对奶奶。

奶奶接受了治疗，情绪恢复稳定，又变回了那个乐观开朗疼爱我的好奶奶，奶奶不记得对我、对家人做过的伤害，不用忍受来自舆论压力的困扰，可以开开心心的在养老院里度过每一天。但我们却要承受着巨大的压力过日子，家里也因为奶奶的事情经常发生争吵，这渐渐让我对奶奶生出了怨恨的情绪。我总是在想为什么这样的事情会发生在我和我家人的身上，为什么伤害者没受到任何伤害和惩罚，而被伤害者却要承担所有的苦果，我无法理解和接受，但我又无力解决，所以选择逃避，拒绝了解有关奶奶的任何事情，以为选择遗忘就能够不痛苦、不被伤害。

（五）挣扎

被过往的伤害束缚太久，我觉得很痛苦，因为我无法前行，只能被困于原地，但是我又无比渴望再次迈开步伐。在学习了社会工作专业以后，我一直希望能够减轻甚至消除这种痛苦，并为之努力，但总是找不到合适的方法。直到学习了叙事治疗理论以后，我知道改变的时机来了，即便故事仍然很沉重，但是只有直面它，书写这一段痛苦的经历才能够重写自我的主线故事，摆脱伤痛，以积极姿态前行。

四、被伤害持久影响的原因

（一）中国传统孝道文化

1. 传统孝道的演变

源于对生殖和祖先的崇拜，原始社会时期就已经提出了孝道观念，早期的孝道观念主要是通过祭祀的形式来表达对祖先的尊重。随着生产力的发展，年轻劳动力为了从经验丰富的老人那里得到更多的生产技术和经验，孝道观念逐渐萌生出敬老的意识，此时的敬老更多局限于自身的父母。殷商到西周时期，伴随着宗法制的影响，尊祖敬宗以及奉养父母为主要内容的孝道观念被确立起来。到了春秋战国时期，宗法制的没落以及思想文化上呈现百家争鸣的局面使得孝道文化得到发展，孝道的观念和内容庞大而复杂，与“家国一体”理念相融合后逐渐成为社会道德的规范。在汉代时期，由于“罢黜百家，独尊儒术”的影响，孝道与儒家学说紧密联系起来，形成了“三纲五常”等级森严的封建孝道文化，一直到清朝末期，封建孝道一直不断被加强和巩固。到了近代社会时期，由于战争和革命的影响，封建孝道不断遭到冲击并且逐渐被瓦解甚至出现了断层，直到改革开放后孝道文化才逐渐重新被重视和研究。而到了现代，传统的孝道已崩坏，但新的孝道文化仍未形成，传统孝道文化中具有积极意义的部分仍旧被接纳并且运用。

2. 传统孝道的内容

随着朝代变化，传统孝道文化有不同的改变，但总体来说传统的孝道文化可以归结为五个内容：第一，养亲和敬亲，即要赡养父母，在精神上满足父母。第二，祭亲祭祖，即父母死后要进行祭祀。第三，善继善述，即父母正确合理的意愿、事业，子女应当支持和继承，在精神上要与父母保持一致。第四，承志立身，移孝作忠，即要立大志以扬眉家族，为国为家尽忠尽孝。第五，传宗接代（郭治楠，2014）。

3. 传统孝道文化的地位

孝在历史的传承中成为规范人们日常生活的行为准则，“百善孝为先”，孝是道德规范以及评价标准。在文化的融合中，孝逐渐上升为一种系统的价值观，在深入民心的同时也成了民众的精神信仰，成了统治者治理国家、加强统治的重要手段。

虽然孝道文化在国家的治理、个人的修行、文化的塑造方面存有积极的意义，但是其局限性对于民众来说影响深远且危害重大，如愚民性，作为统治者的统治手段，孝道的定义、规范和评判的标准都是为了维护国家的治理而由统治阶层规定。再如封建保守性，现如今很多的人重拾传统的孝道文化来规范自我和他人，但是对于孝道的评价标准仍延续旧规，很多已经不符合时代发展和进步的陈规旧俗仍在束缚着社会的进步和民众的思想、行为。

4. 不孝的惩罚

作为中华民族两大基本传统道德行为准则之一，孝道经历了几千年的积累已然成为人们思维中的一种固化模式，成为评判个人品质的一个重要标准。大多数民众认为孝顺之人会得到祖先的庇佑从而人生一帆风顺、事业有成、家庭美满、多子多福，就连死后也会受到保佑，来生会幸福。假若被评判为不孝的失德之人，则会被诅咒命途多舛，厄运连连，所遭遇到的不公和不幸都是不孝的报应，此外还将会遭到社会的排斥和歧视，剥夺相应的权利，社会支持将会减少，社会生存的压力将会增多，还要背负众多的心理压力和精神压力。

但是现代社会对于孝的定义还没有完整明确，我国的社会道德体系仍在建设当中，那么我们将要以什么样的标准判断孝顺，愚孝是否真的是孝顺，孝顺的标准是什么？而对于患有精神疾病的老年人来说怎么做才是孝顺？假如我奶奶真的因为没有及时控制起来而造成他人的受伤，那么父亲把奶奶关起来的做法还会被定为不孝顺、是虐待老人的行为吗？

（二）被污名化的精神病人及其家属

1. 中国精神病学历史

中医对于精神病的研究和医治由来已久，并且具有不可磨灭的影响。古代中医把精神病的产生归因于人体的阴阳、五行、气血津液或脏腑的失衡，从而导致身体和精神产生了疾病。先秦两汉时期对精神病的研究主要从阴阳盛衰方向进行，而到了魏晋隋唐时期则认为是由于“风热之邪”，这是由于感受“外邪”引起。对于精神病的病因探究掺杂了许多迷信主义色彩，因而常把某些精神疾病归因于“尸鬼之说”，到了明清时期才有部分医者开始意识到精神疾病的原因更多与大脑的神经系统相关。

近代由于外国列强的入侵，西学东渐的影响，中国的精神病学的研究和发展以及相关的医疗设施有了极大的发展和进步，但是由于战争原因发展较为缓慢且出现过断层，绝大部分地方对精神病的认识依旧带有浓厚的迷信色彩。到了现代，伴随着改革开放的影响，学术思想从封建迷信的色彩中解放出来，精神卫生健康才得以逐渐被重视和发展起来。

2. 社会对精神病患者及其家属的态度

在古代，中国一直有“医巫同源”的说法，在战国以前医生和巫术常由一人担任，因而对待精神病人，除了为其医治还会寻求法师为其驱邪、祷告，这种治疗方法持续了很长的时间，并且认为精神病是由于“鬼怪”所导致的意识一直延续至今，导致人们对精神病患者敬而远之。尽管随着医学的发展和思想的解放，社会大众对于精神病有了更深的认识，但是对于精神病患者及其家属的态度仍难以有改变。

在现代，对于精神病患者及其家属，社会大众对其的包容度依旧很低，对于共同生活在同一个区域中的精神病患者及其家属，民众表现出一种很大的排斥与疏离，会尽量减少与他们有过多的接触。而社会歧视对精神病患者及其家属所带来的影响渗透到各方面，这不仅降低了精神病患者及其家属的社会地位，还导致他们的自尊心下降，严重影响其正常生活及工作，还使其承受着巨大的心理和精神压力。

3. “恐怖的”精神病患者及其家属

新闻报道真的是事件的真相吗？以我个人的观点来说并不全都是真实的，至少在奶奶这件事上可以体现，因为媒体没有进行更进一步的后期跟踪和详尽调查，就仅仅以手上的资料评判家人的不孝顺。新闻媒体作为传播主流文化的重要载体，它是一把“双刃剑”，运用得好则会为社会带来便利，运用得不好则会伤害到个人甚至家庭。趋利避害是人的本性，现代社会中媒体对于精神病患的报道焦点更多集中在他们发病伤人，导致社会民众对于精神病患者有一种刻板印象。在主流媒体的吹播下，导致民众认为精神病患者容易伤人，他们有暴力倾向，大众需要远离他们，孤立他们才能更好地保护自我，然而事实上我国每年被精神病患者伤害的人远低于每年的自杀率。公众长期对精神病患者形成的社会偏见也折射在精神病患者家属身上，导致精神病患者的家属也同样被贴上标签。被贴上标签的精神病患者及其家属受到了各种社会歧视以及心理压力，这真的公平吗？为什么对精神病患者及其家属的认知如此片面？

五、新的故事

（一）不一样的奶奶

父亲：“小时候你奶奶是一个非常聪明的人，因为是家里的老大，所以她需要承担照顾弟弟妹妹的责任，她懂事也很能干，把弟弟妹妹照顾得很好。但是因为身处的环境不好，她5岁的时候发了一场高烧，由于她的父亲那时候出去干活了，没注意到，而且那个年代家里穷没钱给她治病，又不懂得怎么处理，所以她就烧坏了脑子，得了这个病。”

姑姑：“当初我父亲希望自己的大哥先结婚然后自己再结婚，这一等就等到快40岁，那时候也没什么合适的人选了，所以父亲和母亲的结合注定是要比普通人家困难，多一点波折，但是如果没有母亲，就不会有我们这个家庭了。当初我父亲生病躺在床上不能动的时候也是她在身旁帮忙照顾，而且照顾了好久。”

从与家人的交流当中，我看到了一个不一样的奶奶，她是那么懂事、温暖。在知道她得精神病原因后，理解变得更容易了。在主流媒体的引导下，社会大众对精神病患者及其家属的认识是被过滤掉的刻板印象，在长期反复建构的过程中，他们被贴上了负面的标签，公众对他们的态度和行为都受限于这样的认知当中。跳出文化建构的认知，在进行深入接触、了解后，新的认知将形成。我们会发现精神病患者及其家属其实并没有公众刻板印象中的那么暴力、那么疯狂、那么危险、那么不好，他们也像普通的民众一样过着正常的生活，病患发病只是少数。精神病患者不只是带来伤害，他们同样会带来温暖和爱，精神病患者的家庭同样充满了温情。

（二）面对伤害的选择

父亲："作为我妈的儿子，我早就应该有心理准备去面对她发病时候的结果，虽然她伤害过我们，但是她始终都是我妈，你的奶奶，没有她就没有我也就没有你，我们不可能放弃她不管，我现在只是希望，她发病的次数能够减少。把她送进养老院也是希望能够把她和外面那些不怀好意的人隔绝开来，让她能够安心幸福地度过晚年。"

姑姑："当初发生这件事的时候我很生气、焦虑和忧心，为什么这么不幸的事总发生在我们身上，那时候你的母亲让我放宽心一点儿，这样一切就会好了，别人怎么说是人家的事。虽然发生了这样不幸的事，但我把它当作是一种磨炼和考验，过去的事就过去了，你奶奶毕竟是我母亲，她再怎么做得不对都会原谅她，该孝顺还是要孝顺，何况她还是一个生了病的人。"

在解构伤害故事带来长久影响的过程中，我发现伤痛很多时候都是被权力和文化建构出来的。孝顺的评价不能仅仅依靠所谓的不全面的"真相"就妄下判断，而是跳出主流文化的束缚。每个人对孝顺有各自的定义和判定，父亲和姑姑对于孝顺有着自己的定义和理解，我对孝顺也有了自己的定义。与其终日害怕别人来评判自己是不是孝顺之人，还不如把孝顺以自己的标准来付诸行动，做到无愧于心。我从父亲和姑姑的言谈中可以得知，当面对痛苦和自身的不良情绪时，直面它会使我拥有勇气和力量去减少伤害带来的痛苦，从而获得改变的可能。

（三）爱的见证

母亲："你小的时候，当你奶奶第一次抱你，你就对她笑了，所以她很喜欢你，又给你洗澡，又给你买衣服，我们出去工作的时候她也会给你做好吃的”。

妹妹：“奶奶以前经常悄悄叫你过去吃好吃的，从来就不叫我和弟弟。每次上下学她总会记得接你走，但是我就不是了。记得上幼儿园的时候，有一次奶奶把我弄丢了都不知道，只接你走了，还好有邻居阿姨看到我，把我送回家里的。还有爸爸妈妈出去工作的时候，她只给我一点点饭吃甚至经常不给我饭吃，而你的饭总是满满的。”

其实奶奶对弟弟和妹妹也是很不错的，每次悄悄给我东西吃的时候总会嘱咐我把零食与弟弟妹妹一起分享。每年我生日的时候，奶奶都会提前一个晚上把早已准备好的红包塞给我，有时候连我和母亲都忘记了，但是奶奶没有一次落下我的生日。其实奶奶也从来没有忘记过弟弟妹妹的生日，也会在他们生日前一晚给一个大红包。但是当我处于伤害中，伤害故事构成了我的生命主线故事，奶奶爱我的故事则被掩盖，在与家人的交谈当中，由于有他们这些局外的见证人，被我忽略的生命故事又被重新回忆起来。

（四）我的抉择

当我考取心理咨询师的时候，我才真正认识到奶奶患的是情绪狂躁症，狂躁是躁狂症的重型阶段的一个病理表现，是一种情感性精神障碍。

这种病的临床表现有五个：第一，情绪高涨，自我感觉良好。第二，情绪不稳定，有易激惹性，容易被激怒。常以敌意或暴怒对待别人的干涉和反对，但易激惹情绪持续时间短，很快又表现得若无其事、悠然自得。第三，患者的思维加速，表现为联想过快、观念飘忽、注意力不集中，一般会自我评价过高，可达妄想程度，但维持时间短暂。第四，言语动作增多，睡眠需要减少却精力充沛，无疲乏感。花钱大方，有时举止粗野，不计后果。第五，症状发作极为严重时，会处于重度兴奋状态，具体表现为活动紊乱但毫无目的性或指向性，常伴有攻击性行为，严重时会伤人毁物，可能会出现意识障碍。当症状消退后不存在内容与情绪症状不协调的妄想或幻觉，无怪异行为、紧张症状群。

在真正了解精神病患者所患疾病的病因以及病症后，才能对他们有所认识和改观，才能做到进一步了解彼此，而不是被模糊、笼统的精神病概念所支配。摆脱对精神病刻板的认知，我对奶奶伤害我的原因有了新的认识。原来奶奶不是不爱我，也不是故意要伤害我们，而是她在生病的时候无法控制自己，更不知道自己在做什么。虽然发病时候奶奶会伤害我们，但是她在清醒的时候总关心、关爱着我们。

六、总结

在权力和知识建构的背景下，我们看到的事实早已被过滤掉，因而深陷伤痛当中。当我在书写的过程中通过解构主流文化下传统的孝道文化从而摆脱伤痛的束缚，并通过寻找遗漏的故事片段并且充分发挥了自我的话语权，使我对精神病患者带来的伤害有了新的认识，在自我疗愈的过程中获得内心的平衡以及力量。叙事书写是直面压力事件、创伤事件的一种好方法，因为在自由书写过程中能够获得新的自我认知。同时通过叙事自疗能够给人带来改变的力量，正因为有些伤痛难以言说，难以被他人所理解，而通过自我疗愈的方式能够更容易得到处置，从而获得内心的平衡。最后希望我的故事能够为有相似经历的人和家庭提供一种处置伤痛和改变的可能性。

参考文献

［1］高士元，费立鹏，王向群，徐东，贾志民，高维成，胥德广．精神分裂症病人及家属受歧视状况［J］．中国心理卫生杂志，2005（2）：82－85.

［2］肖龙航．中国传统孝道及其现代价值研究［D］．曲阜：曲阜师范大学，2006.

［3］周英．精神病患者遭受的社会歧视、感知的病耻感及影响因素的研究［D］．广州：南方医科大学，2012.

［4］赵君，李焰．叙事治疗述评［J］．中国健康心理学志，2009，17（12）：1526－1529.

［5］施铁如．写作的心理治疗与辅导：功能、原理及其应用［J］．华南师范大学学报（社会科学版），2006（1）：116－121＋128＋160.

［6］赵快乐，黎湘艳，江莉，赵体玉．叙事治疗概述及应用研究进展

[J]. 护理学报，2016，23（4）：34 -36.

[7] 郭治楠. 传统孝道及其现代价值研究 [D]. 沈阳：辽宁师范大学，2014.

[8] 宋素敏. 中国传统孝道及其现代价值 [J]. 邢台学报，2016，31（3）：73 -75 +80.

[9] 潘志华. 中西方精神病学史比较及启发 [J]. 残疾人研究，2013（1）：59 -63.

[10] 钟耀林. 癌病与持续性的痛——我的叙事疗愈行动 [M]. 北京：中国经济出版社，2017.

[11] 钟耀林. 重写生命故事之美：叙事自我疗愈行动程式分析 [J]. 社会工作与管理，2015，15（4）：42 -49 +90.

叙事研习二：

叙事治疗信件在丧偶个案中的应用

★ 篇前语

我很幸运能在大学期间接触到叙事治疗，让我对一些事情有了不一样的看法，最重要的是打开了自己不愿面对、深藏于心的心结，能心平气和地与“过去我”面对面地聊一聊，现在的我能理解“过去我”，“过去我”是我人生的一部分。现在的我说不上要感谢“过去我”，但是叙事治疗给了我勇气去面对这个心结，让我更清楚我就是我，而不是各种社会标准下完美的人。

从论文定稿到现在已经4个月了，如果不是有幸被钟老师选中作为出书的素材，也许我这一辈子都不会再看这篇论文了。说来奇怪，重看论文的感觉很不一样，有一种无法表达的感觉。这次我看得很仔细，论文的结构层次是否正确、措辞使用是否合理以及内容的表达是否清晰等，我都会考虑得比较多，想更好地向读者呈现我的论文。

Y爷爷是我实习过程中接触到的个案，一个晚年丧偶的老人，他让我提前经历了对于生死问题的思考。关于Y爷爷的人生经历，一张带有时间轴的生命历程图会比一大段的文字表述更让读者清晰明了，于是我把Y爷爷经历的一些大事件以坐标X轴的形式进行了罗列。同时，也对论文措辞的使用进行了一些修改。

重看论文，既有收获也有反思，收获的是对叙事治疗的起源以及整体框架更加清晰明了；反思即我只了解叙事治疗的基本观点和理论框架，没有对叙事治疗进行系统的学习，也没有建立起自己关于叙事治疗的知识架构。我认为只有建立起属于自己的知识架构才能将核心知识内化于心，在实操中运用。在从事社工期间，可以利用空余时间广泛阅读有关叙事治疗的书籍或者论文，慢慢理解，但愿自律能让我达到学习的目的。

小　欣
2018年10月26日

叙事治疗信件在丧偶个案中的应用——以Y爷爷为例[①]

摘要：书信具有向特定对象传递特定信息和交流思想感情的作用，而且书信交往拥有悠久的历史。在心理治疗中，信件也发挥了其独特的治疗作用和效果，其中叙事治疗流派对信件的应用是最多的。治疗信件不仅是咨询师与来访者的桥梁，而且也是来访者探索自我成长的重要手段之一。本文正是采用叙事治疗信件对丧偶老人Y爷爷的研究和分析，以叙事治疗信件的形式总结每次会谈的内容，对案主的“问题故事”进行问题外化、解构、重写，形成来访者新的自我认知，从而适应丧偶后的生活并达到叙事治疗的目的。本文不仅给个案工作领域的发展带来新的研究视角，也为更多研究叙事治疗信件与个案工作方向的研究者提供经验和反思。

关键词：叙事治疗；治疗信件；个案研究

一、绪论

（一）课题的社会背景与研究意义

根据国家统计局2010年第六次人口普查数据显示，全国60岁以上的丧偶老人有474万，其中城市丧偶老人103万，在城市60岁及以上的丧偶老人中，女性丧偶人数为78万，而男性为25万[②]。随着城市生活节奏加快，子女外出务工不在老人身边，因此丧偶老人独居的情况越来越多。老年丧偶对老人的生理、心理和精神上都造成了一定程度的危害，如果不能很好地进行情绪疏导以及心理辅导，老人将难以适应一个人的独居生活。当丧偶老人作为一个特殊的群体被越来越多的个人和组织关注时，笔者相信社工对丧偶个案的介入，在一定程度上能帮助丧偶老人走出失去伴侣的悲痛，重新适应或者开始新的生活。

在叙事疗法的理论框架下，社会工作者可以将其理论与专业的个案工

---

① 作者：小欣（化名），岭南师范学院社会工作专业2014级本科毕业生，摘自作者毕业论文。

② 来自2010年国家统计局第六次人口普查数据。

作方法相结合。社会工作者倾听来访者描述如何受问题影响的生活与经验，与其谈话结束后，社会工作者就其谈话内容进行系统化整理分析后，以信件的形式写下经过筛选的事件，这样不仅能让服务对象感受到服务的真实性，也能随时看到自己接受治疗过程中的改变和进步，增强服务对象解决类似问题的能力和提高自我效能感。

（二）文献综述

1. 叙事治疗理论

①叙事治疗的理论渊源

叙事治疗是与社会科学理论的最新进展联系在一起的，这包括人类学、社会学和哲学领域的理论演进（何雪松，2007）。社会科学在发展的过程中重视自然科学所提倡的科学范式，由于科学范式（如规律、真理等）具有可推广性和知识理论的严谨性，它与权力的结合将是必然的结果。社会科学是研究整个社会的学科，而在社会上有权力的人正是借着寄托于科学范式的需求实现权力的稳定和世代延续，而他们所掌控的科学叙事便成为社会的主流叙事；他们的世界观、人生观和价值观一旦放大到社会层面便会成为社会主流价值观；他们认可的文化便成为社会的主流文化。这些所谓的社会主流掌控了社会，也淹没了社会上部分弱势群体的声音，从而导致了社会结构的单一性，缺乏多元性。个人问题的出现正是由于其与社会主流叙事不一致，相互矛盾导致的，而叙事治疗主张人不等于问题，通过倾听来访者的故事，和来访者一起研究问题对人的影响以及人对问题的影响来赋予来访者解释并解决问题的权利。

②叙事治疗的过程与主要方法

首先，叙说故事。一个人的一生说长不长，说短不短，但经历过的事情或者经验将会影响人的一辈子。我们叙说的人生故事无非就是各种经历和经验片段构成的，由经历和经验带来的个人感受以及情感、应对问题的行为模式等将会影响个人的自我认可度和自我效能感。当叙说的生命故事充满了积极正向的经历或者经验，就有利于来访者形成积极的自我认可、较高的自我效能感和较高的自信心，从而形成积极的人生故事。反之，消极的人生经历将会造就“问题故事”以及“问题人生”。因此，叙事治疗首先应该让当事人讲出自己的生命故事，鼓励当事人从不同的角度重新编排和诠释自己的生命故事。

其次，外化问题。叙事治疗主张人不等于问题，问题本身才是问题。治疗师要关注的不是问题，而是问题存在的必要条件。通过问题外化的方式，如问题命名、隐喻的语言、内在论述的外化等，引导来访者思考问题对人的影响以及人对问题的影响从而把问题与人区分开来。

再次，解构问题。当来访者知道问题是被建构时，治疗师就可以和来访者一起探索问题、感受以及想法的来历，了解问题对来访者的影响以及结果，为来访者提供不同的观点和角度叙说自己的人生故事。

最后，重写生命故事。来访者叙说生命故事即主线故事时，会遗漏一些闪光点或者“特殊意义事件”，治疗师通过巧妙的提问方式和来访者一起共同寻找生命中存在的未被描述或是被忽略的新事件（闪光点或特殊意义事件），赋予其新的生命意义，让来访者的生命故事充满正能量的经历和经验。

③叙事治疗信件

信件是将口头语言转化为书面语言，是一种沟通交流的方式。信件不仅可以使故事摆脱时间的限制，而且还能被长久保存。在叙事治疗中，White 和 Epston 两位创始人是最早使用治疗信件服务来访者的。Nylund 等做过一项研究，关于治疗信件对来访者的价值和效果，结果表明一封治疗信件的平均价值相当于 32 次治疗会谈，治疗信件所导致的积极效果平均百分比为 52.8%（Nylund，1994）。Epston 觉得一次有意义的治疗对话后，来访者很快会遗忘对话中的原话，而叙事治疗信件就是记录或者总结治疗过程中对来访者所获得的知识和领悟，让其能在非治疗阶段遇到类似问题时能通过治疗信件回忆当时的想法和决定，从而帮助来访者更加客观、冷静地面对现在的困境（Epston，1994）。

在叙事治疗中，咨询师除了会给来访者写信，同时也会让来访者给咨询师写信，必要时还会邀请局外见证人给来访者写信。根据不同的治疗目的，咨询师会写各种各样的信件。叙事治疗信件的类型有：邀请函、辞退信、预测信、转诊回信、叙事信，等等。

2. 关于叙事治疗信件的研究进展

Moules（2003）在 Therapy on Paper：Therapeutic Letters and the Tone of Relationship 一文中，用解释性方法研究家庭护理机构对治疗信件的使用时

发现，治疗信件能反映在整个治疗过程中治疗师与来访者之间关系的建立和发展，同时记录了治疗关系中具体的情感和特定的情境。Pyle（2006）在 Therapeutic Letters in Counselling Practice：Client and Counsellor Experiences 一文中使用质性研究的方法探索了治疗师在治疗过程中使用信件的体验和感受，以及邀请来访者以写信的形式表达其对治疗信件的感受、意义和价值。研究结果表明，影响治疗师是否使用治疗信件的因素包括：治疗信件是一次会谈后的总结性记录；治疗师在会谈中不清楚来访者的目标、感受时，可以事后通过信件向来访者表明并请求其在下次的面谈中进行澄清；使用治疗信件能够记录来访者新的改变和成长，达到治疗的目的；治疗会谈的时间限制了对来访者信息的收集，而信件正好可以摆脱时间因素的干扰；治疗信件是总结和结束咨访关系的一种方式。治疗师通过治疗信件的使用可以丰厚来访者的支线故事和闪光时刻，增进治疗师对来访者的经验理解和体会。

3. 关于叙事治疗信件的应用进展

在早期，治疗信件被集中使用于家庭治疗领域，围绕家庭中特定来访者的需要而使用不同类型的治疗信件。治疗信件在社区工作领域中的广泛应用正是叙事社区工作（叙事治疗在社区工作中的应用）发展的结果，治疗信件通过记录社区中人们的偏好故事，传播他们应对特定问题的人生知识和生存技能，从而形成本社区应对问题的知识和技能。这套知识和技能会在价值观类似的人和社区或者遇到类似问题的人和社区之间得到认可和学习，同时大大促进了不同社区之间、人与人之间的联结。

在家庭治疗领域，通过治疗信件为来访者发展一个关怀小组，帮助来访者在现实中延续偏好故事（Newman，2008）。在哀伤辅导中，使用重组会员技术开展写作练习，让来访者书写与逝去亲人有关的主题故事，并通过信件丰富扩展其故事（Pearlman，2012）。在叙事社区工作领域，通过治疗信件的方式把戒毒中心青少年分享的戒毒知识和技能制作成集体文件进行传播和扩展（Whyte，2012）。

4. 叙事治疗信件在国内外应用的现状

在国外，叙事治疗信件作为叙事治疗的一种有效的干预手段，记录来访者的人生知识和生存技能，巩固和延续来访者的偏好人生故事，围绕类似的价值观促进人与人、社区与社区之间的联结。同时，在家庭治疗、社区工作、团体辅导、哀伤辅导和企业教练等领域有广泛的应用，并取得了较好的疗效。

在国内，尽管叙事治疗取得较好的发展和应用，但关于叙事治疗信件的文献只有三篇，分别是《写作的心理治疗与辅导：功能、原理及其应用》一文中，介绍了写作的治疗功能、写作治疗的基本原理以及写作在叙事治疗中的运用（施铁如，2006）。《叙事信的力量——解读台湾叙事治疗的书信疗法》一文中，通过分析一封咨询师对一位有自杀倾向的高中学生进行干预过程中的叙事信，了解其对来访者问题进行外化、解构以及重写的过程（林盛、林琳，2011）。《叙事信件在青少年学习困难个案中的应用》一文中，通过外化和定位声明等叙事治疗技术，在总结来访者问题和影响后，通过咨询提问引导来访者在双重身份之间做出选择和改变（赵兆，2015）。综上可知，叙事治疗信件在中国的临床应用方面的研究还很缺乏。

二、研究方法

叙事治疗强调来访者对生命故事的叙说和解构，注重个人主流故事外的支线故事，本文将重点探讨叙事治疗信件在丧偶个案中的应用和反思，对老年人讲述充满了个人化的经验和感受的心路历程或生命故事进行研究。关于个人内心想法和主观感受的议题采用质性研究的方法来研究是最适合的。质性研究是指以研究者本人作为研究工具，在自然情境下采用多种资料收集方法对社会现象进行整体性探究，使用归纳法分析资料和形成理论，通过与研究对象的互动对其行为和意义建构获得解释性理解的一种活动（陈向明，2000）。

（一）个案研究法

个案研究是对单个对象（如家庭、团体、机构、组织、社区、学校或部落等）的某项特定行为或问题进行探索研究，通过参与观察、无结构访谈、收集文件证据、口述历史等方法对单一研究对象进行深入而全面探索的一种研究方式（White，Epston 著，廖世德译，2013）。笔者正是通过这种方法收集丧偶老人丧偶前后的生活经历以及感受，运用叙事治疗的方法

（外化、解构和重构）对丧偶老人存在的问题展开持续的介入和治疗，协助丧偶老人抚平悲痛情绪，认清不良情绪的来源，反思自己的经历，总结经验，更积极地面对生活。

（二）资料收集方法

1. 文献法

笔者通过百度网页、中国知网以及教材等查阅了国内外的相关资料，并对收集到的资料进行阅读、鉴别、整理和总结，找准了自己的研究方向和研究视角。虽然叙事治疗信件的相关研究文献不多，但是笔者通过阅读大量的叙事治疗理论及应用、丧偶老人等文献，从中构思整个论文的大纲，将其理论知识内化于信件中，为今后开展叙事治疗信件的实践与撰写论文提供理论保障和实务经验基础。

2. 访谈法

访谈法是社会工作者从访谈对象获得的最直接的第一手资料，本文的访谈方式以面对面谈话以及信件的形式进行呈现。访谈法分为结构式访谈与无结构访谈，本文采取无结构访谈。无结构访谈是指咨询师在与来访者进行面对面咨询时，围绕一个访谈的主题和范围进行比较自由地交谈，咨询师在交谈中，可以聆听、观察、分析和总结交谈内容，从而获得生动丰富的定性材料。

本次研究中，社工一共与来访者即 Y 爷爷在社区工作站的调解室进行了四次面对面的会谈。每次访谈社工都围绕着不同的主题进行，分别是：Y 爷爷的生命历程、“问题故事”对 Y 爷爷的影响、Y 爷爷对“问题故事”的影响、重写生命故事。四个不同的访谈主题与叙事治疗的步骤是一脉相通的，即叙说—外化—解构—重构，在访谈中，社工运用个案会谈的技巧，如专注、倾听、澄清和自我披露等，因为语言问题，社工在访谈中不断地核实、重复 Y 爷爷的话语以达到信息收集的真实性。

三、叙事治疗信件在丧偶个案中的具体应用

来访者 Y 爷爷，四川人，初中文化，今年 71 岁，患有冠心病。有一个独生子，2015 年老伴因病离世，现与儿子儿媳居住在 A 市，家庭经济不富裕，收入来源主要是儿子儿媳的工作收入。由于异地生活多年，Y 爷爷

与其他兄弟姐妹和亲戚联系很少甚至几乎不联系。丧偶两年内，Y 爷爷渐渐不爱说话，不爱外出，经常想念老伴。Y 爷爷最近想回四川老家居住，儿子儿媳不同意，为此大吵了一架。

Y 爷爷是笔者在探访活动中接触到的服务对象，并征得其同意，把他的故事作为本次论文研究的典型案例。

（一）叙说“愧疚”的生命故事

1. 看不见的“愧疚”

2018 年 1 月 12 日

Y 爷爷，您好！

因为语言问题阻碍了我们的沟通，所以当我询问您是否能说普通话时，还记得您说：“不着急，我慢慢讲给你听嘛。”认真的神情深深地刻在我的脑海里，您的耐心和积极配合瞬间缓解了我焦虑不安的心情，更让我看到一个能主动解决问题的您，我很庆幸您具备多数同龄人不具备的优点。

第一次咨询，您和我讲述了您艰难的成长历程。父亲在您 10 岁那年因为车祸离开了您。原本贫困的生活更是雪上加霜，年纪轻轻的您就学会了烧饭炒菜、斩猪草喂猪、照顾弟妹们，很大程度上分担了母亲肩上的重担。正如您说的：“不蒸馒头争口气”。您的学习成绩最让您自豪，初三以第三名的优异成绩考上县里的高中，可惜家里没钱供您读高中。

初中毕业后，您一直在老家和母亲一起务农。和老伴结婚后，为了能赚多点钱，您选择到县里的砖厂搬砖以及帮别人打煤补贴家用。1991 年，那年您 44 岁，有一个 5 岁的儿子。然而砖厂的搬迁迫使您“抛弃妻子”只身一人来到外地 J 市台山开启了新的打工之旅，这注定是一波三折的打工之旅。1992 年砖厂又搬到了 B 市，一干就是十九年，这期间的 2002 年，年仅 16 岁的儿子初中毕业后就离家去了 A 市打工，于是老婆儿子被您接到了身边一起生活。2011 年砖厂又搬到 C 市，一年后的 2012 年，65 岁的您在 C 市人民医院被确诊患有冠心病，就像您说的：“人老了有病痛是很正常的”，多么乐观的心态啊，可是您话锋一转，道出了您的无奈和辛酸：“病了只能麻烦儿子照顾了”。同年，27 岁的儿子和儿媳将您和老伴一起接到了A市居住，一家人总算是大团圆了。但是好景不长，2015年老伴因病去世，当说到这些的时候，眼角湿润的您是不是又想起了老伴呢，您一直觉得亏欠了老伴，说她一人拉扯儿子长大又跟着您过苦日子，辛苦一辈子都没享福，就这么走了。老伴走后您觉得生活很无聊，所以想回四川老家生活，但是儿子儿媳都不肯让您回去，最近你们更是因为这事大吵了一架。

因为时间问题，第一次咨询到这里就结束了，我在整理分析第一次咨询内容时，发现有几个问题想要提出来。

(1)“人老了有病痛是很正常的”，用这个想法看待离世的老伴，您心里是否会释怀点儿，不那么自责呢?

(2) 如果您和老伴一起参与了孩子的成长，能描述一下那将会是个怎样的生活呢?

(3) 如果您如愿回到四川老家生活，是什么让您摆脱了无聊呢?

以上问题千万不要勉强回答，也不要感到有义务回答以上问题，如果您对以上问题感兴趣，或许我们下次咨询能一起讨论讨论。

祝好!

Y爷爷人生中的重要事件

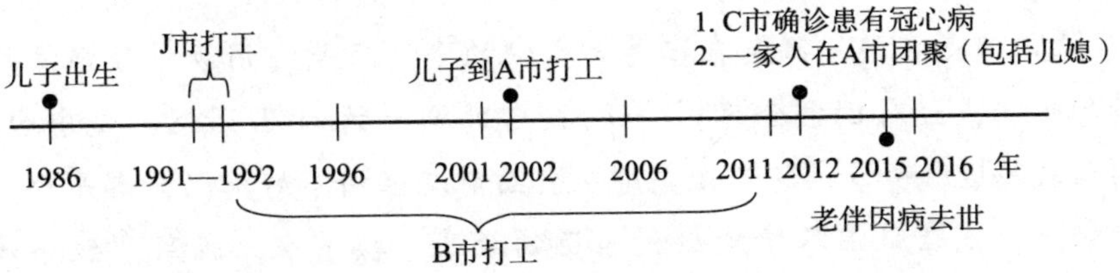

2. 倾听生命故事

这封信件是从会谈后的简信中整理而形成的叙事治疗信件。信件的开头社工对Y爷爷积极解决问题的态度给予了肯定，初步与Y爷爷建立了良好的信任关系。接着，社工围绕人生经历及生命中的重大事件为主题倾听了Y爷爷的讲述，社工了解到这段生命历程塑造了一个能吃苦耐劳、对家庭抱有愧疚的丈夫和父亲的形象。生病了要麻烦儿子照顾、老伴没能享福就离世等，自责的话语与愧疚的心态无形中强化了Y爷爷对自我的负面评价。这时，看不见的“愧疚”就悄然地走进了Y爷爷的生命故事。信件最后问题是本人在第一次访谈后整理访谈内容时发现的有一些重要的问题或者一些疑惑，需要再次与来访者讨论和澄清，这些问题的讨论将有利于解构Y爷爷被建构的人生故事。

（二）外化“愧疚”问题

1. “愧疚”的现身

2018年1月15日

Y爷爷，您好！

第二次咨询我们以老伴为主题，您说您对不起老伴……

您和老伴是通过别人介绍认识并结婚的，当时您没房没车，老伴是看上您为人勤恳踏实，说和您一起搭伙过光景靠谱。（说到这里，您笑了）婚后的生活一直都挺幸福的，您外出打工，老伴就在家里一边照顾您老娘和孩子一边还要务农，虽然辛苦，但一家子都在一起。1991年砖厂搬迁，异地生活让您不得不缺席孩子的成长过程而且也让您成为别人口中的“不孝子”，一家子只有在春节时才能吃个团圆饭，就这样过了21年，你们一家子重新在深圳团圆相聚了，您说总算是熬出了头，有了地方落脚。但偏偏天意弄人，一起生活了两年的老伴因为肾病离开了您，您愤怒、不甘、无奈、悲痛……

“大人只是在忍，只是在忙着大人们的事，只是在用故作坚强来承担年龄的重担，大人们也会疼。”——摘自韩剧《请回答1988》剧中台词。这句话我想送给爷爷，您不必觉得在我面前流眼泪不好意思，那是令人悲伤的经历，就让眼泪尽情地叙说自己的故事。接下来，我用“叙事治疗法”中“人不等于问题，问题才是问题”的观点辅导您看待过去。在针对愧疚对于家人生活和关系的影响所提出的问话当中，您的回答使我发现：

（1）“愧疚”的潜伏期相当长，早在您和家人异地生活的时候就存在了，那时只是偶尔折磨您，不伤大雅。（原话：儿子生大病那次我在老家就好了；作为一家之主，我应该承担更多的。）“愧疚”在老伴离世后终于找到借口和您见面了，它想和您成为朋友，您也开始渐渐接纳了它，却离您曾经最渴望的幸福越来越远。当您有了随老伴而去的念头开始，“愧疚”使您封闭了起来，不爱说话了，不爱出门看别人下棋了，觉得人生没什么希望，生活也空虚无聊，心理的不适同时引起了身体的反应，心脏开始不舒服。这时“愧疚”成了您形影不离的朋友，让您想去见老伴的念头越来越强烈了。

(2) 您儿子觉得很生气。当您要求要回四川老家生活时，他不得不怀疑自己有没有能力做个孝顺的儿子，有没有能力成为您坚强的依靠。他觉得绝望，因为这个事和您已经大吵了一架。

(3) 您儿媳觉得很为难。吵架之后，本来开朗乐观的她不得不看您的眼色说话做事，整天提心吊胆的，这甚至影响到了她们的夫妻关系。她开始对未来的生活感到担忧，对您和儿子之间的关系感到为难。

(4) “愧疚”它很厉害，已经通过您多方面影响到您和家人之间的关系。例如，“愧疚”使您和儿子的关系开始有压力；和儿媳的关系变得尴尬；而且在您的回答中，可以猜测出他们夫妻两人的关系也受到严重影响，很难再互相关注。

我相信，只要您解决问题的意愿强烈，“愧疚”是不能掌控您的人生的，因为您才是您人生的主人。

祝好！

2. 为问题的影响力画蓝图

这是一封为问题的影响力画蓝图的叙事治疗信件，简言之，就是问题对来访者生活方面及人际方面造成的影响。信件前半部分社工聆听了 Y 爷爷与老伴之间的故事，为 Y 爷爷提供了释放对老伴深深的思念之情的机会。后半部分社工运用叙事治疗中“人不等于问题”的技巧引导 Y 爷爷看清“愧疚”是如何一步步对其行为、性格、身体和生活等各方面造成负面的影响，甚至还影响到了其与儿子儿媳之间以及儿子与儿媳之间的相处和交流。社工与 Y 爷爷一起探索问题对各种界面的影响是为了后续探索独特的结果和采取积极行动的可能性打开了宽阔的领域。

（三）解构“愧疚”问题故事

1. 对“愧疚”说不

2018 年 1 月 19 日

Y 爷爷，您好！

第三次咨询，您主动和我讨论了第一封治疗信件的几个问题，我很高兴您对这些问题感兴趣并愿意和我一起探讨。

您说："其实呢，老伴走了两年，我也本应该把心态放宽，但不知为什么，我就是和自己过不去，总是想起老伴，觉得对不起她，她不应该比我早走的。"我明白您的心情，但我想说，也许您会觉得自己的生活过得不幸福能在一定程度上弥补了对老伴的愧疚之情，您内心的旁白是："我没有在你走之后过得很幸福，我没有忘记你"。我可不可以理解为爷爷您是为了减轻愧疚感，减轻自己的心理负担而不是真的在怀念老伴呢？因为老伴希望您过得幸福。

您说，如果您和老伴一起在老家抚养孩子长大，也许就拿不出一笔钱给老娘治病，也许没有多余的钱补贴家用，也许养家糊口都会比较辛苦，况且那个年纪再找工作也许会比较困难。我很欣慰您能这样客观地想问题，虽然说，生活都是我们自己的选择，但我们的选择都是在特定时间、特定环境和特定的人之间做出的。我们花费时间甚至精力后悔愧疚这个决定也许是不应该的。

您说，其实老家已经没有了落脚的地方，这不过是想和儿子分开住的一个借口，您说您没能好好照顾儿子也不奢望他的赡养。您说："如果能在老家找个地方度过余生就好了，我不想成为他的累赘（指着自己的心脏）"。

再次感谢您对以上问题的分享，从和您的谈话中，我分明看到一个曾经封闭内心到愿意主动分享内心想法的您，这无疑是个巨大的进步啊！您说您想改变和家人的相处关系，看来您终于下定决心要和"愧疚"一刀两断了，开始新的生活。在厘清了家人对所谓的"愧疚"这个问题的影响以后，我们发现：

（1）"愧疚"常常想和您拉近彼此的关系，让您和它一起成为好朋友，但是您有几次拒绝了它的邀请。一次是社区的亲子义工上门探访活动，作为被探访对象的您很开心有人能过来和您聊聊天，也是从那时候开始，您有了新的想法："我也想抱孙子了，哈哈哈（说完您笑了）"；一次在家做好饭等儿子儿媳回来吃饭时，感觉自己被需要了，有了存在的意义。

（2）最近一次，儿子差点又因为"愧疚"和您生气，但是他拒绝了。他选择了坐下来和您谈心，儿子说您在的家才是完整的家庭，您的好坏将影响他的生活质量，儿子不能没有您，儿子需要您。

（3）聪明乐观的儿媳也看清了"愧疚"的阴谋，为了不让它得逞，儿媳开始试着反抗它。我很好奇儿媳是如何对抗它，您说儿媳会在饭桌上和您讨论有关未来孙子的教育和养育问题，还计划周末三人一起去逛逛童装，饭桌上的彼此交谈在一定程度上缓和了彼此之间紧张的关系。

(4) 经过与您的交谈后，“愧疚”虽然影响了您与家人的关系，但是您和家人也在影响着“愧疚”对你们的影响，在您了解这些之后，我布置的家庭作业希望能帮您摆脱“愧疚”对您的纠缠。

期待下次的咨询，您能和我分享一个全新的您，一个为了怀念某人而努力过幸福日子的您。

祝好！

2. 为人的影响力画蓝图

这是为人的影响力画蓝图的叙事治疗信件，与为问题的影响力画蓝图相反，这是探索人对问题的影响和反抗，不再受限于问题而束手无策，而是扼杀问题进一步发展的机会，也是我们常说的独特的结果。这些人对问题的影响通过行为显示出来的事实对人是有意义的，挖掘和发现这些具有意义的事实就是叙事治疗中的“解构”阶段。

信件的开头 Y 爷爷和社工讨论第一封信件中的几个问题，再次让 Y 爷爷认清了其中的矛盾以及不再纠结于过去的事情。过去的事情无法改变，我们能做的是让未来的生活不再让自己感到后悔。信件的后半部分，社工和 Y 爷爷一起讨论了其和家人不受问题影响的例外事件是怎样发生的，探索中发现社区社工的探访活动、儿子吐露需要您的心声以及儿媳主动与您交谈未来孙子的教育问题这些事件的发生，都使 Y 爷爷重新审视自己存在的意义以及感受到被别人关心和被需要。Y 爷爷和儿子儿媳都没有被“愧疚”影响到家庭，那是因为被他们忽视的有意义的事情经过挖掘以及放大之后削弱了问题的影响力。这些有意义的事情将成为 Y 爷爷重写新的有意义的人生故事的关键因素。

(四) 重写“我很重要”的生命故事

1. 告别“愧疚”，从“我很重要”开始

2018 年 1 月 26 日

Y 爷爷，您好！

第四次咨询，我再次谈到了“叙事治疗法”，提议用“我很重要”替代新生的您，您接受了。我很开心听到您说我布置的作业对您有所帮助，您已经开始会出门逛公园了，也喜欢去看别人下棋。因为儿子儿媳晚上才回家吃饭，您问我社区是否有活动可以参加，我很开心您能主动提出这个问题，我建议您加入我们社区的老年人协会，您欣然接受了。

您和我分享最近"愧疚"找您的频率低了，您和儿子谈心的时间也多了，分享了很多儿子小时候的趣事，您也向儿子叙说了您多年在砖厂打工的一些见闻和感想，也向儿子表达了自己的想念之情，父子关系在一次次的谈心中得到改善和加深。父子关系的改善直接影响了您和儿媳、儿子儿媳的夫妻关系，用您的原话说："大家把心底话一说，都明白了，有事情有情绪都要讲出来。"是的，人与人之间的关系维持都是建立在沟通交流上，千万不要封闭自己的内心。

为了防止"愧疚"的反扑，我们一起讨论做了一些"未雨绸缪的计划"。计划如下：

(1) 当"愧疚"再次来访时，您会拿好您的武器（写日记），记录此时此刻想法和感受，好好地想想"愧疚"到来的原因。如果您还是没找到头绪，看看我们咨询过程中的信件吧，也许您会从中找到答案，找到面对"愧疚"的力量和信心。

(2) 您会加入社区的老年人协会，培养一些兴趣，特别是下象棋，以此来充实闲暇生活。如果时间允许、活动合适，您还会参加一些志愿活动，做力所能及的事情为社区献爱心。

(3) 身体是革命的本钱。您会积极配合医生的治疗方案，平时多到社区公园锻炼身体，规律饮食，放宽心态。

(4) 家人之间有矛盾时，您会积极地进行沟通，积极地表达自己的观点和想法，同时了解家人的想法和观点。

希望您能以"我很重要"开始新的人生，如果在后续生活中您对自己有更多的新发现，期待您以书信、电话或者各种方式联系我，和我分享您的新故事。我也在您身上提前学习有关生死问题的思考，让我们彼此一起成长吧！

祝好！

2. 赋予生命故事新的意义

最后的一封叙事治疗信件中，社工再次运用叙事治疗的技巧——建构，建议 Y 爷爷用“我很重要”代替了“愧疚”，重新书写自己的生命故事。第四次访谈中，社工了解到 Y 爷爷与儿子儿媳的关系开始缓和并向积极的一面发展，为了防止在个案咨询结束后，Y 爷爷因遇到相似的困扰而又走进“问题”故事里，社工与其讨论了一些有建设性的建议和计划，增强 Y 爷爷日后解决问题的能力和信心，巩固已经习得的意义行为并让其丰富自己的人生故事。

四、反思与结论

（一）反思

以叙事治疗信件的角度研究和分析个案工作有其优势和积极意义，但也存在缺点和不足。

第一，打破社会对老人的固有偏见，赋予其话语权。社会对老人的负面认知，为其贴上了弱势群体的标签，而叙事治疗相信人不等于问题，环境与人的关系、人与人之间的关系才是问题故事存在的条件。社工在运用叙事疗法介入个案时，要学会帮助服务对象去标签，同时要发挥服务对象在问题故事中的主体性，挖掘其过往独特的结果赋予其新的意义。让老人有话语权向自己、他人甚至社会讲述“我是谁”，而不是别人眼中的“我是谁”。

第二，用文本的形式记录独特的生命故事，做自己人生的作者。说和写不一样，说先于写，写以说为基础。有时一些话说不出来，只能通过写才能得到表达，书写解决了时间性问题，事件及其经验能克服时间的限制在文本中进行展示。社工在运用叙事疗法介入个案时，要多鼓励服务对象书写自己的人生故事，在这个独特的生命故事中，服务对象看似是唯一的作者，而故事背后的社会、文化、语言脉络是整个故事的隐含作者，而这些都是服务对象面对不公的社会进行反抗时最有效的证明。

第三，叙事治疗信件在丧偶个案中的介入，更多以个体及其家庭为研究对象，而对宏观层面的实践关注较少。本研究只是丧偶老人群体中的一个案例，不能代表整个丧偶老人群体。而且由于每个老人的生活环境、文化背景、经历等都不尽相同，并且年龄因素、性别差异、需求等都会有很大的区别，所以本研究结果的代表性不强。

第四，个人专业实践经验不足，主观理解诠释的成分较多。本文是笔者在实习期间完成的一篇论文，也是第一次接触个案工作，更是第一次尝试在个案工作运用叙事治疗信件在丧偶老人案例中加以探讨和研究，所以不管在专业知识上还是实务工作上本人都是新手，缺乏实务经验和理论基础。这也是定性研究方法会遇到的问题，个人主观臆断性过多，研究结果缺乏一定的客观性。

（二）结论

笔者结合丧偶老人的生命故事主线，在叙事治疗的视角下，对案例中老人的主要问题进行了“叙说—外化问题—解构问题—重写故事”，整个研究过程通过信件的形式呈现，叙事治疗信件是咨询师以叙事的态度和技术为基础和依托，里面的语言渗透着叙事的三部曲，即“外化式、解构式、重写式”。以下是笔者使用叙事治疗信件介入个案中的一些发现和启发。

本人尝试运用治疗信件跟进个案，除了新颖外，还具有自察、检讨、启发的功能。首先，信件记录的内容不是零散的，而是社工根据回顾访谈中的内容进行梳理总结出来的。在这个回顾过程中，其实社工又进行了一遍访谈，通过回忆来访者诉说时的表情和说话的语气以及社工是如何进行回应的，能够自察出自己回应不足之处或者提问的方式没能体现社工元素，为日后的实操积累经验和技巧。

其次，本人在书写信件的过程中，不仅对个案求助的过程清晰而且能及时发现遗留的信息和仍有疑问的问题，为下次的访谈做好再次澄清的准备。

最后，这些叙事治疗信件被案主收到并阅读的时候，在一定程度对案主也产生了积极的影响。Y爷爷通过阅读这些信件能让他感受到社工真诚的关心和认真的工作态度，关键是自己被关注的那份感动让他重拾对生活的希望。还有这些信件记录的过程正是案主通过改变自己从而解决问题的过程，这一套应对问题的模式将会成为日后案主解决其他类似问题的动力和信心的来源。

参考文献

[1] 何雪松．社会工作理论［M］．上海：华东理科大学出版社，2007.

[2] 施铁如．写作的心理治疗与辅导：功能、原理及其应用［J］．华南师范大学学报（社会科学版），2006（1）．

[3] 林盛，林琳．叙事信的力量——解读台湾叙事治疗的书信疗法［J］．中小学心理健康教育，2011（6）．

[4] 赵兆．叙事治疗信件在青少年学习困难个案中的应用［J］．医学与哲学，2015，36（6B）：74－77.

[5] 陈向明．质的研究方法与社会科学研究［M］．北京：教育科学出版社，2000：12.

[6]［17］Michael White，David Epston 著，徐永祥编，廖世德译．故事、知识、权力：叙事治疗的力量［M］．上海：华东理工大学出版社，2013.

[7] Nylund D.，Tomas. The economics of narrative［J］．Fan Ther Netw，1994.

[8] Epston D.. Extending theconversation［J］．Fan Ther Netw，1994.

[9] Moules N.. Therapy on paper：therapeutic letters and the tone of relationship［J］．J Syst Ther，2003，22（1）：33－49.

[10] Pyle N.. Therapeutic letters in counselling practice：client and counsellor experiences［J］．Can J Counsel，2006，40（1）：17－31.

[11] Newman D.．"Rescuing the said from the saying of it"：living documentation in narrative therapy［J］．Int J Narrat Ther Commu Work，2008，3：24－34.

[12] Pearlman N.. Legacy：a writing and spoken word project documenting the legacies of lost loved ones［J］．Int J Narrat Ther Commu Work，2012，4：19－33.

[13] Whyte W.. Passing hope around：youth massaging strategiees for becoming drug－free［J］．Int J Narrat Ther Commu Work，2012，4：34－40.

叙事研习三：

叙事疗愈方法在留守儿童辅导小组中的应用

★ 篇前语

近年来，“留守儿童”越发成为社会关注的焦点，并以弱势群体的形象出现在公众的面前。“留守儿童问题的产生和解决”也一度成为社会学术研究的热点。而在焦点、热点背后所延伸出来的留守儿童“问题化”“污名化”的构建却在轰轰的社会主流中被我们所忽略；甚至，在传媒、政策和学术等的推波助澜下，“留守儿童”渐渐被人等同于“问题儿童”。社会弥漫着对留守儿童的标签气息，行为问题产生的原因不在于行为本身，而在于人们及社会对行为者行为的反应，社会对留守儿童的这种反应不仅会影响儿童自我形象的界定和心理健康的发展，更会促进儿童向着社会的不良评价发展，最终会将非问题儿童强迫成问题儿童。这对儿童本身及社会的危害是不可估量的，也正是使我在社会“逆流”中执着于从留守儿童“去问题化”角度去研究的原因。

我尝试将叙事治疗的方法运用到儿童成长小组中。叙事治疗是一种通过聆听服务对象故事，运用恰当方法帮助服务对象找出遗漏片段，从而使问题外化，引导其积极重构故事，唤起其改变的内在力量的过程。自产生以来，鉴于对案主故事叙述语言能力要求，问题外化、故事重构过程的紧密性，叙事治疗也常常被运用在成年对象的个案工作领域中。而研究中，我却刚好沿着相反的道路，在儿童成长小组中尝试运用叙事治疗方法开展工作；这一切源于我大胆的想法——“绘”说话的绘画。绘画也是一种语言的表达方式，通过绘画即使是语言表达能力不强的儿童群体也能表现出内在的感受、想法和情绪，从而为工作人员的问题外化和协助儿童故事重构创造条件和机会。同时，同辈群体对儿童的影响是巨大的，而儿童故事重构和见证的力量恰好来源于成长小组的环境中。通过营造接纳、尊重和保密的小组环境，促使留守儿童能打开心扉在小组中成长改变。从而勾勒出一条“问题外化—故事解构—绘画重写—故事重构—见证肯定”的主线假设。并且我在农村开展留守儿童的实践，如“儿童绘本活动”中验证了假设的可行性，就叙事治疗如何结合绘画疗法在农村留守儿童小组中开展心理辅导，分析其可行性和总结经验，推动留守儿童“去问题化”的研究和发展。但研究也存在不足，尤其在定量分析及实践效果的评估上的缺乏，在一定程度上降低了文章和研究的严谨性和完整性，还有待进一步的探索和修正发展。

在我看来，叙事治疗理论从21世纪初传入中国以来，至今发展时间并不长，众人对于叙事治疗的了解也比较少。同时，在留守儿童问题化的社会大背景和大趋势下，“去问题化”的视角并不是主流，但我仍然坚信叙事治疗在社会工作服务中的巨大潜力和“去问题化”对儿童健康发展及社会和谐的重要作用，这一直鼓舞着我努力地完成了这篇报告，为所有的实践尝试和付出交出满意的答卷。

当我完成这篇报告时，突然地如释重负，这种感觉不是来自文章“难产”终于结束的喜悦，而是心中的一份“交代”终于落成了。文章里，看到更多的是自己如何运用叙事治疗的方法去为一个个留守的孩子解构心中的伤痛故事；但在我的内心里也是对自己刻板印象的释放。我也是一个从小在农村留守长大的孩子，同样在课堂上喜欢搞小动作，与同学讲悄悄话，被老师当堂批评或下课拉到办公室痛骂；同样是课后一群人跑入农田里偷别人的地瓜、西红柿；同样被外村的大伙伴围打，不敢还手……那些过去的童年时光里，甚至让我自己觉得可恨，“农村的孩子就是那么野，那么没文化没素质没教养!”这些想法一直跟随着我成长，深深地根植在心里。我努力学习去追求更加完美的自己，以此期待与他们区分开来，“我不是一个野孩子，我跟你们不一样。”我知道自己对“野孩子”的痛恨是来自早年老师、村人对我的歧视和区别对待，也致使我今天同样地恨这些“野孩子”。但直到我开始这篇文章的调查活动，面对这一群我心里默认的“野孩子”，我挥之不去的刻板印象，终会让我的研究走不下去。所以，我无法去引导我的研究对象，更无法真正做到感同身受。前期，我任由着遵循叙事的方法和理念一步步地走，没想过会有什么成果，直到孩子用绘画去叙事他们的心灵和愿望，我才开始用心走近他们，感受他们的天真和可爱。在我不故意强求自己忘记“野孩子”的阴影时，我却被我眼前那些孩子的言语一步步感化，慢慢削弱心中的那种恨与区别。

这一次的调查和实践对我的专业素养的形成是至深的，最重要的是它来自我终生难忘的一段美好回忆。应当说，今天的报告成果不完全是来自我一个人的，在团队一个月的奋斗里，我如期出色和超标地完成了任务，同时收获了我一生中最真挚的友情和宝贵的爱情。闲暇时，在与我的队友谈起这一段过往的经历，彼此都无比的怀念，那时我们的时光多么的充实，也充满了我们对社工的爱。除此，在这一段历程中，我的成长一直伴随着心爱女孩的鼓励和协助，这让我在面对巨大的刻板印象和工作的压力时也能越挫越勇，也让我拥有莫大的勇气尝试去面对现在的自己。换一种角度，我在用叙事去研究一个报告也在用一个报告叙事着自己，用它记录着我过去最美好的时光，以及现在最痛苦的煎熬。

至今，我还一直在努力，不管是我的叙事工作还是自我生命的解构历程，我都想把我如今这份仅有的成果和最真诚的心献给那段美好的回忆与那个我生命中最重要的女孩。

语言并不可怕，可怕的是藏在心中深处的那一份根深蒂固的文化意念。由于本人学识尚浅，视角不够广阔，对问题的分析和总结还缺乏研究的深度和专业性，还需在未来中不断锤炼、要求自己，努力前行。

梁　良

2018 年 11 月 29 日

叙事理论视角下留守儿童心理辅导之应用研究

——以 T 镇 L 小学为例[①]

摘要：农村留守儿童问题受到社会的广泛关注，并将其“问题化”。媒体报道、政府政策、学者研究及社会舆论下的主流文化形塑了留守儿童的负面印象，留守儿童趋于问题儿童，给他们的心理带来严重伤害。运用叙事治疗结合绘画疗法，从外化—解构—重写—见证等途径尝试在团体工

---

① 作者：梁良，岭南师范学院社会工作专业 2014 级本科毕业生，摘自作者毕业论文。

作中介入，探索研究问题，反思与总结实务经验，为叙事治疗在团体社会工作中运用提供丰富的理论视角和方法。

关键词： 叙事治疗；农村留守儿童；小组工作；绘画疗法

一、引言

（一）研究背景

1993 年，上官子木的《隔代抚养与“留守”儿童》，在中国大陆上最早提出“留守儿童”一词（上官子木，1994）。2016 年《关于农村留守儿童摸底排查工作基本情况的通报》，全国共摸底排查出农村留守儿童 902 万人，其中由（外）祖父母监护的 805 万人，占 89.3%（高晓兵，2018）。2018 年全国政协十三届一次会议记者会上，刘利民表示：“留守儿童、随迁子女等缺乏关爱、缺乏亲情，面临辍学、失学等一系列问题，政府要大力解决……他们最大的问题不是生活没有来源，他们最大的问题是缺乏亲情、缺乏关爱”。①

近年来，媒体关于“留守儿童”的报道铺天盖地，从 2004 年起，13 年间《人民日报》《南方都市报》主流媒体，主题或关键词为留守儿童的报道共有 793 篇，“留守儿童”成为当今主流热点话题（侯翔宇，2017）。无论是官方权威发文还是主流媒体报道，提起“留守儿童”后面总少不了“问题”两个字眼，“留守儿童问题”的文章、报道随处可见。而主流媒体对留守儿童报道存在失真、偏见等问题层出不穷，批判不断，将留守儿童形象再现为“留守儿童是性格、心理、教育等方面存在问题的问题儿童”，并存在“留守儿童生活处境艰难，亲情缺失，需要社会各界的关爱和帮助”等刻板印象（肖利珍，2010）。主流媒体引导着主流舆论、文化，渐渐在全社会里，“留守儿童”被建构为“问题儿童”，给留守儿童心理带来巨大伤害。同时，社会组织、社会工作者作为“留守儿童”服务的主力军也深受主流影响，大大降低了社会工作者服务的质量。如何正视留守儿童，发挥他们的潜能，实现“助人自助”是社会工作者、也是社会研究者

① 澎湃新闻．刘利民．0 到 16 岁留守儿童有 902 万，政府家庭都要关爱 [EB/OL]．[2018-04-01]．http：//www.thepaper.cn/newsDetail_forward_2024580/.

需要面对的问题。

随着农村大量的青壮年劳动力纷纷汇入城中形成“出城潮”，无异于昨日的“出国潮”，他们的孩子留在乡村读书、生活，渐渐“农村留守儿童”成为“留守儿童”中的主要群体。

社会学领域中，“留守儿童问题的产生和解决”一直是各大学者研究的热点，也是“留守儿童问题化”流行的原因之一，对留守儿童与留守儿童问题化的构建研究及“去问题化”却涉猎甚少。于是，本研究试图从叙事治疗理论的视角，对留守儿童及问题化进行解构，并结合实践研究尝试将叙事治疗运用到团体社会工作中，探索其实践方法，为该领域研究做出自己的微薄奉献。

在众人眼里，留守儿童通常被视为身边缺乏父母照顾、关爱，老师关怀，心理上自卑、孤僻，学习不认真、违反纪律，卫生意识低、生活习惯差，不诚实、没教养的孩子。但这样的只有农村留守儿童吗？人们眼中的“留守儿童”是怎样建构出来的，真的和现实一样吗？这些问题都只是留守儿童自身造成的？农村留守儿童就是“问题儿童”？叙事视角下的留守儿童问题是怎样的？叙事理论能否与绘画疗法相结合运用到团体社会工作？怎么样在实践中操作，如何进行心理辅导呢？带着这些问题，本研究以T镇L学校四年级学生的叙事治疗心理辅导进行了实证研究。通过绘画疗法在团体工作中的实践及考察记录，分析学生心理问题的建构和演变过程，帮助其挖掘和丰富特殊意义事件，重建自信心，并试图总结叙事治疗团体社会工作心理辅导的实践理论和方法。

（二）研究的意义、目的

1. 理论意义

20世纪80年代澳大利亚Micheal White和新西兰David Epston共同创立了叙事治疗，运用于个人和家庭治疗领域。于1990年出版《从叙事方法到治疗终点》（Narrative Means to Therapeutic Ends）一书后，叙事治疗才开始在社会工作、心理学领域萌芽发展。而在中国，直到2000年Freedman和Combs的叙事治疗《解构并重写生活的故事》中文版在台湾地区翻译出版，成为汉语界认识和传播叙事治疗的重要读本（陈红莉，2011）。

叙事治疗来到中国不到二十年，在大陆的发展更晚一些，理论还在不断地完善和成熟中。叙事治疗的“本土化”是更好发挥其治疗作用和促进叙事理论在我国发展的重要前提。近年来，学者们将叙事治疗运用在个案、家庭心理辅导领域的研究渐渐增多，但是叙事治疗的团体工作研究并不多见，而在实务上的经验总结和方法探讨更是罕见。

于是，此次研究在综合学习国内叙事治疗以及团体工作理论后，尝试开展留守儿童团体工作实践，希望通过实践的总结和反思，丰富实践理论的同时，为该领域学者日后的研究提供真实可靠的材料。

2. 现实意义

20 世纪 90 年代初，怀特被邀香港举行讲座，21 世纪初叙事治疗在香港开始流行，叙事治疗在团体工作中的运用实践才崭露头角。所以，叙事治疗在大陆实践的时间并不长，研究甚少，结论仍停留在宏观问题的解决上，而对于具体的服务技巧、手段谈论和总结较少。通过此次研究，希望能丰富叙事治疗团体工作在大陆上的实践，并呈现出微、中、宏观三方面意义。

微观：通过社会工作者与对象的接触和关怀，缓解儿童的心理问题困扰，提供情绪疏导，鼓励支持，敢于表达，解构问题，重构对象生活。通过挖掘服务对象的潜能并增强其问题解决的自信心及能力，将习得的知识和技能运用到现实生活和自我成长中。

中观：与校长、老师的深入访谈中，对学生普遍存在的心理问题归纳总结、探索校园心理辅导教育活动缺失的原因对策，加强学校对学生心理辅导的重视和学生的关怀教育。

宏观：社工利用自媒体的传播报道，加大社会对农村留守儿童问题的正确关注和纠正错误主流舆论的同时，总结和反思实践的经验，丰富农村留守儿童“去问题化”研究视角和理论方法，希望可以创新农村留守儿童叙事治疗团体社会工作模式，为社会工作儿童领域更好地实践服务提供参考性方向和指导。

二、文献综述

（一）相关概念界定

1. 叙事治疗

治疗师通过倾听来访者的故事，运用适当的方法，帮助来访者找出遗漏片段，使问题外化，从而引导其重构积极故事，以唤起其发生改变的内在力量的过程（赵君、李焰，2009）。

2. 留守儿童

该文中“留守儿童”是指父母双方外出务工或一方外出务工另一方无监护能力、不满十六周岁的未成年人（高晓兵，2018）。而“农村留守儿童”是指父母双方或一方从农村到其他地区，孩子留在户籍所在地的农村地区，并因此不能和父母双方共同生活在一起的儿童，年龄界定在18岁以下（段成荣、吕利丹、郭静、王宗萍，2013）。

3. 小组工作（团体社会工作）

社会工作的工作方法之一，它在小组工作者的带领下，通过组员间的互相支持、充分互动和分享，激发组员的能力和潜能，改善组员的态度、行为，提升他们的社会功能性，解决个人、群体、社区和社会问题，促进个人、小组和社区的成长和发展，实现社会和谐、公平、公正发展（刘梦、张和清，2013）。

4. 绘画疗法

辅导者在面对留守儿童语言咨询有阻抗时，或来访学生语言表达能力受到局限，或需了解留守儿童整体心理状态或家庭成员情况时，采用心理学中“绘画疗法”的艺术手段，以降低学生心理防御，达到了解学生真实心理状况，有针对性开展心理辅导的目的（张寒玉，2005）。

（二）文献回顾

1. 农村留守儿童及问题建构研究

“留守儿童”作为社会关注、研究的焦点，关于“农村留守儿童问题”的学术研究琳琅满目，CNKI（中国知网）数据库中，对“农村留守儿童”关键词检索，发现研究大约有8638条，主题为“农村留守儿童问题”研究文章2220篇，但是，主题为“农村留守儿童问题建构”的文章有4篇，而主要研究“留守儿童问题化”的仅有1篇。可见，“留守儿童”“留守儿童问题化”的建构研究资料甚少。本研究主要通过以下四个维度进行检索，获取该问题的相关研究资料：

①留守儿童等同于“问题儿童”

这方面主要探讨社会为农村留守儿童贴上不同的标签及带来的负面影响。田杰等认为社会给予留守儿童关注的同时，许多学者、专家和媒体却把重心放在了留守儿童存在的问题上，将其等同于问题儿童，为其贴上“问题”标签，声称这些儿童在教育、心理、生活、道德行为等方面存在诸多的问题（田杰、方瑞芳，2017）。贴标签让社会用有色眼光看待留守儿童的各种表现和现象，将留守儿童塑造成负面的形象，认为留守儿童都存在这样或那样的问题。

②留守儿童被“污名化”

农村留守儿童抢劫、逃学、打架、自杀、被性侵等负面信息在社会媒体纷纷报道下被频繁映入众人眼帘，忽视“农村留守儿童”自身的能力，并存在对留守儿童各种歧视、偏见、污名化倾向。乡村留守儿童问题受到学者、媒体的关注持续增加，留守儿童“去污名化”的呼声也从未中断。任运昌基于系列田野调查发现社会各界明显存在人为扩大留守儿童负面特征的倾向，我国的留守儿童存在污名化的危险（任运昌，2008）。人们基本上把留守儿童当成问题儿童看待，常常说他们厌学违规、素质低下、心理扭曲，极个别者甚至使用相当过激的言辞表达严重偏离事实的主观判断。这些现象使留守儿童们蒙受强烈的羞耻感和罪恶感，对其身心健康造成巨大的损害。

③问题构建对儿童社会化的影响

社会化是每一个留守儿童必须经历的过程，他们身边缺少父母的照顾和关爱，出现各种社会化的问题也是在所难免。江立华认为已有留守儿童的相关研究，绝大多数所得出的结论是负面的……过分的社会关注对留守儿童可能存在额外的心理压力、消极的心理暗示，对他们积极自我概念、自我意识的形成和发展产生影响，甚至可能导致留守儿童对社会环境形成某种不良期待和过分依赖。可知，过分的人为渲染、干预反而对留守儿童社会适应能力的培养造成阻碍（江立华，2011）。

④发掘留守儿童的权利、潜能

一直以来留守儿童的消极作用不断被夸大，自身的主体作用被忽略。罗国芬从儿童权利的视角分析，农村留守儿童更多是社会类别化（social categorization）的建构，而不是这特殊“类属”的身份认同（group identification)（罗国芬，2018）。有问题的其实是社会结构，而不是儿童自身存在问题；反“污名化”不是要“去社会问题化”而是基于儿童权利视角实现“再问题化”。

“农村留守儿童”群体是客观存在的，但“农村留守儿童问题化”并不是凭空产生的，我们“感谢”社会媒体，让这个新弱势群体得以“突然发现”，“感谢”社会、学术，让这个问题得以形塑；最后我们不得不说，“留守儿童”问题化的构建多亏了政府政策和行动、媒体宣传和报道、学术调研和发表的共同“付出”，当然还有社会舆论。

2. 叙事治疗社会工作的研究

摆脱传统“问题导向”的治疗观念，关注文化与社会，强调“问题存在于叙事”，问题非案主的叙事治疗已成为社会工作实践的新模式，并形成了自我独特的操作技术：①抱着不知的态度；②问题外化；③寻找例外；④由薄到厚；⑤善用文本；⑥仪式和见证人。但李昀鋆认为治疗师不应该单纯关注技术本身的操作，而应关注技术对案主重构叙事的影响和效果（李昀鋆，2014）。

叙事治疗通过问题外化，生命故事重塑，强调自我审视与反思的方法在学校社会工作中得到广泛地运用，尤其“厌学”个案工作，以建构主义为研究视角，叙事治疗为实务框架；通过叙事治疗的技术技巧，总结出个案的厌学行为来自长期受挫和环境的失败体验，而忽略案主的能力往往降低对象问题解决的能动性（李莹莹，2015）。尚发超同样通过叙事治疗手段，缓解留守儿童的厌学情绪，认为是家人对案主学业有了更长远的期待，老师更注重案主潜能的挖掘（尚发超，2017）。

叙事治疗与社会工作中的价值观高度契合，实践中能使社工与案主迅速建立关系，了解案主的主要问题，并通过叙事治疗在学校社会工作的实践，说明了社工在叙事治疗中对自己生命的审视，让治疗师投入更多情感，学生移情、治疗师反移情由此而生，同时反思社会工作的服务策略是帮助山区学生“走出去”还是“留下来”（吴焕琳，2017）。

在青少年问题产生中，卫小将、何芸认为青少年问题的产生往往来自于自我构建，将问题进行自我归因或内化，即我就是问题，问题就是我，通过叙事治疗“情感支持及问题外化”“探索及重塑故事”“固化新故事”三个阶段，开展青少年个案服务（卫小将、何芸，2008）。

三、研究设计

（一）理论基础

1. 建构主义理论

叙事理论是建立在社会建构主义的基础上。主要观点包含四部分：①现实是社会建构出来的；②现实是经由语言建构出来的精神产物；③现实是诉诸叙事组成并得以维持的；④绝对的真理是不存在的（陈红莉，2011）。

在建构主义中，语言构造了我们的现实世界，在这个世界上少数的人因拥有话语而掌握了权力，排斥、边缘化弱势群体或“非主流群体”（不认同他们将不公平扭曲为公正或理所当然的群体，也被社会称为“疯子”）。在此基础上发展的叙事治疗，将对象的问题延伸为深受“主流话语”或“正统标准”影响而自主建构的“问题故事”（卫小将、何芸，2008）。社会工作者可通过帮助对象明白主流文化带来的影响，重新改写意义故事，带去新的盼望，获得改写生命故事的动力。

2. 后现代主义理论

叙事知识，体现儿童对现实世界的认识和解释，包括儿童的人际交往和处理问题的能力。现实对人的意义，体现在语言的表达和个人的诠释。儿童的语言中往往带有价值的取向，表达出儿童对父母、学校、社会的认识，工作者在语言中感受他们的态度、心理问题困扰的解决、自尊心理以及人际间的交往。

（二）研究内容、思路及方法

1. 研究内容

本文研究将叙事治疗与绘画疗法相结合，以L小学四年级60名学生为小组，主要探索“留守儿童问题化”的建构和叙事治疗如何结合绘画疗法在农村留守儿童小组工作中开展心理辅导，分析其具体运用的可行性和总结经验。

2. 研究思路

农村留守儿童是客观存在的，儿童被“问题化”，叙事治疗作为新事物在小组工作中的运用和研究甚少，而在小组心理辅导上更是一种挑战。

本文将遵从“构建主义”为理论指导，叙事治疗结合绘画疗法技术为实践技巧，即发现问题—提出问题—解决问题—总结经验。

发现问题：如背景所述，农村留守儿童在主流文化中被构建为“问题儿童”，并出现了各种边缘化、污名化，对儿童的心理健康、社会化产生巨大伤害。

提出问题：在留守儿童成长过程中如何“去问题化”，对儿童心理进行辅导，促进儿童心理健康成长。

解决问题：结合叙事治疗与绘画疗法技术进行对象自身“去问题化”研究，即问题外化—故事解构—绘画重写—故事见证。

①问题外化：转变儿童看待问题的角度及问题归因，分析儿童心理问题产生的原因。

②故事解构：儿童分享自身或身边故事，放空、好奇地聆听和适当问话。

③绘画重写：在绘画中寻找和丰厚特殊事件，建立自我认同、自信心。

④故事见证：组员、老师和亲人的共同认可和鼓励，发现自我故事意义和价值。

总结经验：分析效果，运用扎根理论的方法提炼经验，因地制宜，总结研究成果，促进叙事理论本土化和理论的完善。

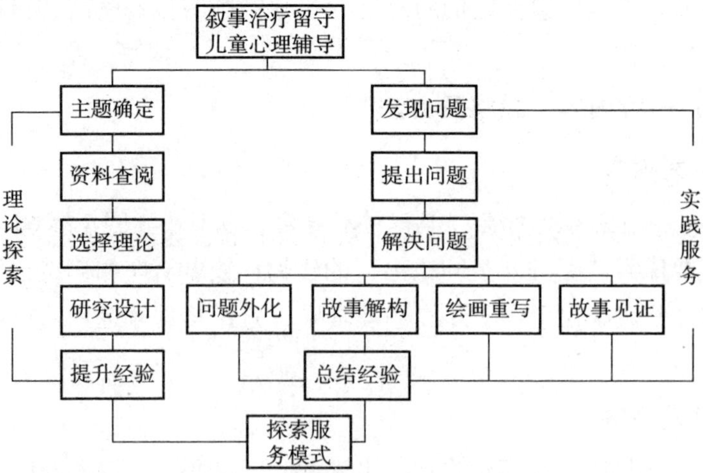

图1　研究框架

3. 研究方法

本研究采用定性研究方法。鉴于定量研究在宏观层面上以数据变化呈现现象的发展，但也易在数据统计和分析中存在各种主观性错误的原因，而决定采取定性研究，可以在微观层面上对现象的变化和发展进行更详细的描述和分析，更有利于故事、绘画和分享等实践方法的配合运用。

在定性研究方法中，主要采用参与观察，以无结构访谈和无结构观察的方式收集原始材料。

深度访谈与无结构观察是收集实地资料的主要方式。通过与学校老师、组员进行深度访谈，了解当地留守儿童“问题化”的程度及绘画内容，心理发展；而注重绘画在实践中运用，在于探索和完善叙事治疗介入团体工作心理辅导的途径和问题解决方法。同时，在活动中运用参与观察，以听闻问想，从表情、行为和言语中发现对象的变化和进步。

笔者将叙事治疗理论与团体社会工作实务相结合，通过五节完整的小组工作实务及前期调研评估、方案设计实施、总结反思等实践，在行动中试图探索出叙事理论指导留守儿童团体工作心理辅导服务的新模式，丰富社会工作的服务理念，更好地为社会工作者在该领域的实务实践提供参考。

4. 资料收集

主要来源于“编”织彩虹，相“绘”明天项目之儿童绘本活动，通过对校长、老师的深入访谈，活动前对留守儿童参加活动意愿进行调查及报名，对五次小组活动的参与观察和进行实践记录，叙事治疗与绘画疗法相结合的治疗方法贯穿研究的全过程。

（三）创新

本论文的创新之处在于：首先，从立题上笔者尝试在大陆的叙事理论应用于小组工作的经验不足的背景下讨论、研究，在实践的基础上，大胆地去反思和总结叙事理论介入小组工作的效果和经验，探索新的服务模式和为后者提供研究材料。其次，笔者将叙事理论和绘画疗法相结合指导本次研究，一定程度上弥补叙事理论在心理学层面分析的欠缺，也拓展了叙事理论实践的方式和丰富了意义，使叙事的实践研究能够更加全面发展，推进其理论的本土化探索。

四、叙事理论下留守儿童心理辅导过程

现实中，留守儿童问题的产生往往来源于社会的建构而非儿童本身；将儿童“问题化”削弱了儿童主体的潜能，阻碍儿童自身解决问题。而叙事治疗的理念让服务对象在故事重建中发现生命特殊意义事件，重找新的力量。其中，“我非问题”作为问题外化的视角，通过故事叙述、故事解构，同时结合绘画疗法，在绘画及作品分享中重写生命故事，最后邀请组员与家人、老师见证新故事。即通过：问题外化—故事解构—绘画重写—故事重构—见证肯定的方式研究叙事治疗与绘画疗法在儿童心理辅导中的具体运用和效果。

（一）故事：问题外化的工具

孩子对“问题化”或“问题外化”是难以理解的，而在研究中发现每个孩子对故事充满了喜爱。因此在小组活动中，以讲故事形式吸引孩子们参与到小组中去。每一个精心挑选的主题（感恩、友谊等）故事都有波澜起伏的情节，主人公面对着不同的问题和挫折；对主人公问题的分析和引导，往往能了解孩子们对问题的构建方式以及明确区分“人非问题，问题是问题”，培养孩子独立思考的能力。

S：村民们为什么不相信陌生人，甚至怀疑自己的邻居呢？

C1：因为他们害怕，怕陌生人会欺骗他们。

C2：因为他们不喜欢跟别人说话。

C3：因为他们身心很疲惫，经历过苦难、饥荒、洪水和战争。

S：大家的回答都很棒！大家开始是不是觉得这些村民都不友好，甚至害怕受到伤害？

C：是的！

……

S：在听这个故事前，大家觉得“石头”可不可以煮汤呀？

C：不可以！

S：那大家为什么觉得石头不可以煮汤呢？

C1：因为石头不能吃。

C2：我们身边没有人用石头煮汤的，傻的才会去用石头煮汤了。

S：为什么大家觉得用石头做汤是傻的呢？

C1：因为身边的人看到会说你啊，甚至会骂你，你是不是傻的？

C2：没见过人用石头做汤，人家觉得你有毛病。

S：嗯，看来大家都觉得用石头做汤的人都是不正常的，用石头做汤就会被身边的人批评；那么最后和尚和村民们为什么能一起做出石头汤呢？

C：大家一起合作的，有人出酱料。

S：是的，大家是不是一开始觉得做石头汤很怪，但是后来一个人觉得石头也可以做汤，慢慢越来越多的人觉得石头可以做出美味的汤，来帮忙的人就越来越多了；所以，在生活里，我们很容易受到别人的影响，尤其受别人说的话的影响时。原本我们觉得石头不可以做汤，在大家说法下，石头也可以做汤了，而且最后做出了很美味的汤，对不对？

C：对！

S：如果让大家回家用石头做汤，你们敢尝试一下吗？

C：妈妈会骂的……过家家的时候可以玩……我觉得会很好玩。

（叙事小组内《石头汤》绘画故事的分享。）

在引导中，明显发现，石头在人们的主观中是不可以做汤的，因为人们觉得这样做不正常，会被人批判，人们害怕，不敢去尝试。其实，是人们在社会主流文化的影响下，害怕自己与主流文化不同，害怕自己是异类，便选择与主流保持一致。这种想法在孩子口中天真地表现出来，人们的行为教育影响孩子，影响孩子对问题的思考和构建。因此通过一个个故事去引导孩子思考，帮助他们摆脱来自社会主流文化对他们的极端束缚和压抑，让孩子更多避免外界舆论压力的影响，尝试用“问题外化”的新思维去重新思考问题。

（二）分享：用言语呈现“事实”

每一个孩子，都会有自己的小故事；让孩子讲自己的故事，能让其重新去组织自己经历的痛苦或者开心的生命故事，像影片一样在脑海播放出来，以“问题是个魔鬼，绝不是我”的角度理解自己的故事。在现实中，我们相信孩子是无比善良和诚实的，但并不相信能驱使言语改变的社会环境、氛围，所以孩子所说的故事也绝非事实。这可以解释为什么孩子们讲的故事，悲惨的很悲惨，幸福的很幸福。

老师对我们很凶，如果不做作业就会大声骂我们，有时会向我们扔粉笔，撕我们的作业本……我们就哭，有时她也不管我们……（老师对组员异样对待的悲惨故事）

我隔壁有个小孩子他爸妈经常打他的，一不听话或者做错事情就拿棍子打他，有时候棍子都打断了，手和脚都是肿肿的，很可怕……还有些更残忍，用有刺的棍子或热的铁钳去打他，皮肤都烂了……（父母家暴孩子的悲惨故事）

我爸爸在外面打工，我妈妈对我很好，每次放学都来接我，我爸爸也会经常打电话回来，放暑假就带我去城里面玩，到开学才回来……很开心呀……（留守儿童开心故事的分享）

可以肯定，孩子在讲述故事前，都经过了一番语言的组织后很害怕和腼腆地在大家面前讲述出来；但这也并不是完整和真正的故事真相。我们的目的是让孩子去感受自己的故事，尝试将自己与问题分离开来，且发现自己原来并不是害怕把真正的想法说出来，而是极力地去美化或丑化一段故事，为什么会这样？在后来的分享中，我跟孩子通俗地解释了，因为大家都渴望自己能在别人面前表现得更好，因此也很容易受到环境、别人看法的影响。

（三）绘画：不一样的言语表达

羞于表达、不善言辞是留守儿童的一个特点，这对于一些羞于表达的孩子而言，通过讲述故事的方式未能够真实反映他们的内心世界，而“绘画疗法”能有效面对此问题。孩子们能够用绘画去表达曾经经历的开心、难忘或痛苦的故事。在前面经过问题外化、故事构建的铺垫，绘画是孩子们故事重构的一个契机，还能高度地还原故事的真实性。

孩子们对于绘画兴致勃勃，在开始下笔之前，他们思考良久，知道自己想画什么又不知道怎么画，有的小朋友偷偷躲在角落，一直低头默默地画，工作人员靠近便会害羞地遮住；有的小朋友几个一群，一边画一边讨论自己画的内容，甚是开心。最后发现，这些孩子们都没有什么画画的功底，画出来的作品却是各不相同，图形怪异，有一些图形甚至识别不出来是什么，而孩子自己却很了解自己所画的内容。

能够感觉到，孩子的内心世界是丰富的。绘画中，孩子能将自己的想法或者愿望描绘在画纸上，而这些都是孩子从没有提及的内容。他们把绘画作为一种表达方式，但也全然在无压力的氛围中，毫无顾忌地通过绘画表达自己的心声。

（四）解说：找回真正的现实

对孩子们的绘画进行收集并邀请孩子们再做一次分享。孩子的画精彩纷呈，只是工作人员去解释和分析是不够客观的，孩子的解说能让我们更全面地了解故事，这个解说的过程也是孩子故事“重写”的重要环节。孩子在绘画中重构故事，在现场对绘画进行解说，是对自己故事的一次重建。而这种重建，是基于孩子们将问题外化，对前面故事的解构，发现自己并非等同于问题后，能够更加自信地去面对自己的故事，更重要的是孩子们能够通过自己的力量去理解真实的自己。

图2　儿童的绘画

这是我的家人，这是爸爸，这是妈妈，这是姐姐，这个是我。在父亲节那天，我和姐姐一起去城里买了4个蛋糕回来，我们都很开心，一起在家门前的大树下，庆祝父亲节，希望爸爸身体健康，每天都开心，节日快乐……我有一个很厉害的爸爸，很疼和很爱我的妈妈，还有很喜欢我的姐姐，他们对我很好，还有，我有一个很幸福很开心的家，我爱爸爸妈妈和姐姐。（绘画者对图2绘画的再次解说和分享。）

可知，孩子的表达并不流畅，甚至逻辑混乱，故事支离破碎，分享中掺杂许多与主题不相关的内容，但能看到孩子已经发现自己拥有的东西，“一个幸福的家庭，非常疼她爱她和喜欢她的爸爸妈妈和姐姐，自己感觉到很开心”；在分享的过程中也不时地向小伙伴露出开心的笑容。除此，还有其他的组员现场分享了他们的绘画，内容包括愿望、梦想、祝福等；而对比第一次的分享，孩子们变得更加开朗和勇敢，分享中开始更多地用“我有……我可以……”来表述观点；让孩子脱离开“我是问题”的阴影，从更加积极的角度去发现自己的能力和价值。

（五）见证：来自伙伴、家人和老师的力量

故事需要肯定。孩子生活在社会环境中，新故事的产生受环境影响，受到众人的“审判”。而孩子对于自己的新故事，并不能做到百分之百的自信或置信不疑；每一个新的起点倘若承受不起社会的考验，就会被打回原形。

在故事产生后，第一个“见证者”是小组成员们，也是孩子们朝夕相处最多的一个群体，小伙伴的肯定将影响着当事人对故事的信心。当事人分享中收获组员的掌声，组员的鼓励和祝福，“我觉得他很棒!”“我们不笑，我们都相信你”……而不再是一开始的嘲笑，这给当事人足够的勇气把故事变成现实的前进动力。除此，家人是孩子人生中最重要的存在，在引导孩子将绘画带回家，与家人分享自己的新故事，能让家人在聆听到孩子心声的同时，给予孩子更好的照顾和教育。同时，在学校中，老师对学生的影响是巨大的，每一个孩子都希望得到老师的表扬和肯定。我们也将学生的故事以绘画和文字的形式整理好转交给学校的老师，并邀请其参与我们最后一节活动。老师在现场表扬和肯定了组员，并在了解学生故事后，对学生有更清楚的认识，改变以往对留守儿童的标签化和“问题化”的观念，这些做法将能给予学生更多的帮助和正面教育。

故事的力量是强大的，在问题外化、故事重写得到见证下，引导当事人向着更加积极乐观的道路前进。重点让当事人在日后中能学会不断对有问题的故事进行外化，提高认识自我、表达自我和人际交往的能力，在寻找生命的独特意义事件中，自我挖掘潜能，能够在“问题化”的压力下积极主动地解决问题。

五、效果分析

叙事治疗介入团体心理辅导，以绘本吸引儿童，学习问题外化，发现潜能，绘画里重构故事，分享中共同见证，使人际交往、心理调控和学习能力得到提升的同时，还取得了一些成效。

（一）获取信任，建立关系，提高参组意愿

经后期调查发现，90%的儿童参与小组的动力来源于绘画，绘本绘画的形式新颖而有趣，吸引住小朋友们，他们喜欢看绘本动画、听故事及被人鼓励，但对于“问题外化”概念一无所知。专题绘本故事的讲述活动环节中可以迅速获得组员的信任和支持，与组员建立关系。而由于故事的趣味性和教育性，使孩子都很积极地聆听故事，加上社工的提问引发孩子们思考，他们都很认真地回答问题，这让社工引导组员“把问题与当事人分开”变得得心应手。在绘本绘画轻松有趣、易于接受的氛围下，社工引导孩子把更多的精力放在当事人会用什么能力（资源）去解决问题，注重培养孩子挖掘潜能的思维和能力，肯定当事人（自己）。

（二）绘画与叙事相结合，贯彻旧有叙事的解构和重构

现实中，孩子们分享的故事是支离破碎的，语句并不流畅，逻辑简单，这其中也有不想分享故事的组员。而事实，绘画也是一种表达方式，能很好地弥补这一方面的缺失。组员的绘画五花八门，充满了想象力、愿望，也充分表达了他们丰富的内心情感。尝试与孩子一起去分析和解读他们的画，就是去解构他们的“故事”，孩子很愿意告诉你上面画了什么，为什么要这样画，慢慢了解到孩子的整个故事后，就能很轻松地运用叙事治疗的技术，帮助孩子问题外化，解决心中的困扰，激发他们的潜能。这个过程中再次配合新绘画，让“新绘画”成为“新故事”完成了故事的重构，再结合“新绘画”的组内分享，让当事人与组员一起见证新故事的诞生，也赋予了当事人肯定和自信，叙事治疗的效果便从中慢慢体现出来。

（三）情感的投入对叙事深度和解构的影响

团体区别于个案辅导，其最大的特征是人数，工作者对组员的辅导更有深度。事实，现场对组员的投入引导并不到位，孩子们很难静下心，详细地叙述他们自己的故事，也是影响工作者对故事解构的效果。我们为之努力的是培养小组动力，将大量的时间、精力放在团体气氛的营造做好铺垫，在最后一场中我们也看到了不一样的效果，这样的改变源于组员情感投入的增加。

案例信件：

TST 信件

周姐姐，我很想你做我的姐姐，你也就像我的姐姐一样，我一直想要个姐姐，这时我遇到了你这样好的姐姐。听说你要走了，我就一点儿也不开心了。希望你走了后，也请你拿几张照片给我看，只要看到了你，我就开心了，你也就像永远在我的身边一样，和我一起学习，一起玩耍，一起吃饭，一起睡觉。

周姐姐，你是可爱的，你是善良的，我永远不会忘记你，遇见你真好，我和你同样是女的，但我没有和你一样胆子大，要是你拍几张照片过来，你也就是一个信守诺言的人。但你也没时间拍，还真希望你拍几张，姐姐再见！再见！

一个女孩：TST

CWJ 信件

Z 姐姐，虽然我不是您的小组的，但我依然会写信给您的。

一开始，您要选组的时候，您却选择了另一组，那时，我也很不开心。可您带着您的小组和我们小组同在一间教室里，每周星期五都能听见您的声音，我很开心。每一次，我想要什么您都能给我，我非常感谢您。我希望这一周您能和我照一张照片，给我留做一张。您一张，我一张，只要我不开心，我只要拿出看，看见了，我就会开心起来，您和我一样，有什么不开心的事，您只要看见我就会开心起来的。我希望您能答应我一个小小的心愿。请 Z 姐姐答应我。Z 姐姐不要扔这张纸。

姓名：CWJ

在孩子的信件分析中，我能意识到这情感的投入可能来自离别情绪，但也是在这种氛围中让我们看到对象的个别化需求，且在满足对象个别化需求的过程中，对象向工作者交流了更多的内心感受，孩子的叙事能力和自信心再次得到内心的肯定，也是我们取得良好效果体现。

工作者的观察和测试中，孩子所画的画，所说的话，都是在行动中的改变和进步。在孩子留言中，我们看到更多的是他们希望家人，或老师也像工作者一样了解和关心他们。与孩子建立良好亲切的朋友关系并不容易，现在孩子的改变已经证明。但在一开始我们就很自信，我们一定能行。到现在我们理解到这不是自信，而是明白：农村的留守儿童心理辅导十分匮乏，儿童的心理困扰的解决迫在眉睫。

（四）工作方法的启示

学术界对农村留守儿童问题研究成果颇多，分析角度丰富，但对于具体实践的经验总结相对较少，而采用个案理论向团体工作突破的新手段和方法更是稀有。笔者一直致力于尝试从不同角度突破，研究符合大部分实地问题解决的模式，总结经验，为实践提供方向。

通过对五次叙事治疗留守儿童心理辅导活动的研究后，除呈现具体的服务过程外，在此基础上进行经验总结和提升，小组工作具体应用体现在以下几步：

第一步：走进心扉。以“绘本动画”为切入点，组建团体，促使组员相互了解，故事分享中取得组员信任与建立专业关系。

第二步：问题呈现。故事思考中学习“问题外化”，分享自身故事，借用绘画，完善故事叙述和进行故事解构及见证故事的意义。

第三步：观察总结。与个体的交谈记录、组员自我故事的分享，组员绘画及解说的观察和记录，发现服务中存在的各种问题和探讨改进方法。

第四步：形成理论。通过对实践经验的总结分析，将指导理论提升，创建出学校留守儿童心理辅导五“绘”模式。

第五步：理论提升。以“绘”阅，作为友好关系建立的切入点；以“绘”享，帮助组员重归团体，提升人际能力；以“绘”说，发现组员心理困扰的同时帮助组员澄清问题和解构，自我疗愈；以“绘”读，组员解读自己的绘画故事中，重构故事，组员间共同见证，走出心理困境；以“绘”爱，让组员在团体活动、主题绘本故事中学会团结友爱，珍爱自己及自身潜能，并鼓励其发挥出来。

团体活动中，细节问题往往更容易影响整个团体活动的成败和服务效果。同样儿童心理服务的指导更值得我们关注细节的变化，因此总结出相应的注意事项：

第一，正确信任关系的建立决定成败。

第二，活动内容的安排适当，易于理解和组员接受。

第三，组员间的交流要保持平等、友爱和多使用支持、鼓励性语言，发挥好小组动力。

第四，要注意领导组员叙说自我故事，在行动中慢慢去改变。

第五，让组员之间学会挖掘潜能，增强自我权能，发挥自我潜力。

六、研究反思

每一次反思都是一次进步，站在更高的一层发现问题。从立题到经验总结，没有反思就没有今天的成果和探索。

（一）研究的客观性和专业性

本文研究从开题到立论，基本上按照研究思路、计划进行；尽管研究的过程总体顺利，但由于笔者学识尚浅，对于定性研究方法和叙事理论的学习尚未完全理解掌握；在使用参与观察和深度访谈的方式收集资料时，对观察和访谈重点把握不准确，资料收集不够全面。在后期资料整理中，面临访谈者言语表述的逻辑性不强的挑战，资料分析中难免掺杂了主观性分析和推断，一定程度上影响了研究内容的客观性。除此，叙事理论在大陆发展并不成熟，理论又相对复杂，再结合倾向于心理学的绘画疗法，在叙事治疗小组工作经验缺乏下，理论研究的专业性程度较低，导致在理论提炼中未能做出太大的贡献。

（二）研究时长局限

此次留守儿童心理服务活动研究，一共 5 节，每节时长 60 ~ 90 分钟，而对于要做更深入和专业的心理辅导和研究，在时间上的投入是远远不足的。孩子是情感最敏感的群体，能真正与孩子交朋友建立关系并走入他们的心灵，才能在旧有叙事中做到更好的解构重建，这也是笔者在前期花了大量的精力和时间与孩子们一起建立关系的原因，成为他们信任的人，也导致后面丰富的活动内容被不断压缩和删减，最终内心感到建立了良好的关系之余，实质性的辅导和引导力度并不够，研究成果不多。反而，出现了一些“移情”和“反移情”的困境。

（三）儿童心理分析有限

研究中，儿童的心理是复杂多变的；叙事理论可以最大程度上了解到对象的故事和进行解构重建，但叙事理论对于儿童的心理分析是缺乏的，而恰恰在此过程中，服务对象表现出很多心理上的问题，对于这些问题的观察和解决，笔者都欠缺分析和研究的能力，对于服务对象的心理把握和分析也不够准确，影响调查中服务对象的情绪和反馈，这一不足的存在，使“服务对象在这个生命阶段会如此渴望父母的关爱和讨厌‘问题化’”等问题的解释变得牵强或缺乏。

（四）社会工作者的情感透支

要想取得孩子的信任，先信任孩子，遵循这样一个原则，就逃避不了在孩子们面前多次地袒露自己，想真正地去成为他们的“姐姐”。一个社会工作者，活动中面对每组 10～12 个孩子，要做到每一个孩子情感的照顾和专注，社工很多时候像是在同时做 10～12 个个案，还要注意小组动力的引导和发挥，社工在情感、精神上的投入自然成倍增加。而当社工真正成为孩子们的“姐姐”，对比老师的严厉，父母的远离，他们对“姐姐”产生了依赖、“移情”，若处理不当对他们的生活、与老师的关系及学习可能会出现负面影响。同时，社工也在“反移情”中苦苦挣扎，孩子的故事离不开伤痛甚至是社工无法接受的一些残忍、冷暴力事实，但也深知社工确实是无法将每一个孩子的问题都能解决。在仅有的五次活动中，既要与孩子保持一定的心灵距离，避免过度地深入，以免离开后孩子缺乏心灵的辅助，让他们在问题解决上产生“倒退”行为。除此，社工又要尽力让孩子信任自己，将故事叙述，把叙事的方法教给他们，同时希望能影响老师和父母，改变组员现存不利的“主流文化”环境对他们成长的影响。社工在感受孩子快乐的同时，也选择了默默地付出和承受心灵上的劳累。

七、基本结论

本文以建构主义为理论框架，叙事治疗方法为实务基础，在结合绘画疗法中，让留守儿童重新看待旧有叙事，学习问题外化，解构和共同见证故事意义，创新探索叙事治疗介入团体工作心理辅导上的实践模式，并得到了很好的运用。

（一）叙事理论摆脱主流文化绑架，发掘对象潜能

在学校老师眼里，留守儿童往往存在很多生活、学习上的问题；同时，媒体的负面曝光，也将留守儿童标签为“问题儿童”，弱化了他们自身的能力。叙事治疗强调问题的建构，问题源于主流文化的构建；注重服务对象能力的挖掘和发挥，在服务中给予服务对象更多的肯定和鼓励，让社工脱离“主流文化”的限制，与孩子建立信任的专业关系和使故事的讲解变得更容易。在服务中，融合“绘画疗法”提高儿童参与的积极性，弥补故事表达的不完整，为工作者提供更好的解构脚本，使后期故事重写与见证能得到更好的效果。

（二）激发服务对象积极的行动

留守儿童普遍缺乏父母关爱，但事实他们有更强的独立能力和自尊心，服务中发现他们在生活照顾和学习上比非留守儿童具有更强的能力和潜力。为何他们一直缺乏自信，成绩差，生活懒散不愿意交流，其中有一个很大的原因来源于生活的环境影响，老师的忽略，父母的远离，没有人相信他们有这个能力，甚至去发现和开发他们的潜能。绘本的问题分析中，让他们发现自己有更多的能力去解决问题，“你相信你跟他有同样的能力吗?”“如果是你，你会怎么做?”“你觉得你能不能做到?”通过如此，一步步地培养其自信心和发现自己潜能的能力，最终，付诸行动。

（三）叙事治疗倾向心理层面

叙事治疗往往更倾向于心理辅导，无论对于心理专业知识还是社工的观察发现和总结引导的能力都存在一定的要求。作为尚未毕业的实习生，仅学习过叙事治疗理论，无从事该领域的实践经验和专业辅导，在行为、工作内容等方面还是存在很多专业性问题的，往往体现在无法有效回应和解决服务对象更深入的问题和解构或引导服务对象进行更深入的旧有叙事，一定程度上影响研究的效果。但一路上在没有先例没有经验的背景下，笔者与团队通过讨论摸索，慢慢前行，也在失败中总结经验，从未放弃过努力，持之以恒。

参考文献

[1] 上官子木．留守儿童问题应引起重视［J］．神州学人，1994，6：39.

[2] 高晓兵．关于农村留守儿童摸底排查工作基本情况的通报和“合力监护、相伴成长”关爱保护专项行动的说明［EB/OL］．［2018－04－01］．http：//mzzt. mca. gov. cn/article/nxlsrtbjlxhy/zhbd/201611/20161100887430. shtml.

[3] 澎湃新闻．刘利民．0 到 16 岁留守儿童有 902 万，政府家庭都要关爱［EB/OL］．［2018－04－01］．http：//www. thepaper. cn/newsDetail_forward_ 2024580/.

[4] 侯翔宇．中国留守儿童报道研究［D］．广州：广东外语外贸大学，2017（6）.

[5] 肖利珍．光明日报与中国青年报留守儿童报道研究［D］．长沙：湖南大学，2010（4）

[6] 陈红莉．叙事治疗在团体工作中的运用与思考［J］．社会科学家，2011，1（1）：114－116.

[7] 赵君，李焰．叙事治疗述评［J］．中国健康心理学杂志，2009，17（12）：1526－1528.

[8] 段成荣，吕利丹，郭静，王宗萍．我国农村留守儿童生存和发展基本状况——基于第六次人口普查数据的分析［J］．人口学刊，2013，3：37－49.

[9] 刘梦，张和清．小组工作的概述//刘梦．小组工作（第二版）［M］．北京：高等教育出版社，2013：6.

[10] 李莹莹．留守中学生厌学的叙事治疗：小娟的故事［D］．上海：华东理工大学，2015.

[11] 张寒玉．留守儿童心理辅导中的绘画方法［J］．宿州教育学院学报，2005，18（5）：168－169.

[12] 田杰，方瑞芳．问题儿童标签下留守儿童研究述评［J］．现在教育科学，2017（11）：145－149.

[13] 任运昌．高度警惕留守儿童的污名化——基于系列田野调查和文献研究的呼吁［J］．教育理论与实践，2008，11：3－5.

[14] 罗国芬. 儿童权利视角农村留守儿童再问题化 [J]. 学术争鸣, 2018 (1): 79 – 83.

[15] 吴焕琳. 叙事治疗在学校社会工作中的应用——以贵州 G 县 S 中学为例 [D]. 南京: 南京大学, 2017 (5).

[16] 卫小将, 何芸. 叙事治疗在青少年社会工作中的应用 [J]. 社会学与社会工作, 2008 (2): 29 – 32.

[17] 江立华. 留守儿童问题的建构与研究反思 [J]. 人文杂志, 2011 (3).

[18] 尚发超. 叙事家庭治疗在城镇留守儿童厌学问题中的应用研究——以 H 儿童为个案 [D]. 吉安: 井冈山大学, 2017.

[19] 李昀鋆. 中国社会工作情境下叙事治疗的理论技术应用及其可推广性研究 [J]. 社会工作, 2014 (4).

叙事研习四：
童话叙事在性侵受害儿童服务中的应用①

★ 篇前语

面对性侵，面对创伤，人们通常只看见绝望、沮丧、愤怒和不忍凝望的深渊。但就像白纸上的黑点，尽管无法否认它的存在，却依然要看见黑点以外的空白，那些才是开启未来，让我们重新拥抱人生的美丽新世界。

没有遇见叙事治疗之前，我先遇见了北北，在她遭遇严重性侵害创伤之后，还是高中生的我抱着纯粹助人的愿望，用童年时曾给我的心灵带来抚慰的童话方法，写下了《贝贝熊历险记》，我从来没有想过那些介乎于想象和真实之间的文字能够给北北的心灵产生震动，也没有想过这就是打开她心扉的一把钥匙，在未来能够和她一起记录关于她的成长故事。

初遇叙事治疗，是在钟老师的专业课上，当时的心情我至今仍然记得，这种被麦克怀特先生称为人生态度的叙事方法，就像一句对我的肯定，用童话的方法可以为创伤儿童带来帮助，于是我不再过分小心，犹豫不定，而是选择和北北一起同行。叙事治疗不仅为我们提供了新的理念视角，而且有一套灵活的方法，它相对自由的不拘泥于固定模式和步骤的理论空间，给了我信心和灵感，这才有了后来的童话叙事。

要走出伤痛不是一件容易的事情，尤其是遭受过创伤的儿童，我们常常认为儿童都是弱者，缺乏力量和成熟的认知，遭遇创伤必然是生命的重创，她们往往要花费非常非常漫长的时间来完成人生的作业，包括学习安然入眠，学习与朋辈交往，学习建立亲密关系，但这并不意味着她们的人生就此停滞或必然落后他人，她们比我们想象中更具潜力也更坚强。作为与北北同行的朋友，我亲眼见证她从小心翼翼地试探到终于可以在童话的空间敞开心扉，甚至改写经典童话，赋予白雪公主改变命运的权利。这些都是她不断抗击恐惧，驱散阴霾的成长过程。

---

① 作者：陈淑梅，岭南师范学院社会工作专业2015级本科生。

儿童创伤疗愈是个漫长的过程，如何找到打开他们心结的钥匙，并将这把钥匙交给个案自己，给予他们重新选择，重新讲述，重新拥抱自己的机会，是每个相信并践行叙事治疗理念和方法的我们正在努力和不断追求的。

贝贝熊

2018 年 12 月

童话叙事在性侵受害儿童服务中的应用

摘要：近年来，儿童性侵害已成为不可回避的社会问题，房思琪式的悲剧已成为警醒儿童保护领域公益人士以及专业社会工作者的沉重拷问。本文回顾与梳理了国内社会工作介入儿童性侵犯个案的基本情况，认为当前国内社会工作领域对儿童性侵个案的介入研究较少涉及儿童心理疗愈的过程，缺乏介入儿童性侵犯个案的实际经验与方法研究。本文通过对一位性侵受害儿童康复过程的初步介入分析，以抗逆力的视角，分析性侵犯受害儿童及其家庭在性侵事件发生后漫长过程中的应对方式，尝试以童话叙事的方法切入，在安全信任的情况下为受创伤的儿童提供情感和心理上的支持，探讨童话叙事在性侵受害儿童心理疗愈中的可行性与有效性。

关键词：抗逆力；童话叙事；心理疗愈

本文关注的儿童个案北北（化名），在 2012 年遭受到较为严重的性侵犯，当时北北正在读二年级。笔者担任所在高中的志愿者负责人并通过镇区的志愿服务接触到北北。笔者当时以童话故事配以插画的方式，通过北北的父亲与其进行了持续两年的间接沟通，由于升学原因笔者没有再跟进，直到一年前，北北父亲找到笔者，与北北重新联系。本文从抗逆力的视角出发，将关注点集中在两个方面，一方面是童话叙事是如何给予北北在心理疗愈上的帮助，另一方面是北北及其家庭如何在事件发生后恢复家庭的正向功能。

本研究以半结构访谈与观察的方式，通过分析与北北通信的部分内容，与相关当事人的深度访谈，了解北北与家庭在创伤康复中的经验。

一、相关理论与实务回顾

（一）性侵个案介入

当前国内社会工作领域对预防和保护儿童性侵犯问题逐渐重视，在提供的实务内容上，较多侧重于预防儿童性侵犯，倡导普及儿童性教育。

针对儿童性侵犯压力事件发生后的介入，香港有着较为成熟的社会介入机制，当学校或社区中发生性侵害事件时，香港社工需及时联系受害儿童的监护人，学校相关负责人员，联络警方与社会福利署，保护受害女童，协助女童配合相关的司法程序，为受害儿童及其家庭提供支持和服务。我国台湾地区自1998年后，各市县政府相继设立性侵害防治中心，对性侵犯受害儿童提供危机发生时的专业社工服务。而大陆地区相对缺乏儿童遭受性侵犯后的社会介入与保护机制的实务探索与研究。裴谕新（2013）认为在儿童性侵害案件发生时，建立一个由警方、医务、心理咨询、社工组成的援助系统是十分必要而紧急的。在广东社会工作机构的实践中，有初步的探索，如江门市潮连邑家园家庭综合服务中心首次尝试通过社工倡导与联系，多团队介入儿童性侵害个案的模式，联合公安、社区、街道部门共同为儿童个案提供服务。

从个案介入的角度，管亚茹学者认为社工在介入时可采用叙事治疗模式以及理性情绪疗法，把人和事件进行分离，人不是问题，问题本身才是问题（管亚茹，2014）。龙迪认为只有采用背景化的心理—社会—文化（性别）的工作手法，将个人、家庭、制度和文化的限制转化为有助于创伤康复的资源，才能最有效地帮助受害儿童及其家庭康复创伤（龙迪，2007）。

而对于性侵犯危机暂时解除，相隔时间较长的受害儿童，国内大部分学者认同小组社会工作的介入能够为其提供同质性小组的朋辈支持以及家庭的支持。在社区社会工作方面，主要从协助学校、家庭等主体帮助性侵犯受害儿童度过危机的角度，发挥补充性的作用。

综上所述，当前国内社会工作介入儿童性侵犯的实务研究，仍然在探索建立跨领域全方位的社会介入机制阶段，对于个案以及小组等社会工作方法介入的研究主要阐述了危机介入的必要性，以及相关介入模式的运用分析。较少研究关注性侵犯事件后个人与家庭的创伤修复过程，缺乏性侵犯儿童创伤康复的实例研究。在研究对象上，大多数学者研究介入的关注点相对较集中在如何运用性侵犯受害儿童的外部资源，包括家庭、社区、学校、朋辈等协助儿童度过危机，较少关注性侵犯受害儿童以及家庭的心理疗愈过程。

本文关注的性侵犯儿童个案距离性侵事件的发生已有六年，在漫长的心理修复阶段，其自身与家庭如何处理心理压力与矛盾的经验应值得挖掘。

（二）抗逆力

抗逆力，又称复原力或修复力，心理学领域称之为心理弹性，指个体在面对困境承受压力与打击时的心理适应能力与恢复日常生活的能力。对于抗逆力的定义，学者马伟娜通过研究发现国内外研究者对 resilience 的定义各有偏重，大致可以归为三类，分别是结果性定义、能力性定义和过程性定义。结果性定义强调个体成功克服挫折的结果，能力性定义关注抗逆力作为一种能力所发挥的作用，而过程性定义则将抗逆力视为个体抗击危险环境的动态过程。其中过程性定义实际上涵盖了能力性定义和结果性定义的关键词，因为它也强调个体的良好适应能力和变化过程的结果，同时描述了危险性特征和保护性特征之间的动态性，因而更容易被大家所接受（马伟娜、桑标、洪灵敏，2008）。在个体抗逆力过程中，与危险性因素相对的是保护性因素。抗逆力的内在保护因子包括身体健康、智力、计划能力、内部控制源、胜任感、自尊、自我效能感、目标感等，外在保护因子包括支持性家庭环境、动机性和信息性教师支持、成功或快乐经验、良好同伴关系等（朱虹，2013）。

抗逆力的主体有不同的层次，个人的潜在抗逆力常常被集中在关注与研究，但个人的抗逆力同样受到与外部环境互动的影响。本文着重分析个案遭遇性侵事件的危险性因素及其在不同阶段的状态，并探讨童话叙事在个案内在保护因子中的作用。此外，本文也关注家庭这一外在保护因子作为抗逆力主体发挥的作用。

（三）叙事治疗与童话叙事

叙事治疗是指治疗师通过倾听来访者的故事，运用适当的方法，帮助来访者找出遗漏片段，使问题外化，从而引导其重构积极故事，以唤起其发生改变的内在力量的过程（戴爱萍、李洪军、李燕，2007）。叙事治疗帮助个体解构困扰的问题故事和价值观，发展支线故事和价值观，充分尊重个案的地方性知识，与其共同探索解决问题的方法与技能，并协助个案重新建构对自身价值、身份、经验的认同。

由于儿童认知发展的局限性，叙事治疗在儿童心理治疗领域的应用中，做了很多灵活的调整，并发展出许多独特的治疗技术，以适应儿童的认知发展水平（赵兆，2013）。当前儿童青少年叙事治疗中经常结合游戏治疗或艺术治疗的技术对儿童个案进行辅导，较少学者专门针对童话在叙事治疗中的作用进行研究与分析。

需要补充的是，本文所研究的童话叙事并未脱离叙事治疗的理论框架与治疗理念，旨在探索童话叙事作为贯穿整个治疗过程始末的技术在个案心理疗愈过程中的作用。在本案例中，由于创伤初期的案主本身对童话的叙事方式接受程度较高，在与笔者重新联系时，已是初一年级学生的案主主动提出希望能够用童话的方式先进行书信交流，并在沟通的过程中发现，其语言思维能力以及认知水平能够迅速地适应以童话的方式叙述或改写关于自己的故事，由此确定了童话叙事在本个案中的核心作用。

学者张慧敏认为童话由想象构成，碎片化的想象体现了文学艺术中的核心语素——意象，着重分析了想象与童话的构思、语言、叙事之间的关系（张慧敏，2009）。费云霞则提出不同文化背景的人经常会认同同样的某一系列因素是故事，经常以同样的方式讲述相似的故事，在一定程度上，每个人都有关于故事之本质的相同内心规则，不同民族的民间童话就有了相似的叙事方式（费云霞，2017）。她揭示了童话得以被不同民族的人们所理解的原因正是童话的叙事方式能够反映出人们的共同心理。“童话同时还具有四重性的特质：虚构性、幻象性、真实性和可能性。”胡希认为童话叙事交织共存的四重性使人们在进入童话故事之后淡化个人的社会性，从而在童话的巨大空间得到心灵的抚慰。上述学者均认同童话的叙事具有想象性以及普遍的心理含义（胡希，2007）。

在探究童话的心理意义与作用方面，实际上早有学者从心理分析的角度研究童话，并提出了童话治疗的可能性。20 世纪 70 年代，美国的贝特尔海姆出版了著作《童话的作用》（The Uses of Enchantment：The Meaning and Importance of Fairy Tales），这本用精神分析理论来分析童话的论著引起了世人的关注，同时也引发了众多学者的思考，其中也包括童话在自我治疗中的作用研究。荣格学派心理学家维蕾娜·卡斯特认为："人们总是对童话中的某个人物或主题产生强烈的认同感，而对这种认同感的分析在心理治疗中是十分有益的。同时她认为个人可以通过改写童话故事的方式达到自我治疗的目的，撰写童话的治疗价值体现在撰写童话的时候，我们可以让自己的想象力自由驰骋，但又能将其纳入一定的形式，使我们的愿望和焦虑得以清晰成形"（卡斯特，2010）。

综上认为，国内当前对童话叙事的定义研究大多从语言学和文学的角度，分析童话叙事中的要素构成与特点。在童话的运用上较多心理学者致力于挖掘童话在心理分析中的作用，并正在逐步发展与完善童话治疗的理论与方法。而在童话叙事的运用上，大多研究集中在叙事治疗中充当游戏治疗的补充性作用，尚未形成一种具体的技术或方法从而被广泛接受。

由此本文尝试从叙事治疗的层面提出童话叙事的概念，童话叙事指在叙事治疗的过程中，咨询师主要通过童话的语言与案主交流问题故事和创伤经验，与案主共同分析童话故事文本中没有被意识到的心理含义，通过改写童话故事并将成功经验与信心迁移至日常生活并达到心理疗愈效果的一种叙事治疗方式。

二、个案基本情况：北北与家人

北北于 2012 年 4 月某日清晨独自上学途中遭受到较为严重的性侵害，施害者为邻镇陌生男子。住院一个月后，北北与父母回到居住地。据北北父亲回忆，由于当时笔者所在的城市相对不发达，事件发生后仅有一位妇联干部和一名心理医生跟进三个月，但在北北情绪相对稳定后，相关的专业人员在简单评估后并没有进行长期深入的介入与跟进，北北父亲表示这也与当时北北抗拒与陌生人交流的状态有关。

针对北北遭遇性侵害的创伤事件这一危机性因素进行分析，北北与家人在事件发生后主要经历了三个阶段。

（一）第一阶段：事件突发　恐惧与失控

2012 年 4 月某日早晨遭受到严重性侵害后的北北经医生诊断会阴三度

裂伤，并出现持续性出血的危险状况，经手术抢救，当天晚上 11 时情况得到稳定，但个案未来失去生育能力的可能性很大。据北北父亲回忆，在医院就诊治疗的一个月里，前一周的北北几乎每天都在哭泣，有时伴有呼吸急促与晕眩，在认知方面表现为难以回忆与描述施害者的外貌特征，思考变得缓慢，对环境过度警觉，经常在夜晚睡觉时从噩梦中惊醒。而在行为上，个案拒绝与除了父母以外的人员交谈，基本的对话通过父母传达，在父母一方离开时表现出不安与焦虑，进食方面，不再爱吃以前的食物，只愿意喝粥并进食量少。在此阶段父母在极度内疚中时刻陪伴着北北，同时处理事件突发带来的经济问题和参与相关的司法程序。

（二）第二阶段：前期治疗结束　沉默与依赖

住院一个月后，北北的身体逐渐恢复，焦虑紧张等情绪状态减轻但不能完全摆脱，在父母的照顾下回到居住地进行休养，并进行定期的复诊与身体检查，经当地心理医生的诊断，北北出现分离体验的症状，即意识与记忆正常联结过程的隔断和情感的分离。分离体验反映了个体试图在认知和情感上远离创伤。创伤个体将部分经历或全部经历从痛苦体验的经历中分离出来，他们有时会选择切断侵入性创伤记忆与痛苦情感之间的联系，但严重时会阻碍其与他人建立正常联系，从而影响日常生活（赵冬梅，2011）。案主在此阶段表现为对侵害事件的遗忘，不与之前认识的同伴或邻居交谈，保持沉默，对日常生活的选择固定与单调（回到居住地后，父母为案主办理了暂时休学的申请），不爱出门，只与弟弟妹妹在家中玩耍，异常依赖父母。

（三）第三阶段：重回校园　回避与冷漠

休学三个月后，北北的情绪状态逐步走向稳定，生殖器的损伤恢复良好，并开始愿意与父母外出。经过父母与案主的沟通，决定重新回到校园，但案主在上学几天后不再愿意上学，并表示想要转学。但北北父亲表示考虑到各方面的原因，如案主学籍、学校费用等问题，当时并没有满足案主的转学要求。据北北小学的两任班主任反映，北北回到课堂后，出现对学业兴趣减弱的状况，对之前感兴趣的科目不再热情，也拒绝担任课代表；对朋辈交往缺乏热情，不再像以往那样开朗，表现较冷漠，在班级里没有要好的朋友，也从不与班上的男生交谈，难以与家庭以外的群体产生较强的联结。

笔者当时在了解到北北的情况后创作了童话故事《贝贝熊历险记》并邀请同学配以简单的插图，通过北北父亲（以下简称吴叔叔）送给北北。据吴叔叔反馈，北北对童话故事能够接受还会在阅读后询问父亲，贝贝熊后来怎么样了。在此后的两年间笔者共续写过三次关于贝贝熊的故事，这为后来的以童话叙事通信提供了可能。重新通信前根据吴叔叔描述，北北目前初一在读，处于初中的过渡阶段，性格敏感而好强，在朋辈关系方面，容易与同学发生冲突，曾寄宿于学校，但因与舍友有较大的矛盾而退宿；在家庭关系方面，与弟弟妹妹的关系由亲密变得疏离，也越来越不愿意与父母交流内心的想法。

三、童话叙事在内部保护因子生成中的作用

（一）童话叙事为个案提供心理与情感上的安全感

笔者在与北北正式通信前曾寻求社会工作专业老师与实习机构督导的指导与帮助，最终决定以幼年便相识的朋友身份，通过贝贝熊的成长故事为切入话题，以真诚的态度逐渐进入北北的内心世界。

在初期与北北通信的过程中共同探讨出最舒服的交流方式，以下概括为“自由导演”与“童话球场”。

自由导演指在通信过程中，笔者与北北的叙说身份可以灵活变换。如能够以北北的现实身份叙述日常生活或事件，即按照平常的聊天方式叙述；当谈论的事件涉及敏感话题或是让北北产生不适时，即启用自由导演，由北北选择是否叙说，使用何种形象述说（如童话故事中的人物，贝贝熊等），以及是否希望与笔者一起探讨自由导演故事中的遭遇等。自由导演部分主要彰显北北的主体性，而笔者更多的是起到充当倾听者的作用。

当启用自由导演时，北北可以选择进入童话球场。童话球场即一个发生着童话故事的球场。球场的边界外面是现实的世界，球场内是安全的童话世界，笔者与北北共同相信童话球场内无论发生什么故事都是绝对安全的，不必受外界的惊扰。北北可以选择独自进入童话球场也可以邀请笔者共同进入童话球场，当北北独自进入时，可自行创造新的童话，或根据原

有的童话进行故事的续写或改写；当北北邀请笔者与她共同进入童话球场时，笔者可以在每个故事的段落向北北提问，提问的次数以及回答与否都由北北来决定。

通信的过程中，自由导演以及童话球场的作用与效果是明显的，笔者的持续倾听与回复使得北北逐渐放下防备，愿意与笔者分享较为真实深入的话题。具有想象性的童话叙事故事文本，以虚构、匿名与空间可转移的特征，能够为北北创造私密安全的可信赖空间，同时通过对叙事方式、叙事情节的自主把握，也增强了北北在童话叙事过程中的自我权利意识。

（二）童话叙事有助于个案重获自我主权

叙事治疗提倡恢复当事人的个人主权，即个人对自己的人生故事享有主动回忆、讲述并赋予意义的权利和拥有改变困境的个人能力。儿童的自我主权获得感更多地来源于对日常生活中重要或细微事件的把握与决策，以及自身的感受和看法被倾听与重视。但往往在儿童尝试向身边成人表达自我主权的需求时，成人常因种种原因而忽视或无视导致儿童的需求得不到满足。长此以往儿童极有可能在遇到困惑挫折和痛苦时，形成被动地内化伤痛感受的习惯，无法接纳自身的情绪而陷入自责与焦虑。

在与北北进行童话叙事的过程中，随着探讨内容的逐渐深入，北北会不自觉地频繁使用童话球场，并选择不邀请笔者的进入，经常出现故事有头无尾，上下文联系较弱，段落零散，网络用语如女汉子等插入的情况，而事后北北都会向笔者道歉认为自己写的故事是无用多余和混乱的，笔者通过肯定故事的独特价值、解释讲故事的过程并不一定是按顺序的，以及鼓励北北在内容中选出自己最想深入探讨的部分进行具体的分享，让其感受到被重视与自我决策感，从而重新回归个案与社工双向交流分享的轨道。此类情况可借鉴儿童心理咨询中帮助个案克服阻抗的技术。精神分析学者鼓励患者自由谈话，寻求思想和感觉的连续性，明确主题然后解释患者的陈述，这样能保持患者的自由联想，从而使他们继续谈论重要问题（丁丽娜，2017）。

案主：我觉得童话故事里面，那些公主都很弱小，所以王子们才会帮助她们，不像贝贝熊自己想办法，想逃跑路线，就像我最不喜欢我们班上的女生经常要别人的帮助，自己不会先想办法。

社工：看来你对公主和贝贝熊的评价完全不同哦，那你觉得童话故事里的公主有哪些表现让你感觉到她们很弱小？

案主：之前你说过喜欢白雪公主是因为她善良，但是我觉得白雪公主很傻，为什么要吃皇后给的毒苹果，她不吃不就好了吗，把大家搞得这么麻烦。

社工：你的看法让我很惊喜，我从来没有从这个方面想过，我觉得你可以重新写一个关于白雪公主的新故事。

案主：你觉得我这种想法正常吗？

社工：我觉得这种看法很特别，试一试，说不定你可以让白雪公主改变命运。

对童话情节的探讨与评论中，可以发现案主对于故事的发展有自己独特的看法，但却缺少机会表达，童话叙事的独特性质帮助案主摆脱限制，得以书写内心的真实感受。最终个案在社工的建议和鼓励下将新版白雪公主改写完整并作为一次作业交给了语文老师，随后得到了老师的认可，并帮助个案尝试向当地的青少年文学网站投稿。北北在本次尝试中体验到了自己决策并写出成果的成就感，与语文老师的关系也相较以前更深入。

在童话叙事的过程中，需要强调的是，协助儿童认识到个人拥有表达的权力，并体验这种自主选择的心理过程比研究个案童话叙事过程中的具体内容有更为重大的意义，这帮助儿童重新获得了自我主权。

（三）童话叙事中历险性情节的受难隐喻意义

笔者最初创造的童话故事《贝贝熊历险记》，描述的是贝贝熊为了拯救被污染破坏的森林家园独自出走为家庭和村民们寻找另一个宜居地，旅途中频频遇险，最终在旅途中认识的小伙伴的帮助下找到新的家园，从此贝贝熊与家人们共同守护家园的故事。北北对《贝贝熊历险记》颇感兴趣，同时对其他的一些具有历险性的童话故事也表现出青睐，表现在多次自由导演与童话球场中，她选定的故事人物角色为贝贝熊、小红帽、白雪公主等在故事中遭受险境的人物。

实际上，历险性的童话故事中隐藏的是“受难”原型。著名的心理学家荣格从深层次的心理层面，提出了“原型理论”，原型通常是指在世界文学中重复出现的一些基本内容，如题旨、意向、母题和素材等，受难、诞生、死亡、结合都属于原型之一。在荣格看来，原型是属于人类的心理范畴，它是一种天生的直觉感受，原始意象决定着人类的感受、知觉和想象等心理过程的一致性。学者张莉认为与其他文学种类相比，童话的结构相对简单，经典童话故事的情节大致可以分为三部分，这种态势与受难原型不谋而合：童话的开始通常是主角的母亲去世或者主角被迫离家出走等，暗含了主人公的受难；随后主人公的生活环境完全改变了，他们将历经一系列的波折，忍受痛苦和折磨，意味着主人公面临一次死亡的危机；而最终主人公在仙女救助、运用宝物等多种力量的帮助下战胜了艰难困苦，获得了新的幸福，象征着主人公的再生（张莉，2003）。

从开始受难到经历死亡再到重生，童话的某些情节结构与儿童成长所面临的心理或生活经验相吻合，如北北曾经遭受的性侵犯事件，以及由此带来的生理与心理上的痛苦。

个案童话叙事部分内容：

贝贝熊和它的朋友鹤来到了下一站，一个小镇，这里很奇怪的是每个大人都有一把枪，贝贝熊很担心这里的人们会误解它们，然后对它们开枪，但鹤安慰贝贝熊，鹤说，没关系，你不是还有一次任意门可以使用吗，如果有人想杀我们，我们就用任意门离开这里，不要害怕。贝贝熊什么也没说。小镇的一个男孩看到了鹤，感到很害怕，立刻跑走了，等到小男孩回来，他带来了好多拿着枪的大人，他们喊道，这是只不吉祥的鹤，我们必须杀了它，说完就射死了鹤，但是鹤没有流血，它死了以后就消失了。贝贝熊并没有用任意门，它又孤单地一个人去下一个地方了。

此段童话故事的内容发生在童话球场内，北北邀请社工与她一起进入了童话球场内。实际上，故事里的鹤有两重身份，一位是北北内心非常看重的一位朋友，小学时和她一起跳舞的伙伴，但她不再与那位朋友联系，她从内心深处认为朋友不能保护自己，在某些时刻可以“放弃”。鹤的另一个身份其实也是她自己，尽管她知道她拥有着拯救鹤的能力，但在面对枪支，大人这些强大的可怕的事物面前，她认为不可能做出任何改变。从童话叙事中分析，不难发现，故事中情节和人物的隐喻表达了北北两大方面的心理冲突。一方面，鹤作为“幼年朋友”的隐喻，表达了北北对朋辈的需要和渴望，但因为恐惧与朋辈的交往不能达到自己的预期和需要而建立较为亲密的关系，在生活中始终没有要好的朋友。另一方面，贝贝熊作为另一个自己是旁观者，枪和大人代表自己无法与之抗争的事物，这样的观点或许来源于童年那次偶发的没有征兆的，她并不理解事发原因的性侵害创伤，以给予鹤死亡的结局来面对她所恐惧的事物，或许是她迅速回避的方式。

虽然童话故事中的情节具有虚构幻想的性质，但却在一定程度上体现了儿童成长过程中的内心冲突与心理变化。通过梳理童话叙事的内容，能够帮助案主发现没有被自身意识到的体验与真实感受，进而了解更完整的自我。在阅读或改写童话的过程中，儿童不自觉地与故事中受难的主人公共同经历各种事件相联结，儿童自身的心理冲突也得以自然流露与表达，这使得调动、激发儿童内在人格自我整合的心理倾向和动力成为可能。寻求内心冲突的释放、宣泄、渴望与他人分享、得到他人陪伴的愿望如此强烈。

（四）童话叙事为解构问题故事提供支持工具

叙事治疗认为问题外化是解构的前提，问题压迫和限制了个人的成长和发展，需要帮助儿童与问题分开。童话叙事相信叙述本身能够为儿童减缓痛苦，也相信受创伤的儿童具备面对挑战的潜力，同时童话叙事的形式本身就是问题外化的整体实践。通过对北北《贝贝熊历险记》系列续写的研究，发现贝贝熊多次在面临险境时选择放弃，忽略或直接跳过自己设定的独特能力，并常常用较大的篇幅描写贝贝熊的失败与失败后的孤单心情。

案主：其实贝贝熊发现自己越逃避越糟糕了，没有了鹤和星星，它每天晚上更难过了，地图被狐狸抢走了，它要回答一个谜语才肯还回来，但贝贝熊害怕答错，没有答应狐狸，最后在城市里迷路了。

社工：刚刚你提到贝贝熊逃避，听起来贝贝熊后来感到难过的原因是因为它每次都选择逃避？

案主：贝贝熊本来是希望解决很多问题的，但它越来越失败，也离回家的路越来越远了。

社工：是贝贝熊发现每一次逃避了问题之后，反而更糟糕了对吗？

案主：是的。

社工：我觉得贝贝熊有一点我的影子呢，我也经常遇到自己害怕的事情想要逃避，比如我的英语不太好，有时我也不太愿意学习，然后英语成绩一直都没有进步反而退步了。

案主：我觉得贝贝熊也很像我。

社工：可以和我多分享一些吗？

案主：我不是很想和班上的同学说话，特别是我以前宿舍的女生。

社工：具体发生过什么事情吗？

案主：刚住宿那会儿本来我就不爱和她们说话，和她们玩，虽然她们有时候会叫上我，但我都没有去，有一次她们在讨论××（某男团明星），我说了我觉得他们并不怎么样，我觉得每天看他们的视频真的很蠢。其实话说出口我就后悔了，她们很生气就跟我吵架，之后她们有一次用了我的椅子没有搬回原位，我又和她们吵了一架，就这样我跟她们就完全不说话了。

社工：北北你刚刚说你说出口就后悔了是吗？其实当时你怎么想的？

案主：如果别人说我的偶像坏话，我也会不高兴的，但是当时我们已经吵起来了，宿舍根本没有人帮我，她们七个人对我一个人，我只能跟她们吵了。

社工：其实你还是能够理解她们的，当时你的心里一定很矛盾吧。

案主：我有想过道歉的，但是她们再也没有理我了，后来我干脆回家住，以后也不用每天住一起。

社工：那退宿之后你怎么想的？

案主：其实我经常觉得自己挺失败的，我们班就我没有要好的姐妹团，我很羡慕她们一起去吃饭，之前如果她们叫我一起去吃饭买东西，我能跟她们一起去，或者我当时能够道歉，可能会好一点。

社工：我们来想想看，是什么让你感觉到自己在和她们相处方面是不成功的？

案主：我觉得是我经常逃避吧。

社工：不如我们给这个逃避起个名字吧，看看我们能不能也改写一下它的故事。

案主：可以叫“逃避的贝贝熊”吗？

从贝贝熊故事的讨论到对朋辈交往状况的讨论是一个相对自然的过程，帮助个案外化问题，寻找到朋辈交往问题的核心，是个案经常性选择用回避、不回应、不说话的方式切断和生活中的同伴的接触，并将此作为避免冲突的唯一方法。与儿童个案共同进行童话叙事的过程中，虚构而映射现实和内心的情节，拟人化的角色，自由安全的故事空间，帮助儿童在想象与现实之间形成一条清晰而又可渗透的界限，从而促进其从问题抽离的过程更为顺畅自然，在安全的氛围下与儿童个案共同回顾有问题的故事文本，挖掘被儿童遗漏的故事片段。

在创伤经历的童话叙事部分，北北曾以《小红帽》为故事原型对自身曾遭受的性侵犯事件进行改写，初步写下了童话故事《蓝舞鞋》。根据与吴叔叔的沟通，发现蓝舞鞋是北北当年遭受性侵前，为准备六一儿童节的文艺节目而购买的鞋子，有很长一段时间北北都带着蓝舞鞋去上学。由于与北北之间并没有真正建立界限明确的专业关系，触碰北北的创伤事件仍然需要保持十二分的警惕，需要注意的是即使在与个案建立了信任关系的情况下，也极有可能在叙述创伤经历的过程中给个案带来潜在的二次伤害。尽管关于创伤事件的回忆仅仅止于此，但应该看到童话球场的设置使北北愿意尝试叙述创伤事件，并在出现阻抗时借助童话球场回到心理安全的状态，也能及时给予笔者反馈，了解北北的内心冲突，得以从个案所写的童话内容中分析寻找困扰个案的问题核心，借助童话更好地对个案所面临的问题进行外化，从而为解构故事提供可能性。

四、总结与反思

通过分析与个案北北及其家庭的通信经验和访谈经历，尝试性地提出童话叙事在叙事治疗层面上的运用，并探索其在协助儿童进行心理疗愈中的作用。在探究性侵犯受害儿童的抗逆力过程中，初步挖掘了个案的潜力与能力，此外也总结了家庭应对危机的方式。

（一）性侵事件发生后的家庭

在与吴叔叔访谈的过程中，回顾当初事件的发生阶段，家庭承受着来自内部与外部的巨大压力。一方面，北北身心遭受到极大的创伤；作为父母在事件发生后陷入极度愧疚而无法释怀的状态；家庭本身的经济资源支持不足，应对危机的经验较少，心理承受能力不强，在事件发生后的三个月内整个家庭都陷入了内心焦躁而又无法袒露的状态。另一方面，司法及医务程序的烦琐更加剧了康复过程的艰辛；受创伤后媒体的不恰当介入给家庭带来隐形的二次伤害；面对亲戚、邻里时，不可避免地受到传统观念中家丑不可外扬的文化压力等。

（二）缓慢恢复与逐步稳定的家庭

危机发生时的陪伴。事件发生后吴叔叔夫妇暂停了工作尽最大的努力陪伴还未从恐惧情绪抽离出来的北北，配合心理医生的短期治疗。

适时转换环境。考虑到事件发生的地点与附近的景物容易引起北北的恐惧与不适，在朋友的帮助下，在事件发生四个月后搬家到环境较舒适的小区。

发挥朋辈支持的作用。吴叔叔为北北安排暂时休学，主动与老师沟通，并做好保护北北隐私的工作。同时联系北北在班级上的好朋友定期到北北家探望北北，在搬家后也不忘适时通知。

重整家庭关系。北北当时还有一个弟弟与妹妹，事件发生后，北北与父母的联合非常紧密，为了减轻照顾的压力并避免北北对父母的过度依赖，吴叔叔将与北北感情较好的奶奶从老家接来与家人一起同住，并在弟弟妹妹对全家人关注点集中在北北身上的变化表示不满时做出解释，适时调和北北与弟弟妹妹之间的矛盾。

但本研究也存在较大的不足，在研究方法上选用质性研究，缺乏对个案资料的整体性分析。另外，在探索分析童话叙事部分的观点较为零散，未形成可以推广借鉴的体系。在探索家庭抗逆力的部分不够深入，一是缺乏对家庭成员心理恢复的观察与研究，表现在与个案共同面对危机的家庭成员同样存在需要被处理的心理创伤；二是缺乏对家庭内部成员互动的分析；三是缺乏对家庭渡过危机的具体阶段性发展的研究。同时，囿于笔者本人的专业能力与知识水平有限，与个案的接触停留在关系建立后的交流阶段，难以通过技术性的手段影响个案，如何协助个案重建对生命新的认知，经历新的成长，还需要更深入的学习和探索。

参考文献

[1] 龙迪．性之耻，还是伤之痛［M］．桂林：广西师范大学出版社，2007.

[2] 马伟娜，桑标，洪灵敏．心理弹性及其作用机制的研究述评［J］．华东师范大学学报（教育科学版），2008，26（1）：89－96.

［3］朱虹．青少年抗逆力的研究及其培养［J］．全球教育展望，2013，42（9）：94－101.

［4］戴爱萍，李洪军，李燕．浅谈叙事哲学观与个案成长［J］．科技创新导报，2007，30：81.

［5］赵兆．叙事治疗在儿童情绪障碍中的应用研究［D］．南京：南京中医药大学，2013.

［6］费云霞．民间童话叙事探究［J］．佳木斯职业学院报，2017（10）：66－67.

［7］胡希．在真实与虚幻之间——论童话的叙事空间［J］．江西广播电视大学学报，2007，35（3）：42－44.

［8］卡斯特．童话的心理分析［M］．北京：生活·读书·新知三联书店，2010，66.

［9］赵冬梅．心理创伤的理论与研究［M］．广州：暨南大学出版社，2011.

［10］丁丽娜．受难原型浅析［J］．佳木斯职业学院学报，2017（2）.

［11］张莉．童话心理分析及其在幼儿心理教育中的运用［D］．广州：华南师范大学，2003.

［12］崔丽霞．儿童心理咨询入门［M］．北京：北京师范大学出版社，2012.

［13］裴谕新．为受害者搭建友善援助系统［J］．中国社会报，2013（5）.

［14］管亚茹．校园性侵之社会工作处遇模式［J］．青年学报，2014（2）.

［15］张慧敏．想象功能与通话叙事［J］．中国儿童文化，2009.

后　记

书稿将成，不禁让我想起最近发生的一件事情。我去台湾进修社工博士学位，6 岁的儿子刚好最近也要上小学。功课的压力，学习环境的变化，生活节奏的加快，孩子出现了各种不适应。尤其是学习上，孩子几乎天天上班级的“光荣榜”。

每次和孩子视频聊天，总能听出孩子的焦虑，特别是有一天，儿子说：“爸爸，学习不是我的好朋友。”当时我的心里面咯噔了一下，是啊，学习跟不上，一次又一次的批判和打击，让孩子没有了学习的自信，该怎么办好呢？

也不知道怎么来的突然的想法，想起了以前孩子和他妈妈讲的“龟兔赛跑”的故事，于是我就和孩子说：“儿子啊，你还记得那个小兔子和小乌龟吗？”还是一下子没有转过弯来。

我们重温了一下兔子和乌龟的故事，我说：“你最喜欢故事里面的谁啊？”

儿子：“小乌龟。”

我：“你为什么喜欢小乌龟啊？”

儿子：“因为它不放弃。”

我：“哦!! 那小乌龟不放弃是什么样子的啊？”

儿子：“就是一点点一点点地往前爬，兔子太骄傲了。”

我：“对啊，那你明白了吗？”

儿子：“哦，我明白了爸爸……”

……

我：“太棒了儿子，爸爸想请你做一件事，那就是你看能不能把那个小乌龟画出来？”

儿子：“好的。”

过了好一会儿，儿子向我展示他刚刚画的图画，说：“爸爸你看，这是我画的。”

我："哇！你给我介绍下你的画好吗？"

儿子："这是个小乌龟，是我。"

我："为什么啊？"

儿子："我是那个不放弃的小乌龟。"

我："说得太对了，不放弃的小乌龟，那旁边那个呢？"

儿子："前面那个大乌龟，那就是你呀。"（呵呵地笑了）

……（我们一起开怀大笑。特别是看到儿子还在画的左上角，特别画了一个亮铿铿的太阳，这一刻自己放下了心来，这说明了孩子开始有了新的思考，而不是昏蒙蒙地压抑于学习的挫败当中。）

这是一个难得的转变，于是我打蛇随棍上，紧接着说："那爸爸还有一个建议，你看你能不能把他贴在你的书桌上？"

儿子："好的，爸爸，我知道了。"

……

当然，事情并不见得会那么容易就能得到彻底地改变。每一次一点点再一点点的进步，都离不开后来孩子妈妈及时的鼓励，与老师的沟通以及老师的付出和支持，让孩子能够感受到从挫折中走出来的喜悦。

终于有一天，孩子在语文和数学两科都拿到了他自认为满意的成绩，恢复了学习的自信心，甚至开始有一点点小骄傲，学习成绩开始波动。

在最近一次和儿子聊天的时候，我尝试地问："儿子，现在觉得学习难不难？"

儿子："语文有时候有点难，数学一点儿都不难，我都会了。"

我："恭喜啊，终于打败了困难，但老爹又有一个好主意，你想不想听一听。"

儿子："老爹你有什么好主意啊，快说。"

我："就是啊，你还记得兔子为什么最后输了吗？"

儿子："因为他骄傲了呗。"

我："兔子是怎么骄傲的？"

儿子："就是啊，虽然它（前面）跑得很快，但是，它跑一半就睡大觉了。"

我："对啊，所以即使跑得快，也不见得就行哦，对吧？"

我："那你觉得你现在是小兔子还是小乌龟？"

儿子："有时候我是兔子，有时候是个小乌龟。"

我："那做小兔子的时候需要怎样啊？"

儿子："不能骄傲。"

我："那是不是说，落后的时候要做一个不放弃的小乌龟，进步了也要注意不要做骄傲的小兔子啊！"

儿子："嗯"（懵懵懂懂地点头表示理解）

……

在生活和工作当中，我们处处都能感受到叙事疗愈的魅力。"自疗"和"治疗"不是两个割裂的话题。当治疗的焦点开始从专家权威，移位到如何和当事人一起回顾、经历和体验生活过程，协助当事人评估问题与需求，挖掘动机和潜能，衡量能力与资源，思考应对策略与发展规划，治疗的过程就会变得不一样，因为案主"自疗"的机制启动了。这也是为什么我们能够在"治疗"中取得成功的关键性的原因，更是社会工作能够实现"助人自助"目标的重要前提。

在书的最后，希望用台湾东海大学简春安教授的一段评论引以为鉴，"社工专业以实务起家，大体不会犯上诡辩学派的错误，但是若在强调思想的重要性或强调案主中心的治疗理念时，社工专业应该留心，我们的认知是否趋向象牙之塔？"尽管本书都是师生在象牙塔中的实践，但每一次再读里面的故事，总能读到来自自我疗愈源源不断的力量，这也是为什么整个团队愿意把这个拿出来和大家分享的最大的动因。感谢团队中的每一个人，叙事从我开始，是他们在用自己的生命故事，去影响另外的生命故事。

叙事自疗“三部曲”

（一）癌病与持续性的痛——我的叙事疗愈行动

书　　号：978－7－5136－4631－4

定　　价：48.00 元

出版时间：2017 年 6 月

加印时间：2019 年 4 月

（二）为什么？在父母选择自杀后的日子里

书　　号：978－7－5136－4632－1

定　　价：38.00 元

出版时间：2017 年 7 月

加印时间：2019 年 4 月

（三）自疗＞治疗：叙事从我开始

书　　号：978－7－5136－5570－5

定　　价：48.00 元

出版时间：2019 年 4 月